Disciplina Positiva
para crianças de 0 a 3 anos

Disciplina Positiva
para crianças de 0 a 3 anos
Como criar filhos confiantes e capazes

Jane Nelsen, ED.D.

Cheryl Erwin, M.A.

Roslyn Ann Duffy

Tradução de Bete P. Rodrigues e Fernanda Lee

Título original em inglês: *Positive discipline: the first three years: from infant to toddler: laying the foundation for raising a capable, confident child*
Copyright © 1998, 2007, 2015 by Jane Nelsen, Cheryl Erwin, Roslyn Duffy
Tradução publicada mediante acordo com Harmony Books, selo da Crown Publishing Group, uma divisão da Penguin Random House LLC.

Este livro contempla as regras do Acordo Ortográfico da Língua Portuguesa.

Editora-gestora: Sônia Midori Fujiyoshi
Produção editorial: Cláudia Lahr Tetzlaff

Tradução:

Bete P. Rodrigues
Treinadora certificada em Disciplina Positiva para pais, membro da Positive Discipline Association, mestre em Linguística (Lael-Puc/SP), palestrante e consultora para pais, escolas e empresas, professora da Cogeae-Puc/SP e *coach* para pais
www.beteprodrigues.com

Fernanda Lee
Mestre em Educação, treinadora certificada em Disciplina Positiva para pais e professores, membro e conselheira internacional do corpo diretivo da Positive Discipline Association, fundadora da Disciplina Positiva no Brasil
www.disciplinapositiva.com.br | www.facebook.com/disciplinapositivaoficial

Revisão de tradução e revisão de prova: Depto. editorial da Editora Manole
Diagramação: Acqua Estúdio Gráfico Ltda.
Capa: Ricardo Yoshiaki Nitta Rodrigues
Imagem da capa: istockphoto

Dados Internacionais de Catalogação na Publicação (CIP)
(Câmara Brasileira do Livro, SP, Brasil)

Nelsen, Jane
    Disciplina positiva para crianças de 0 a 3 anos : como criar
    filhos confiantes e capazes / Jane
Nelsen, Cheryl Erwin, Roslyn Ann Duffy ; tradução Bete P. Rodrigues, Fernanda Lee. --
Santana de Parnaíba, SP : Manole, 2018.

    Título original: Positive discipline : the first three years
    Bibliografia.
    ISBN: 978-85-204-5614-9

    1. Crianças - Criação 2. Crianças pequenas - Disciplina 3. Educação de crianças 4. Pais e filhos I. Erwin, Cheryl. II. Duffy, Roslyn Ann. III. Título.

18-13005   CDD-649.122

Índices para catálogo sistemático:
1. Crianças de 0 a 3 anos : Disciplina positiva : Educação doméstica 649.122

Todos os direitos reservados.
Nenhuma parte deste livro poderá ser reproduzida, por qualquer processo, sem a permissão expressa dos editores.
É proibida a reprodução por xerox.
A Editora Manole é filiada à ABDR – Associação Brasileira de Direitos Reprográficos.

Edição brasileira – 2018

Direitos em língua portuguesa adquiridos pela:
Editora Manole Ltda.
Alameda América, 876
Tamboré – Santana de Parnaíba – SP – Brasil
CEP: 06543-315
Fone: (11) 4196-6000
www.manole.com.br | https://atendimento.manole.com.br/

Impresso no Brasil
Printed in Brazil

SUMÁRIO

Introdução   vii
Prólogo   xi
Agradecimentos   xiii

PARTE I: A vida com o bebê   1
Capítulo 1   Dando as boas-vindas ao bebê   3
Capítulo 2   Princípios da Disciplina Positiva para sua família   19
Capítulo 3   O cérebro milagroso   31
Capítulo 4   Conhecer mais profundamente quem é o seu filho   51

PARTE II: Seu filho em desenvolvimento   65
Capítulo 5   Como começar?   67
Capítulo 6   O desenvolvimento de habilidades emocionais e da linguagem   81
Capítulo 7   Confiança *versus* desconfiança   107
Capítulo 8   Autonomia *versus* dúvida e vergonha   115
Capítulo 9   Compreensão do comportamento adequado à idade – e como lidar com ele   131
Capítulo 10   Temperamento   145

PARTE III: O mundo do seu filho   161
Capítulo 11   A arte do encorajamento   163

Capítulo 12 Perspectiva e planejamento prévio 179
Capítulo 13 Hora de dormir 191
Capítulo 14 "Olha o aviãozinho!" 207
Capítulo 15 Desfralde 221
Capítulo 16 Como se dar bem neste mundo grande 229

PARTE IV: O mundo fora da sua casa 245
Capítulo 17 Criado pela Mãe Natureza 247
Capítulo 18 Mentes conectadas 257
Capítulo 19 Quem está olhando as crianças? 269
Capítulo 20 Crianças com necessidades especiais 287
Capítulo 21 Crescendo como uma família 295

Conclusão 305
Fontes e bibliografia 307
Índice remissivo 313

INTRODUÇÃO

Mães e pais criam seus filhos desde o início dos tempos. Mas você deve estar se perguntando: "O que pode ter mudado ao longo dos anos?". Os conceitos básicos da Disciplina Positiva continuam os mesmos. Mas nossos estudos e atendimentos a famílias nos fizeram perceber que muito do que sabemos sobre crianças pequenas tem evoluído nos últimos anos. Há muito mais estudos sobre o cérebro que validam o que ensinamos, e o mundo em que vivemos também mudou – os avanços da tecnologia são um exemplo.

Algumas coisas nunca mudarão: crianças pequenas sempre precisarão de amor incondicional, encorajamento, habilidades, supervisão e muita paciência. Em outras áreas, no entanto, ainda estamos aprendendo. A tecnologia se tornou mais sofisticada – e mais invasiva – e ainda não compreendemos totalmente seu impacto nas crianças pequenas e em suas famílias. Pais e mães têm compartilhado novas histórias conosco e estamos felizes por poder compartilhá-las com vocês. Somos gratas pela oportunidade de atualizar e revisar este livro, pois assim ele pode ser ainda mais útil para os pais no início desta incrível e, às vezes, desafiadora jornada da criação dos filhos.

Ao longo dos anos, alguns pais questionaram o título deste livro. "Como podem falar em disciplina nos primeiros anos de vida? Por que os pais precisariam punir seus bebês e filhos pequenos?", eles perguntam. Durante a leitura, vocês descobrirão que não defendemos a punição de forma alguma nem para nenhuma idade. Em vez disso, acreditamos em uma disciplina que ensine as crianças pequenas de maneira gentil, respeitosa e suave; uma disciplina que transmita valiosas habilidades sociais e de vida como a base para o sucesso nos relacionamentos e na vida em si. A punição foi criada para fazer as crianças "pagarem" por seus erros (mesmo que não sejam erros de fato, mas, sim, "comportamentos adequados à etapa do desenvolvimento"). A Disciplina Positiva foi criada para ajudar a criança a *aprender* com seus erros em uma atmosfera amorosa e encorajadora.

Acima de tudo, acreditamos em relações amorosas e conectadas que formam o vínculo duradouro entre um pai ou uma mãe e seu filho. Um tema novo e importante da Disciplina Positiva é a "conexão antes da correção". A conexão que você cria com seu pequeno é de longe a sua mais poderosa ferramenta parental; todo o resto depende da qualidade da relação que vocês têm. Quando ouvimos pais dizerem: "Bom, aquela ferramenta da Disciplina Positiva não funcionou", devemos nos perguntar se esses pais estão usando as ferramentas para vencer disputas de poder ou se eles realmente compreendem os princípios por trás das ferramentas – o principal sendo que a conexão sempre vem primeiro.

Nesta edição, colocamos grande ênfase nas crenças que as crianças estão formando sobre si mesmas baseadas nas suas percepções de experiências diárias: essas crenças proporcionam o combustível para seu comportamento. Crianças que crescem em um ambiente de controle excessivo ou em um ambiente de permissividade irão formar crenças diferentes daquelas que são criadas em um ambiente de gentileza combinada a firmeza. Compreender a "crença por trás do comportamento" é a base para compreender como motivar a mudança – e aceitar que pode demorar tanto para as crianças mudarem suas crenças como para formar essas crenças em primeiro lugar. Disciplina Positiva não é sobre reparos rápidos, mas sobre criar um ambiente no qual as crianças podem tomar decisões saudáveis que servirão por toda a vida delas.

Como mães que criaram filhos e assistiram seus próprios filhos embarcarem nessa jornada e seguirem com suas próprias vidas, podemos dizer que o que fica depois de todas as birras, noites maldormidas, erros e preocupações com a criação dos pequenos é o *amor*. Quando tudo falha e você não sabe mais o que fazer, apele para o amor. O amor e sua própria sabedoria sempre ajudarão a decidir o que fazer.

É nosso desejo que este livro se torne um valioso amigo e guia enquanto você compartilha esses anos atarefados e emocionantes com seu filho. Não tenha medo de fazer perguntas ou aprender habilidades e ideias novas. É preciso coragem para criar uma criança; e também é preciso coragem para *ser* uma criança. Reserve tempo para saborear esses três primeiros e maravilhosos anos; eles passarão muito rápido.

PRÓLOGO

Pelas crianças

"Eu sou a Serena. Tenho 3 meses de idade. Reconheço a voz da minha mãe, procuro pelo seu rosto e adoro seu aconchego quando ela me segura. Gosto de beber o meu leite. Choro quando ela não está pronta para me dar de mamar. Quando minha mãe me balança para ninar, gosto de olhar à minha volta. Gosto de tomar banho, mas não gosto quando ela lava meu cabelo ou meu rosto. Gosto quando as pessoas conversam comigo, riem alto e brincam comigo. Quero segurar meus brinquedos – mas ainda não consigo. Gosto de sair todos os dias porque quero saber o que está acontecendo. Observo tudo."

"Meu nome é James. Vou fazer 2 anos em dezembro. Quero fazer tudo sozinho. Não quero ajuda nenhuma. Gosto de fazer as coisas do meu jeito, mesmo que leve mais tempo, e se você tentar ajudar, vamos ter que começar tudo de novo. Se você tentar colocar a minha meia, vou ter que tirar e colocar a meia de novo sozinho. Para mim isso é muito mais importante que saber se vesti a meia direito ou do avesso. Eu vivo desejando às pessoas 'Feliz aniversário'. Às vezes eu grito. Não consigo falar muito bem – tenho dificuldade de falar tudo que eu penso. Mas aprendi uma palavra que é muito poderosa: Não."

"Sou o José. No mês que vem, vou completar 1 ano de idade. Dou risada o tempo todo. Gosto de fazer as coisas do meu jeito. Adoro comer. Comida é a minha coisa favorita – especialmente comida de gente grande, mas eu não gosto de abobrinha. Estou aprendendo a andar. Tenho vários calombos e machucados. Gosto de correr pela casa atrás do gato. *Acho que eu o aperto demais, por isso ele arranhou minha mão ontem. Minhas palavras favoritas são 'ma-ma', 'pa-pa', 'muito bem' e 'bebê'.*"

"*Meu nome é Bonnie e hoje completei 8 meses. Tenho dois dentes e uma irmã mais velha. Amo bater meus braços quando estou feliz. Inventei uma brincadeira divertida. Minha mãe me dá papel e eu o como, e ela tem que tirar da minha boca. Então, eu sorrio. A gente brinca assim o tempo todo, com pedrinhas da praia e qualquer outra coisa que eu consiga encontrar e colocar na minha boca. A mamãe fica muito ocupada procurando coisas na minha boca. É bem divertido.*"

Nós somos bebês e crianças pequenas. Este livro é sobre nós. As crianças que você conhece podem, de alguma maneira, se parecer com a gente. Este livro dá uma espiada no nosso mundo – ou como o mundo se parece quando estamos deitados enquanto a nossa fralda está sendo trocada. Ele é sobre o que podemos estar pensando quando pegamos coisas brilhantes nas prateleiras da loja, ou por que às vezes nos recusamos ir dormir à noite, comer os legumes ou usar o troninho. Aprender a compreender o nosso mundo vai lhe dar várias ideias de como nos ajudar a crescer, como nos encorajar e nos ensinar. Somos novatos neste mundo e precisamos da sua ajuda o tempo todo. Somos amáveis, demandamos tempo e, frequentemente, fazemos bagunça. E não há ninguém neste mundo como a gente. Este livro é para aqueles que mais nos amam.

AGRADECIMENTOS

Frequentemente nos perguntam: "De onde vêm as suas histórias?". Nós tivemos muitas oportunidades de aprender com as mães e os pais que frequentam os nossos *workshops*, pais e professores que participam de nossos cursos e palestras e aqueles que vemos em nossos consultórios e aulas de *coaching*. Sem eles, este livro não poderia ter sido escrito. Queremos ressaltar que os nomes e os detalhes foram alterados para proteger a privacidade dos indivíduos ao longo do livro. Algumas histórias são composições de várias crianças ou famílias, o que faz sentido, pois adultos e crianças em todos os lugares passam por desafios comuns. Todos nós podemos aprender uns com os outros.

Você pode não imaginar que a criação dos filhos tenha mudado muito nos últimos anos, mas continuamos aprendendo novas maneiras de entender nossos filhos e nós mesmos. Famílias, relacionamentos e o mundo que nos rodeia continuam evoluindo, tornando-nos ainda mais gratas pela oportunidade de oferecer encorajamento e apoio às novas gerações de pais.

Seremos sempre gratas a Alfred Adler e Rudolf Dreikurs, os criadores da filosofia sobre a qual a Disciplina Positiva é baseada. Esses pioneiros deixaram um legado que mudou a vida de milhares de pessoas – incluindo as nossas. Sentimo-nos honradas em continuar esse legado ao compartilhar suas ideias com os outros. Grande parte da informação deste livro foi compartilhada e aprimorada por outros profissionais que aplicam as teorias de Adler, bem como numerosos educadores da primeira infância e descobertas nas pesquisas contemporâneas. Somos gratas por tudo isso.

Tivemos uma excelente ajuda editorial e agradecemos a Nathan Roberson, nosso editor de projetos da Harmony Books. Nathan é acessível, encorajador e sempre aberto às nossas ideias. Nosso editor, Lawrence Krauser, fez um trabalho incrível. Ele garantiu que as coisas estivessem claras, fizessem sentido e se encaixassem no contexto. Ele também trouxe um olhar novo da sua geração, o que sempre é útil.

Um agradecimento especial ao Learning Tree Montessori Child Care por grande parte do material de apoio para o capítulo sobre a busca de berçários, creches e escolas de qualidade. Essas ideias ajudaram a trazer um significado mais profundo para este trabalho.

Um grito de guerra extra vai para a obra de arte de Paula Gray. Paula tem dedicado seu talento, energia e paciência para este e vários outros livros da série da *Disciplina Positiva*, e nós continuamos a ser muito gratas por suas contribuições.

E, claro, como amamos nossas famílias. Em vez de reclamar sobre o tempo que leva para escrever livros, elas nos apoiaram e nos encorajaram. Elas demonstram constantemente a capacidade de serem autossuficientes em vez de exigentes. E devemos o maior agradecimento aos nossos filhos e netos, que nos forneceram "laboratórios" pessoais em nossas famílias. Eles toleraram nossos erros e nos ajudaram a aprender com esses erros. Nós os amamos, apreciamos e somos gratos por eles, sempre.

Embora nossos filhos já estejam crescidos e ocupados vivendo vidas independentes, continuamos a adorar passar cada momento que podemos com eles e com a nova geração, nossos netos. Que este livro torne o mundo um lugar mais saudável e mais feliz para eles, seus colegas e os filhos que um dia irão cuidar e criar.

Parte I

A vida com o bebê

1

DANDO AS BOAS-VINDAS AO BEBÊ

O que você precisa saber nos primeiros meses

O nascimento de um bebê é uma ocasião única, um marco inesquecível para quem já passou por isso. Uma mãe ou um pai de primeira viagem podem se chocar com a notícia de que um bebê está a caminho ou ficar felizes pelos dias de testes de gravidez e "alarmes falsos" terem finalmente acabado. De um jeito ou de outro, não dá para ignorar esse fato revolucionário. Sua vida como uma pessoa independente e espontânea vai mudar: o bebê está a caminho.

A maioria dos adultos acha que acrescentar um bebê à família, não importa o quanto ele seja amado e esperado, traz mudanças com as quais se leva tempo para acostumar. As relações adultas têm de se adaptar, abrindo espaço para esse recém-chegado. Os horários e as prioridades mudam, assim como o corpo da mamãe. Os bebês podem ser pequenos seres surpreendentes que funcionam com regras que apenas eles mesmos conhecem – e cada um traz seu próprio conjunto de regras. Alguns pais são abençoados com um primeiro bebê "fácil" e ficam abismados quando seu segundo bebê não é tão fácil. Outros começam com um bebê "desafiador" e ficam agradavelmente surpresos quando seu segundo bebê é "mais fácil".

Os primeiros meses da vida do seu bebê podem ser exaustivos, estimulantes e desafiadores, tudo ao mesmo tempo. Pode ser difícil de acreditar, mas no futuro você vai olhar para esses dias desafiadores e noites maldormidas com saudades e descobrir que seu filho cresceu rápido demais. Mas por enquanto essas reflexões estão em um futuro distante.

Preparando o terreno para o bebê

Feche os olhos por um instante e lembre-se da primeira vez que você viu o rosto do seu bebê recém-nascido. Ele pode ter nascido rosado, careca, enrugado, mas é provável que você tenha pensado que nunca viu nada tão lindo ou ouvido nada tão doce como seu primeiro choro. Escritores e pintores têm tentado capturar a magia dos primeiros momentos da vida, mas as palavras e imagens raramente são capazes de mostrar o que acontece entre pais e filhos.

Para a maioria dos pais, os meses que antecedem o milagroso momento do nascimento são repletos de planos, sonhos e algumas preocupações. Em momentos de reflexão, você provavelmente se perguntou se seria um bom pai ou mãe, se saberia o que fazer, se o bebê ficaria bem. Futuros pais e mães têm discussões infinitas sobre os prós e contras de fraldas ecológicas e fraldas descartáveis, leite materno e fórmula infantil, papinha industrializada e papinha caseira... Eles filosofam sobre os possíveis nomes para o filho por horas, dizendo-os em voz alta para ver como soam.

Pais de primeira viagem compram e ganham roupas minúsculas e artigos misteriosos com nomes estranhos tais como "cobertor de boas-vindas". Eles se perguntam se saberão o que fazer com eles (tanto com os bebês quanto com o cobertor) quando chegar a hora. Eles compram e especulam sobre cada fascinante acessório: assentos de carro, "cangurus", berços, chupetas, mamadeiras, bombas tira-leite e babás eletrônicas. Os avós resmungam, dizendo que milhões de crianças foram criadas sem esses apetrechos luxuosos, ou correm para comprar coisas ainda mais deslumbrantes. Nessa época de consumismo, com tantas roupas fofas e aparelhos tentadores disponíveis, quem consegue resistir? Vivemos uma era de sonhos infinitos, de esperança e deslumbramento.

Fantasia *versus* realidade

A questão é que, quando você leva aquele pacotinho desamparado do hospital para casa, os sonhos esmaecem um pouco diante da difícil realidade. O bebê chora, às vezes por horas, e cabe a você descobrir o porquê. Ou aquela fofura dorme o dia todo e depois quer balbuciar alegremente a noite toda – para desespero de seus pais sonolentos. Parece que os bebês nascem com um detector para saber quando a mamãe quer comer para então interrompê-la com uma necessidade própria. Bebês regurgitam quando você está pronto para sair, podem ter várias diarreias na mesma noite e, às vezes, choram furiosamente quando são entregues a parentes ansiosos.

A partir desses primeiros momentos, criar os filhos pode se tornar uma enxurrada de perguntas, ansiedades e frustrações, mas também uma fonte de amor e alegria. À medida que o bebê cresce, se desenvolve e se transforma, a vida pode se tornar uma sequência aparentemente interminável de decisões desafiadoras e novas ideias para serem testadas.

À medida que seu filho cresce, pessoas em lugares públicos podem lhe dar um sorriso solidário ou puxar conversa sobre a "terrível crise dos 2 anos de idade". Muitos pais e mães sentem-se completamente à mercê do pequeno tirano que seu bebê se tornou, enquanto outros se mostram confiantes e à vontade para lidar com chiliques e interrupções constantes.

Como eu vou saber o que fazer?

Muitos de nós aprendem habilidades parentais com os próprios pais ou por tentativa e erro. Você pode não gostar da maneira como foi criado por seus pais e ter jurado fazer diferente deles, ou discorda da forma como outras pessoas criam os filhos. (Julgar as escolhas parentais dos outros se tornou um passatempo mundial.) Mas no lugar deles, o que você faria? Você não quer ser muito rígido, mas será que a permissividade é a única alternativa? Você não quer ser supercontrolador, mas como conseguir ordem e consistência? Você pode temer que seus filhos paguem um preço muito alto por seus erros.

Você tem tantas dúvidas: devo bater no meu filho ou não? Se posso dar umas palmadas, quão cedo posso começar? Como me comunico com um bebê que não compreende as palavras? Como faço meu filho me ouvir? Como posso lidar com uma criança rebelde? Como decidir o que é realmente importante? Como posso ajudar meu filho a desenvolver um senso de autoestima e ao mesmo tempo ensinar responsabilidade, honestidade e bondade? Como cuidar de mim mesmo para que eu possa relaxar e aproveitar essa experiência?

Existe uma enorme oferta de conselhos – os avós, os tios e as tias (e a senhora atrás de você na fila do supermercado) querem te aconselhar, mas quem está certo? Mesmo os "especialistas" discordam. Alguns sugerem a punição (mesmo que mal disfarçada de consequências lógicas), enquanto outros (incluindo as autoras deste livro e as mais recentes pesquisas sobre o cérebro humano) sugerem que a punição não é eficaz. Alguns afirmam que recompensas são importantes. Outros (incluindo as autoras e muitos pesquisadores) acreditam que recompensas ensinam manipulação e um senso reduzido de autoestima em vez de valiosas habilidades sociais e de vida. É nossa esperança, como autoras e como mães, que você encontre neste livro respostas que façam sentido para você, bem como pistas para lhe ajudar a usar sua sabedoria, criatividade e o conhecimento que tem de seu filho para ir além do que pode ser escrito em palavras.

Este livro foi criado para ser útil para mães e pais e seus habituais parceiros na educação infantil: professores, babás, empregadas e familiares. Exemplos de situações em casa e em escolas de educação infantil serão dados ao longo de todo o livro a fim de mostrar como os princípios da Disciplina Positiva podem ser aplicados em todos os aspectos da vida da criança nos seus primeiros anos.[1] Pesquisas e informações sobre os estágios de desenvolvimento infantil serão incluídos, sempre que pertinentes, bem como informações sobre a forma como bebês e crianças crescem e aprendem. Você também pode querer compartilhar este livro com os funcionários da escola do seu filho, a babá ou outros membros da sua família, pois pode ser extremamente útil para todos os adultos que influenciam a vida de uma criança ter a mesma compreensão sobre como criá-la.

Sua família é sua família

Todas as famílias, assim como todas as crianças, são diferentes. Nem todos os bebês nascem em famílias com pai e mãe, com uma boa casa, dois carros e um cachorro de estimação. Sua família pode realmente ser assim, ou pode ter uma configuração completamente diferente. Você pode ser uma mãe solteira, por motivo de divórcio ou morte, ou por ter preferido assim. Você e seu parceiro podem ter trazido filhos de relacionamentos anteriores e acrescentado outros que tenham tido juntos. Você pode ter avós ou outros parentes morando na mesma casa ou talvez compartilhe uma casa com amigos e os filhos deles. Você pode fazer parte da comunidade LGBT ou de um determinado grupo étnico, com suas próprias tradições e valores. No fim das contas, o que

---

1   Para perguntas específicas sobre cuidados com a criança, consulte *Positive Discipline for Childcare Providers*, de Jane Nelsen e Cheryl Erwin (New York: Three Rivers Press, 2002).

importa é a conexão que você constrói com seu filho e seu compromisso com uma criação respeitosa e eficaz.

Dizem que uma família é um círculo de pessoas que amam uns aos outros. **Seja qual for o formato que sua família assuma, lembre-se de que ela será aquilo que você tiver a coragem de criar.** Com sabedoria, paciência e amor, você pode criar um lar no qual seu filho se sinta seguro e livre para crescer e aprender, e no qual ele possa se tornar uma pessoa responsável, respeitosa e criativa – com quem você vai encontrar alegria em seu papel de mãe ou pai.

O que você quer para seu filho? A importância de uma criação de longo prazo

A vida com uma criança pequena e ativa pode fazer você se sentir como se estivesse em um trem desgovernado. Os dias passam voando, cada um repleto de maravilhas, descobertas e novas crises. Frequentemente, os pais precisam se apressar para acompanhar o ritmo de seus pequenos e às vezes têm pouco tempo disponível para um planejamento cuidadoso. Mas pense por um momento: quando você embarcou nessa viagem da parentalidade, não teria sido útil saber onde queria chegar?

Talvez uma das coisas mais sábias que pode fazer agora é parar um instante para se fazer uma pergunta muito importante: o que realmente quero para meu filho? Quando seu bebê ou filho pequeno crescer e se tornar um adulto (por mais impossível que isso possa parecer agora), quais qualidades e características você quer que este adulto tenha? Talvez queira que seu filho desenvolva responsabilidade, resiliência, honestidade, compaixão, confiança, coragem e gratidão – a lista de cada um será um pouco diferente. O que realmente importa é o seguinte: desde os primeiros momentos da vida do seu filho, as decisões que tomamos como mães e pais vão ajudar a moldar o futuro dos nossos filhos. Cada decisão tomada – dar ou não uma palmada na mão do seu filho quando ele tentar pegar um objeto delicado, como lidar com a comida arremessada longe na cozinha ou como responder às demandas na hora de dormir – pode nutrir ou desencorajar essas qualidades que você quer promover. Seu filho está constantemente tomando decisões sobre si mesmo e o mundo, e sobre como encontrar significado e aceitação nesse mundo. Essas decisões são baseadas em como ele interpreta experiências de vida, e assim eles criam um "modelo" para as experiências futuras. Suas ações e crenças terão uma forte influência sobre as decisões de seus filhos.

Esta ideia parece sobrecarregar a maioria dos pais. Você pode estar se perguntando: "E se eu errar? Como saberei o que fazer?". Por favor, lembre-se: *erros não são falhas intransponíveis, mas valiosas oportunidades para aprender.* (Ver os erros como oportunidades para aprender é um conceito fundamental da Disciplina Positiva.) Tentar proteger seu filho de todos os erros é prejudicial à aprendizagem da resiliência e ao desenvolvimento de um sentimento de capacidade. Você e seu filho vão errar muito ao longo do caminho, mas esses erros não precisam causar danos irreparáveis se houver disposição para, juntos, aprender com eles. As ferramentas parentais mais valiosas são aquelas que você já possui: seu amor por ele e sua própria sabedoria interior e bom senso. Aprender a confiar nesses instintos te levará longe no caminho para o sucesso na criação dos filhos.

Lembre-se também de que as crianças, especialmente as pequenas, aprendem observando e imitando os outros ao redor. Seu pequenino não vai só querer empurrar o aspirador de pó ou lavar os pratos como a mamãe, o papai ou a vovó fazem, mas também vai querer imitar os valores nos quais vocês acreditam, tais como honestidade, bondade e justiça. Quando você usar os erros como oportunidades para aprendizado, seus filhos irão aprender essa atitude valiosa. Deixe que suas ações como mãe ou pai ensinem a seus filhos que eles são amados e respeitados, que as escolhas têm consequências (não as do tipo que você impõe, mas as que você pode ajudar a explorar), e que o lar é um lugar seguro e maravilhoso para estar.

Uma palavra sobre amor

Muitas coisas são feitas (ou deixam de ser feitas) às crianças em nome do amor. "Eu dou palmadas nos meus filhos porque os amo", os pais dizem. Ou "superprotejo meus filhos porque os amo". "Amo meus filhos, então eu não vou ajudá-los muito – eles precisam aprender que o mundo lá fora é difícil." "Cobro dos meus filhos (em relação ao desfralde, ou leitura precoce, ou atividades esportivas ou excelência escolar) porque os amo." "Trabalho por longas horas porque amo meus filhos e quero que eles tenham tudo o que nunca tive." "Tomo decisões pelos meus filhos porque os amo demais para correr o risco de deixá-los fazerem escolhas erradas." Neste livro, você terá a oportunidade de explorar os efeitos em longo prazo do que você faz em nome do amor.

Mães e pais muitas vezes dizem que se sentem sobrecarregados com a intensidade do amor que sentem pelos filhos, e é tentador demonstrar esse amor permitindo que as crianças façam, digam e, sobretudo, *tenham* tudo o que quiserem. Você pode achar fofo que seu filho de 18 meses tome o celular das suas mãos para brincar com um jogo *agora*. Você pode até rir quando ele tenta falar o palavrão que aprendeu com o irmão mais velho. Continuará sendo fofo quando ele tiver 5 anos e fizer as mesmas coisas?

Na verdade, não se trata de amar ou não o seu filho. A verdadeira questão é se você pode demonstrar seu amor de uma forma que estimule responsabilidade e um sentido de capacidade, que encoraje seus filhos a desenvolver todo o potencial como cidadãos felizes e colaboradores na sociedade. No fim das contas, a maioria dos pais percebe que o **amor genuíno requer que eles amem seus filhos o suficiente para estabelecer limites sábios, para dizer não quando necessário, e para ajudá-los a aprender a viver pacífica e respeitosamente em um mundo repleto de outras pessoas.**

Firme, flexível e gentil

Imagine uma árvore, com as raízes ancorando-a no chão. Muito acima, nas pontas de seus galhos finos, repousa um ninho de pássaro. Nesse ninho há um ou mais ovos pequenos e frágeis. Quando o vento sopra, os galhos da árvore balançam gentilmente, mas o pequeno ninho permanece firme preso ao galho.

Essa imagem de gentileza combinada com flexibilidade e firmeza expressa bem a tarefa de criar filhos pequenos e constitui a base para muitos dos princípios que você aprenderá ao longo deste livro. Você pode ficar com seus pés (ou valores) firmemente enraizados enquanto ainda orienta o seu filho com mãos firmes e suaves e um tom de voz amável. Essa não é uma tarefa fácil: requer paciência, energia e esperança ilimitada.

Redefinindo "nós" e "eu": cuidados parentais

Acrescentar "mãe" ou "pai" à definição de quem você é significa acrescentar todos os tipos de novos papéis e responsabilidades. Isso também pode significar reorganizar algumas das funções que você já possui. Um estudo descobriu que muitos casais que haviam relatado ser felizes no casamento sofreram uma forte queda na satisfação conjugal após a chegada de um bebê. Por quê?

Os pais que estão satisfeitos, saudáveis e relativamente bem descansados (estar cansado parece ser uma parte inevitável de criar crianças pequenas) irão lidar melhor com os desafios desses primeiros meses e anos. Se você é uma mãe ou pai solteiro que precisa lidar com tudo sozinho(a), tem ainda mais motivos para cuidar muito de si mesmo(a). Se você tem um(a) parceiro(a), lembre-se de que essa relação é a base da sua família, invista o tempo e a energia necessários para manter essa relação forte.

Um casal pode facilmente perder de vista seu relacionamento em meio à correria dos cuidados do bebê. A mamãe cuida do bebê e seu parceiro se sente deixado de fora ou um pouco enciumado – e culpado por ter esses sentimentos. Um dos pais quer namorar um pouco, enquanto o outro está "muito cansado". Um dos pais está morrendo de vontade de jantar fora e ir ao cinema, mas o outro não confia na babá ou passa a noite toda mandando mensagens a cada quinze minutos para ter certeza de que está tudo bem. E o sexo? O bebê parece possuir um sexto sentido que avisa quando os adultos estão considerando mais intimidade – e é precisamente quando o bebê sente fome ou molha a fralda e quer alertar seus pais frustrados.

Investir tempo para apreciar o parceiro tanto quanto atender suas próprias necessidades individuais não é egoísmo ou ser uma mãe ou pai "ruim", é sabedoria. Se você não tem um(a) parceiro(a), conectar-se com outros adultos irá te energizar. Seu filho aprenderá a respeitar e valorizar as necessidades e os sentimentos dos outros observando as escolhas que você faz. Certifique-se de reservar algum tempo toda semana para atividades que você gosta e que nutrem sua saúde física e emocional, seja rir com um vizinho e uma xícara de chá, uma "noitada" com seu parceiro ou uma caminhada matinal (talvez com o bebê em um canguru ou um carrinho). Redefinir "nós" e "eu" é mais um processo contínuo que uma atividade intelectual. Um filho mais velho que se sente triste, um parceiro que se sente ignorado e um pai que sente falta da companhia de adultos são todas respostas típicas a essa mudança na família. Às vezes, é apenas necessário achar tempo para expressar sentimentos dolorosos para que o amor, a alegria e a conexão possam ser reativados. Lembre-se, também, que os sentimentos podem servir de lembretes úteis para cuidar de si e daqueles que você ama. Ao honrar suas próprias emoções e as de outros membros da família, você pode se concentrar em descobrir soluções para os seus problemas, permitindo que você aproveite a vida de forma mais completa.

Parceiros na criação dos filhos

Se você é uma mãe ou pai solteiro, você pode criar uma criança feliz e saudável sozinha(o), mas se você tem a sorte de fazer parte de um time parental amoroso para ajudá-la(o) na criação dos seus filhos, aproveite ao máximo. Cuidar do seu filho pequeno pode ser mais agradável e menos frustrante quando você faz uso dos recursos e da sabedoria daqueles em quem confia e que compartilham do cuidado por seu filho. Avós, tias e tios podem ser recursos inestimáveis. Seu filho se beneficiará do que cada pessoa tem para dar, ao mesmo tempo em que formará lembranças maravilhosas para toda a vida. Se você não tem parentes e amigos próximos, considere procurar outras redes de apoio.[2]

Os pais raramente concordam o tempo todo sobre como criar seus filhos. Um pode favorecer a firmeza, enquanto o outro prefere a gentileza – e, às vezes, cada um leva sua visão aos extremos. Uma excelente solução é ler e discutir este livro, ou frequentar juntos aulas de Disciplina Positiva para pais, de modo que possam criar seu filho como uma equipe cooperativa, aprendendo a ser gentis e firmes ao mesmo tempo.[3]

Resista à tentação de rotular determinadas tarefas de cuidado para que um dos pais não se sinta no papel de assistente. Você já ouviu alguém dizer: "Meu marido está cuidando das crianças para mim"? Elas também não são filhas dele? Ou esta: "Não sei como dar banho no bebê (alimentar, trocar a fralda, e assim por diante). Mamãe é a especialista nisso!"? **Lembre-se de que a prática o torna melhor (não necessariamente o torna perfeito) – e melhor geralmente já é o bastante**. Nas gerações passadas, a criação dos filhos, especialmente de bebês e crianças pequenas, era vista como um trabalho exclusivo da mulher. Hoje em dia, pesquisas mostram que os homens estão muito mais envolvidos em todos os aspectos da criação de filhos – e são os filhos os maiores beneficiários.

---

2   O Capítulo 21 contém sugestões para criar uma comunidade de apoio.

3   Se o pai ou a mãe não tiver tempo para ler o livro, uma possibilidade é assistir à palestra proferida por Jane Nelsen, disponível em www.positivediscipline.com (em inglês).

Mães e pais sábios sabem que a criação de filhos é uma parceria, e, quando a tratam como tal, os verdadeiros vencedores serão seus filhos. É claro que pais, avós ou outros cuidadores têm estilos diferentes. A ótima notícia é que essas diferenças podem ser uma vantagem real para o seu filho, que aprenderá habilidades para interagir com diferentes tipos de pessoas. Em geral, as crianças aprendem a mudar seu comportamento de acordo com diferentes estilos parentais que encontram. Isso é particularmente verdadeiro para as diferentes maneiras como homens e mulheres tendem a lidar e a interagir com crianças.

Observe como uma mãe cumprimenta seu filho. Ela pode abraçar o pequeno Justin ou aconchegar o bebê Megan contra seu peito, cobrindo sua cabeça com beijos. Agora veja o papai cumprimentar as mesmas crianças. Quando papai diz "Oi" a Justin, ele o joga no ar, segurando quando ele cai, enquanto Justin grita e ri com vontade. Sua saudação para Megan geralmente começa com sopros na sua barriguinha enquanto ela se contorce de tanto rir. Essas interações ativas ou aconchegantes proporcionam benefícios específicos.

A estimulação física é excelente para o desenvolvimento do cérebro e incentiva a tomada de riscos saudável. *(Atenção: Nunca agite ou jogue para o alto um bebê recém-nascido nem deixe sua cabeça sem apoio! E lembre-se de que fazer cócegas pode ser tortura para uma criança pequena, mesmo que ela dê risadas – uma hora ela irá chorar.)* Aconchego estimula a sensação de bem-estar e segurança de uma criança. Além disso, pesquisas têm demonstrado que o estilo mais ativo do pai ao brincar com o bebê pode realmente ajudá-lo a desenvolver autoconsciência ("Isso é divertido?" "Estou ficando cansado?" "Como faço ele saber que quero parar?") e começar a comunicar seus sentimentos e necessidades aos adultos à sua volta. Se estiver em sintonia com o seu pequeno e prestando atenção em suas pistas e sinais, você poderá decidir qual a melhor forma de lhe oferecer esse senso crítico de aceitação e conexão, e como responder adequadamente às suas necessidades.

CÓLICA

Alguns bebês ficam agitados, choram ou gritam sem motivo aparente por períodos prolongados, especialmente perto da hora do jantar. Se o seu bebê chora ou grita em excesso, é fundamental verificar com o pediatra se não há algum problema de saúde provocando esse comportamento. Porém, muitas vezes o médico irá dizer: "Não há nada de errado. É apenas uma cólica". É um alívio saber que seu filho não está doente, mas ainda é extremamente frustrante quando você não consegue consolar seu bebê.

O que é cólica, afinal? Ninguém parece saber ao certo. A Mayo Clinic descreve cólica como um choro que dura mais de três horas por dia, por mais de três semanas. Bebês com cólica parecem inconsoláveis (e frequentemente colocam suas perninhas para cima como se estivessem com uma dor terrível). O que você pode fazer? Primeiro, lembre-se de que nada dura para sempre. Também não procure por culpados. Procure se manter calma e conectada com o bebê enquanto o nina, ajuda o bebê a arrotar, anda pela casa com ele e oferece a chupeta, colocando seus braços com firmeza (mas não muita) em volta da barriguinha do bebê. Infelizmente nenhum desses métodos é infalível por muito tempo. Ajudaria se você tivesse o luxo de contar com alguém para lhe ajudar durante esse período difícil.

Hora de dormir: "shhh... o bebê está dormindo!"

Um dos primeiros problemas que mães e pais de primeira viagem enfrentam é o desafio de ajudar o bebê a criar um padrão de sono consistente. Durante os primeiros meses de vida, a maioria dos bebês passa mais tempo dormindo do que acordado – embora isso pareça difícil de acreditar. As disputas de poder sobre a hora de dormir podem ser evitadas se permitir que seu filho aprenda a adormecer por conta própria o mais cedo possível. Isso significa colocá-lo no berço logo *antes* de adormecer. (Sabemos que isso nem sempre é possível com bebês pequenos que adormecem logo depois que mamam no peito ou na mamadeira, mas fazer um esforço promoverá padrões de sono saudáveis).

Alguns pais têm medo de colocar um bebê sonolento ou adormecido no berço por medo de despertá-lo, mas se o bebê acordar e logo voltar a dormir depois de um pouco de manha, tudo bem. Os adultos muitas vezes tentam assumir a responsabilidade de fazer o bebê dormir e, em seguida, gerenciar o local para mantê-lo adormecido ("Shhh... O bebê está *dormindo!*", eles sussurram), então se sentem culpados, frustrados ou irritados quando não conseguem garantir tempo de sono ininterrupto.

Faça o seu melhor para estabelecer bons hábitos de sono assim que puder – e esteja ciente de que a programação de um bebê geralmente é imprevisível para o primeiro ou segundo mês de sua vida. (Falaremos sobre a hora de dormir mais detalhadamente no Capítulo 13.)

Amamentação

A alimentação também é um dos primeiros desafios que você enfrentará com seu bebê. Nem todas as mães podem (ou escolhem) amamentar, mas você pode construir uma conexão forte e amorosa com seu bebê, não importa como o alimente. Ainda assim, muitas mães querem amamentar, ou acreditam que deveriam, e descobrem que é mais difícil do que esperavam. Veja a história de Jane sobre a amamentação de seu primogênito:

> Como eu gostaria de ter tido mais informações sobre amamentação desde o início. Eu não teria gerado tanto sofrimento para mim e para os meus filhos enquanto aprendia. Meu primeiro filho nasceu quando os médicos defendiam um horário de amamentação rigoroso de quatro em quatro horas. Simplesmente acreditei que eles deviam saber do que estavam falando. Meu bebê Terry mamava por um curto período e logo adormecia. Muitas vezes, durante a tarde, ele acordava depois de uma hora e começava a chorar. Eu pensava: "Puxa! Ele só pode mamar daqui a três horas!". Eu andava sem parar com ele no meu colo e tentava consolá-lo, mas ele só chorava e chegava a gritar! Eu tentava chupetas e água. Essas coisas funcionavam por alguns minutos, mas logo ele estava gritando de novo. (É doloroso para mim só de lembrar disso.)
>
> Finalmente, depois de duas horas, eu "trapaceava" e o amamentava antes de completar as quatro horas. Ele estava tão exausto de chorar que depois de um minuto ou dois logo adormecia. Fiquei tão intimidada com o conselho do médico que não pensei. Simplesmente achei que tinha que esperar mais quatro horas. Terry acordava com fome dali a uma hora e passávamos por outra hora agonizante antes de eu "enganá-lo" novamente.
>
> Por causa da minha falta de informação sobre amamentação, eu achava que se meus seios não estivessem cheios, não teriam leite, que meu leite não devia ser bom o suficiente porque não era "branco leitoso", e que Terry chorava porque

eu não tinha leite suficiente. A verdade era que ele chorava porque ele não mamava o tempo suficiente para ficar nutrido e para estimular meu suprimento de leite no processo. Frustrada, desisti após três semanas e coloquei ele (e os outros três filhos seguintes) na mamadeira.

Quando minha quinta filha Lisa nasceu, tentei novamente. Eu estava a caminho de mais um fracasso quando minha cunhada me contou sobre a Liga La Leche, que oferece apoio às mães que amamentam por muitos anos. Ela me disse que não existia essa história do leite de uma mãe ser fraco, que eu deveria jogar fora todas as mamadeiras e que devia dar de mamar sempre que meu bebê quisesse, para aumentar meu suprimento de leite. Eu li o livro, joguei as mamadeiras e alimentos sólidos fora, e comecei uma experiência de amamentação bem-sucedida.

Adorei a amamentação sob demanda. Às vezes, Lisa queria mamar a cada hora – ou, às vezes, a cada quinze minutos! Quando tinha três meses e meio de idade, ela regularizou um horário de três em três horas durante o dia e dormia durante a noite, mesmo sem cereal para "enchê-la".

A maioria das mães têm dúvidas sobre amamentação, alimentação, mamadeiras e as necessidades nutricionais de seus bebês. Uma das coisas mais sábias que as mães podem fazer é começar imediatamente a construir uma rede de apoio e recursos. Muitos hospitais e maternidades têm especialistas em lactação; na verdade, alguns até oferecem sites e linhas telefônicas 24 horas para ligar quando há dúvidas. Igrejas, berçários e pediatras podem ter informações sobre os grupos de apoio a mães novatas, bem como os muitos recursos on-line por aí, tudo o que pode ser inestimável para responder perguntas e aumentar sua confiança. Lembre-se, nenhuma pergunta é "estúpida". Decida o que funciona melhor para você e seu bebê, peça ajuda quando precisar, e confie em sua própria sabedoria e conhecimento sobre o seu bebê.

Conseguindo a ajuda de que você precisa

Todos os pais e mães têm dúvidas e preocupações. Felizmente, a educação e o treinamento parental estão finalmente ganhando grande aceitação e credibilidade. A sociedade nunca questionou a necessidade de educação e treinamento em áreas ocupacionais, seja na construção civil ou contábil, mas em algum momento da história foi plantada uma ideia de que a criação de filhos deveria vir "naturalmente" e de que participar de uma aula para pais e mães ou ler um livro sobre o assunto era uma admissão de incompetência.

Hoje em dia, mães e pais estão lendo livros, conectando-se pelas mídias sociais, participando de *workshops*. Eles afirmam que aquilo que aprendem os ajudam a desfrutar do importante trabalho de parentalidade à medida que seus filhos aprendem mais autodisciplina, responsabilidade, cooperação e habilidade para resolver problemas. Muitas vezes, simplesmente saber que os outros compartilham as mesmas preocupações que você o ajudará a se sentir menos isolado. Quando você comete erros, saberá como corrigi-los, e poderá ensinar aos seus filhos que os erros proporcionam oportunidades maravilhosas para aprender. (Nunca é demais dizer isso!)

Criando os filhos com o coração

Grupos de pais (e livros para pais) são ótimas maneiras de aprender novas habilidades e ideias, e conseguir um pouco de apoio moral ao longo do caminho. Mas no fim das contas, criar filhos é uma questão de coração e espírito, bem como de treinamento e conhecimento. Talvez a habilidade parental mais importante de todas seja a capacidade de sentir o indestrutível vínculo de amor pelo seu filho, e poder ouvir a voz do amor e da sabedoria mesmo quando a sua paciência for testada até quase o limite. Na próxima vez que você colocar o seu pequeno para dormir, observe bem seu rostinho adormecido e grave essa imagem firmemente em sua memória. Quando você se confrontar com seu filho todo birrento, desafiador ou raivoso (e haverá muitos desses momentos nos próximos anos), feche os olhos por apenas um instante e busque essa imagem na sua memória – o rosto de seu filho adormecido. Então, deixe esse amor e ternura dar-lhe a sabedoria para lidar com a crise em mãos.

O melhor estilo parental transmite o amor das palavras em ações refletidas e eficazes. Há um famoso livro infantil americano intitulado *Love You Forever* [Te amo para sempre], de Robert Munsch. Nesta pequena joia da literatura infantil, uma mãe observa seu bebê dormir e canta para ele: "Vou amá-lo para sempre, para sempre vou gostar de você. Enquanto eu viver, meu bebê você sempre será". À medida que essa criança cresce, e passa de bebê para criança desafiadora e depois para um adolescente estranho, a mãe entra escondido no quarto do seu filho à noite para vê-lo dormir e cantar a mesma música.

Chega finalmente o dia em que a mãe está morrendo e o filho senta-se ao seu lado na cama para cantar a velha música para ela. Quando ele volta para casa, ele compartilha essa música – e o vínculo de amor – com sua filha recém--nascida. Esse sentimento – essa indescritível ternura e amor que pai e mãe sentem por seu filho dormindo – é o alicerce da criação de filhos.

Nos próximos capítulos você encontrará informações, dicas e técnicas, mas lembre-se de que **é sempre a relação entre pais e filhos o que mais importa**. Se esse relacionamento se baseia no amor incondicional e na confiança – se o seu filho sabe, desde os primeiros dias, que você o ama, não importa o que aconteça – você provavelmente se sairá bem.

ATIVIDADES PARA REFLEXÃO

1. Faça uma lista das qualidades, habilidades e valores que você considera mais importantes em um adulto. Convide seu parceiro ou sua parceira ou outros envolvidos na criação de seu filho para fazerem uma lista também. Reconheça os atributos que você acredita possuir. Como você pode aprender e fortalecer as qualidades que estejam faltando em si próprio? Como você ensinará essas características ao seu filho?
2. Faça uma lista de coisas que fazem você rir, que te dão alegria ou te ajudam a se manter saudável. Resolva fazer pelo menos uma coisa dessa lista todos os dias para cuidar de si mesmo(a).
3. Se você estiver criando filhos com um(a) parceiro(a), decidam juntos como dedicar tempo para o seu relacionamento toda a semana. O que farão com o tempo que reservaram para vocês? Como vocês aprenderão a criar filhos juntos mantendo o amor entre vocês fortalecido? Se estiver criando os filhos sozinho, pense em como pode construir uma rede de apoio.

2

PRINCÍPIOS DA DISCIPLINA POSITIVA PARA SUA FAMÍLIA

A filosofia

Nas primeiras semanas e meses da vida do bebê, é pouco provável que disciplina esteja na sua lista de prioridades. Em vez disso, como você já deve ter visto, os pais estão normalmente focados em recepcionar o pequenino na família, construindo um relacionamento, decifrando seu choro e atendendo as suas necessidades. Entretanto, em um piscar de olhos, aquele doce bebê se tornará uma criança com vontade própria. Como você irá modelar e guiar o comportamento dela? O que ela precisa de você e dos outros adultos à sua volta para se tornar um jovem capaz, criativo e confiante?

Há uma tirinha em quadrinhos famosa que mostra uma mãe conversando com seu filho. Ela diz: "Querido, quando você for mais velho, quero que seja confiante, determinado e independente. Mas por enquanto quero que você colabore, seja comportado e obediente". A maioria dos pais conhece esta sensação: **As mesmas qualidades que queremos para nossos filhos como adultos podem tornar a vida mais desafiadora quando eles são pequenos.**

Em termos práticos, a palavra "disciplina" significa "ensinar". Disciplina Positiva é a maneira mais gentil de ensinar. Isso envolve nutrir a confiança mútua, ensinar habilidades e criar um ambiente em que a criança possa desenvolver sentimentos de capacidade e segurança. Este tipo de disciplina começa desde os primeiros momentos de vida do bebê e se torna exponencialmente importante conforme ele vai se aventurando em direção à autonomia e à iniciativa. O comportamento de uma criança pequena não é algo que parece ser particularmente atrativo, e pode causar perplexidade até nos pais mais dedicados.

Mesmo que você entenda e aceite que alguns desses comportamentos são "apropriados para a idade", o que deve fazer se o comportamento não for *aceitável*? É útil saber que a Disciplina Positiva irá te oferecer ferramentas eficazes e não punitivas para guiar o comportamento da criança conforme ela cresce.

Adler e Dreikurs: pioneiros em educação parental

Disciplina Positiva é baseada no trabalho de Alfred Adler e um de seus colegas, Rudolf Dreikurs. Adler era um psiquiatra vienense e colega contemporâneo de Sigmund Freud – mas Adler e Freud discordaram sobre quase tudo. Adler acreditava que o comportamento humano é motivado pelo desejo de pertencimento (conexão) e autovalor, um desejo que é influenciado pelas decisões que tomamos, ainda cedo na vida, sobre nós mesmos, sobre os outros e o mundo à nossa volta. Ele acreditava que o desejo de alguém de colaborar (*Gemeinschaftsgefühl*) é uma medida da saúde mental – um grande motivo para encorajar o seu pequeno ajudante.

Estudos nos mostram que as crianças nascem com uma rede de conexão neural que procura por contato com os outros, e as crianças que sentem um senso de conexão com suas famílias, escolas e comunidades têm menos probabilidade de se comportar mal. Todos os métodos da Disciplina Positiva ajudam as crianças a alcançarem o senso de conexão, capacidade e colaboração.

Dreikurs também era um psiquiatra vienense; ele emigrou para os Estados Unidos antes da Segunda Guerra Mundial e continuou disseminando o trabalho de Adler depois da morte do colega em 1937. Adler e Dreikurs eram defensores apaixonados da necessidade de dignidade e respeito mútuo em todos os relacionamentos e escreveram livros, incluindo *Children: The Challenge* [Crianças: O Desafio].[1] Dreikurs faleceu em 1972. Sentimo-nos honradas em continuar o trabalho de Adler e Dreikurs por meio da série de livros Disciplina Positiva.

---

1   Escrito por Rudolf Dreikurs e Vicki Soltz (New York: Plume Books, 1991).

O que é disciplina?

Muitos querem saber o que "disciplina" pode significar para bebês e para crianças muito pequenas. Não faz muito tempo (e, não raro, hoje em dia), quando alguém falava a palavra "disciplina", ela queria na verdade dizer "punição" – normalmente porque as pessoas acreditavam que essas duas palavras tinham o mesmo significado. No entanto, a verdadeira disciplina envolve *ensinamento*. De fato, a palavra em si deriva do latim *disciplina*, que significa "ensinar ou aprender". Disciplina Positiva é construída por ensinamentos, compreensão, encorajamento e comunicação – e não punição. A punição é usada com a intenção de fazer as crianças "pagarem" pelo que fizeram. Já a disciplina tem o objetivo de ajudar as crianças a aprenderem com o que fizeram.

Como você irá aprender, boa parte do comportamento da criança nesses primeiros anos está mais relacionado com o desenvolvimento – emocional, físico e cognitivo – e com o comportamento apropriado para a idade do que com o mau comportamento. Bebês e crianças pequenas precisam de disciplina não punitiva (ensinamentos e orientação) que melhore o seu desenvolvimento e senso de conexão – sem culpa, vergonha ou dor.

Disciplinar crianças pequenas está muito mais relacionado com o que *você* vai decidir fazer (acompanhando com firmeza e gentileza) do que com o que você espera que seu *filho* faça. E nunca é cedo demais para fortalecer a base com uma educação parental eficaz e respeitosa. Os princípios da Disciplina Positiva irão te ajudar a construir um relacionamento de amor e respeito com seu filho, e irão te ajudar a viver e a resolver problemas juntos nos anos que estão por vir.

Por que alguns pais não aceitam métodos não punitivos

Muitos de nós aprendemos sobre o conceito de disciplina com os nossos pais, nossa sociedade e nossa cultura, além de anos de tradição e ideias preconcebidas. Muitos acreditam que as crianças têm que sofrer (pelo menos um pouco) ou elas não aprenderão nada. Mas muitos aspectos da nossa sociedade têm mudado nas últimas décadas, incluindo nossa compreensão sobre como as crianças crescem e aprendem; e a maneira como ensinamos as crianças a serem capazes, responsáveis e confiantes deve mudar também. A punição até parece "funcionar" no curto prazo. Em longo prazo, contudo, cria revolta, resistência e crianças que não acreditam no seu próprio valor e capacidade.

Existe uma maneira melhor, e este livro é dedicado a ajudar os pais e professores a descobrirem isso. Como todas as crianças (e todos os pais) são indivíduos únicos, há várias soluções não punitivas para qualquer que seja o problema, mas os pais normalmente não compreendem (ou aceitam) de imediato essas soluções. Na verdade, Disciplina Positiva requer uma mudança de paradigma – uma maneira radicalmente diferente de pensar sobre disciplina. Em geral, pais viciados em punição costumam fazer as perguntas erradas. Eles normalmente querem saber:

- Como faço para a minha filha fazer o que eu quero que ela faça?
- Como faço o meu filho entender o "não"?
- Como faço para a minha filha me escutar?
- Como me livro desse problema?

Os pais mais inquietos inevitavelmente pedirão respostas para essas perguntas, mas elas estão baseadas na mentalidade de curto prazo. Os pais ficarão animados com as alternativas não punitivas quando eles fizerem as perguntas de outra maneira, e verem o resultado que essa mudança de abordagem gera para eles e para seus filhos:

- Como posso ajudar minha filha a aprender habilidades como respeito, cooperação e resolução de problemas?
- Como posso ajudar meu filho a se sentir capaz?
- Como posso ajudar minha filha a desenvolver um senso de aceitação e importância?
- Como posso mergulhar no mundo do meu filho e entender o processo do seu desenvolvimento?
- Como posso usar problemas como oportunidades de aprendizagem – para minha filha e para mim?

Essas perguntas abordam um escopo maior e são baseadas em uma mentalidade de longo prazo. Descobrimos que quando os pais encontram as respostas para as perguntas de longo prazo, as perguntas de curto prazo se dissipam. Crianças cooperam (na maioria das vezes, pelo menos) quando estão envolvidas em buscar soluções para problemas; elas entenderão o "não" quando estiverem maduras; e elas escutam quando os pais as escutam e conversam de maneiras que estimulam a escuta. Os problemas são resolvidos muito mais facilmente quando os pais oferecem uma orientação gentil e firme até que as crianças sejam grandes o suficiente para serem envolvidas no processo de criar limites e focar em soluções.

Os pilares da Disciplina Positiva incluem:

- **Respeito mútuo.** Pais são exemplos de firmeza ao respeitarem a si e as necessidades da situação, e de gentileza ao respeitarem as necessidades e a humanidade da criança.
- **Entender a crença** *por trás* **do comportamento.** Todos os comportamentos humanos acontecem por uma razão, e as crianças começam a criar as crenças que formam as personalidades delas desde o dia que nascem. Você será muito mais eficaz em mudar o comportamento do seu filho quando compreender a crença por trás do comportamento. Se o seu filho tiver menos de 3 anos de idade, você também vai precisar entender as etapas do desenvolvimento e suas necessidades.
- **Entender o desenvolvimento infantil e o que esperar em cada fase de desenvolvimento.** Isso é necessário para que os pais não tenham expectativas que estão além da capacidade e compreensão da criança.
- **Comunicação efetiva.** Pais e filhos (até os mais novinhos) podem aprender a escutar bem e usar palavras respeitosas para pedir o que precisam.
- **Disciplina que ensina.** Disciplina efetiva ensina habilidades e atitudes valiosas, sem ser permissiva nem punitiva. Milhões de pessoas descobriram que esse é o melhor método para inspirar habilidades sociais e de vida que a criança precisa ao longo vida.
- **Focar em solução em vez de punição.** Culpa nunca resolve problemas. No começo, *você* irá decidir como abordar os desafios e problemas. Conforme o seu pequeno cresce e se desenvolve, vocês irão desenvolver juntos soluções respeitosas e úteis para os desafios que vocês enfrentam, desde o suco derramado até a manha para ir para a cama.
- **Encorajamento.** Encorajamento celebra esforço e melhoria, não só o sucesso, e constrói um senso de autovalor e segurança de longo prazo. Encorajamento é um princípio tão importante da Disciplina Positiva que aprofundamos o tema no Capítulo 11.

- **Crianças agem melhor quando se *sentem* melhor.** De onde tiramos a ideia absurda de que, para levar uma criança a se comportar melhor, precisamos antes fazê-la sentir vergonha, humilhação ou até dor? Crianças estão mais motivadas a cooperar, aprender novas habilidades e oferecer afeto e respeito quando elas se sentem encorajadas, conectadas e amadas.

Métodos disciplinares que devem ser evitados

A maioria dos pais já agiu assim pelo menos uma vez. Se você estiver gritando, falando alto ou dando sermão, por favor, pare. Se você estiver dando palmadas ou batendo, por favor, pare. Se você estiver tentando estabelecer submissão por meios de ameaças, ultimatos, subornos ou sermões, por favor, pare. Todos esses métodos são desrespeitosos e geram confusão, vergonha e culpa, agora e no futuro. Em resumo, punição gera mais comportamentos indesejados. (Há vários estudos que demonstram os efeitos negativos de longo prazo da punição, mas esses estudos normalmente estão inacessíveis aos pais em jornais científicos.)

"Espere aí", você deve estar pensando. "Esses métodos funcionaram para os meus pais. Você está tirando todas as ferramentas que tenho para lidar com os comportamentos do meu filho. O que devo fazer, deixá-lo fazer o que ele quiser?" Não. Não estamos defendendo permissividade. Permissividade é desrespeitosa e não ensina as crianças a se sentirem conectadas, capazes e aptas a contribuir com os outros. **A verdadeira disciplina orienta, ensina e estimula comportamentos saudáveis.** Como você já deve ter descoberto, não se pode controlar o comportamento de ninguém além do seu, e tentar *controlar* o seu filho normalmente cria mais problemas e disputas de poder. Mais adiante, oferecemos vários métodos que convidam à cooperação (quando aplicados a uma atitude de firmeza e conexão) enquanto encorajam o seu filho pequeno a desenvolver um senso saudável de autonomia e iniciativa.

A vida com uma criança pequena ativa e desafiadora se torna muita mais fácil quando você aceita que o aprendizado positivo não acontece em um ambiente ameaçador. As pesquisas sobre desenvolvimento infantil de universidades renomadas demonstram que as crianças não aprendem atitudes saudáveis e habilidades de vida quando estão se sentindo assustadas, machucadas ou aborrecidas. Quando elas se sentem ameaçadas, elas podem ativar o modo de "luta ou fuga" – e pelo fato de o cérebro ser equipado com neurônios-espelho (neurônios "macaco vê, macaco faz"; mais sobre o assunto no Capítulo 3), você pode acabar se juntando a elas.

Infelizmente, a criança muitas vezes se "comporta mal" porque perdeu o senso de aceitação ou conexão. O mau comportamento funciona por uma boa razão; isto é, ela recupera a atenção e o envolvimento dos pais, mesmo que a atenção seja negativa. Acredite ou não, crianças não "aprontam" para chamar a atenção. Como todas as crianças precisam de atenção, o que elas realmente procuram é por uma *conexão* segura e protegida. Quando o seu filho sabe que está conectado de maneira segura com você, o mau comportamento dele irá diminuir.

Ela quer o que ela quer

Pergunta: Minha filha de 16 meses faz o que ela bem entende apesar de o meu marido e eu termos tentado vários métodos de punição. Tentamos dizer não, colocá-la de castigo, bater nas suas mãos e gritar, mas nada parece funcionar com ela. Ela também faz muita birra. Sinto que já tentamos de tudo. Sou contra os castigos corporais e assumi o compromisso de abrir mão de dar palmadas, mas isso também não funciona. Meu marido acha que devemos bater para que ela saiba que fez algo errado e não repetir aquilo. O que você sugere?

Resposta: Você está sentindo a mesma frustração de muitos pais que não compreendem o estágio de desenvolvimento dos filhos. Punição – não importa de qual tipo – geralmente produz o que chamamos de os Quatro "R" da Punição:

1. Ressentimento
2. Rebeldia
3. Retaliação
4. Recuo, por meio de:
   a. Dissimulação ("Não vou ser pego na próxima vez.") ou
   b. Redução da autoestima ("Eu sou uma pessoa ruim.")

Você conhece alguma criança que já respondeu dessa maneira? Estudos neurológicos sugerem que punição impede o desenvolvimento cerebral ideal, então não deveria ser uma surpresa que as punições que você tentou não estejam funcionando. Sinta-se encorajada: você ainda não "tentou de tudo". Este livro te ajudará a entender porque a punição não é eficaz e, como alternativa, te ensinará o que fazer.

O que as crianças realmente precisam

Há uma diferença entre querer e precisar, e a necessidade dos seus pequenos é bem mais simples do que você imagina. Todas as necessidades genuínas devem ser atendidas. No entanto, quando você atende a todos os desejos, pode criar problemas para a criança e para você.

Por exemplo, seu filho precisa de comida, abrigo e apego. Ele precisa de acolhimento e segurança. Ele precisa aprender que é capaz e pode contribuir. Ele não precisa de um computador, uma televisão no quarto, um caminhão miniatura nem de um carrinho de bebê com DVD embutido e assento vibratório. Ele pode adorar ficar olhando para a tela da TV com apenas 3 meses de idade, mas especialistas dizem que qualquer contato com a tela nessa idade pode atrapalhar o desenvolvimento cerebral ideal. Ele pode até querer dormir na sua cama, mas se você der um tempo para ele se acalmar em sua própria cama, ele vai desenvolver um senso de independência e capacidade. Seu filho pode de fato adorar batatas fritas e doces, mas se em vez disso lhe forem oferecidas maçãs fatiadas, você estará atendendo necessidades nutricionais, em vez das "vontades" menos saudáveis dele. Você deve tomar a decisão sobre o que funciona em sua família: se atender aos desejos pouco saudáveis do filho, você pode estar abrindo caminho para a obesidade infantil (e adulta) e, no futuro, a muitas disputas de poder com uma criança que se acha no direito de ter o que quer.

Desde os primeiros momentos com a família, a criança pequena tem quatro necessidades básicas:

1. O senso de aceitação (conexão).
2. O senso de poder pessoal e autonomia (capacidade).
3. Habilidades sociais e de vida (contribuição).
4. Disciplina gentil e firme que *ensina* (com dignidade e respeito).

Se você puder atender essas necessidades do seu filho, ele terá um bom começo para uma vida como um ser humano competente, feliz e criativo.

A importância da conexão

"Bem, é claro", você pode estar pensando, "todo mundo sabe que um bebê precisa ser aceito." Muitos pais interpretam isso de uma maneira muito simplista: ele precisa de amor. Mas amor por si só nem sempre cria um senso de aceitação ou capacidade. Inclusive, às vezes o amor leva os pais a mimarem seus filhos, a puni-los, ou a decisões que, em longo prazo, não são do melhor interesse dos filhos.

As crianças que não acreditam que são aceitas se tornam desencorajadas, e crianças desencorajadas muitas vezes se comportam mal. Note a palavra "acreditam". Você deve saber que seu filho é aceito, mas se, por alguma razão (o nascimento de outro bebê, ser mandado para o quarto sem jantar, não passar tempo suficiente com o pai/mãe etc.), *ele* não acreditar, ele pode tentar recuperar o sentimento de maneiras equivocadas. De fato, o mau comportamento de muitas crianças pequenas (isto é, comportamentos não relacionados com o desenvolvimento infantil) é um tipo de "código" desenvolvido para alertar que elas não se sentem aceitas e precisam de atenção, conexão, tempo e ensinamentos.

É esse profundo senso de aceitação e conexão incondicional que os pesquisadores chamam de "apego", e que é tão crítico para o desenvolvimento saudável da criança. Quando você consegue criar um senso de aceitação e importância para todos os membros da família, seu lar se torna um lugar de paz, respeito e segurança.

Poder pessoal e autonomia

Desenvolver autonomia e iniciativa está entre as primeiras tarefas do desenvolvimento que seu filho enfrentará (falaremos mais sobre isso no Capítulo 8). E embora os pais possam não gostar muito, até crianças pequenas têm poder pessoal – e rapidamente aprendem como usá-lo. Se você tiver dúvida, pense quando foi a última vez que viu uma criança de 2 anos fazer bico, cruzar seus braços gordinhos, e dizer com convicção: "Não! Você não manda em mim!"

Sempre escutamos os pais reclamando sobre disputas de poder com suas crianças de "temperamento forte" (sempre nos perguntamos: "Será que eles prefeririam que as crianças tivessem temperamento fraco?"): crianças que não obedecem, não escutam ou fazem birra. Alguns de seus comportamentos são típicos para o desenvolvimento delas, enquanto exploram e experimentam para descobrir quem são e o que podem fazer. Porém, muitas dessas disputas de poder são apenas isso, disputa de poder, pois os pais tiram o poder da criança em vez de orientá-la a desenvolver o seu poder inato de maneira construtiva.

Parte do seu trabalho como mãe ou pai será ajudar seu filho pequeno a aprender a canalizar seu poder para uma direção positiva – distrações e redirecionamento gentil e firme até que ele seja maduro o suficiente para ajudar a resolver problemas, aprender habilidades de vida e a respeitar e cooperar com os outros. Punição não irá ensinar essas lições vitais: mas *disciplina* efetiva e amorosa, sim.

Habilidades sociais e de vida

Ensinar habilidades para filhos pequenos – como se dar bem com outras crianças e adultos, como dormir sozinho, como se alimentar e se vestir por conta própria – irão ocupar a maior parte do seu tempo como pai ou mãe nesses primeiros anos. Mas a necessidade de aprender habilidades sociais e práticas de vida não irá embora. Na verdade, o verdadeiro senso de autoestima não vem de ser amado, elogiado ou coberto de presentes. Provém da apropriação de *habilidades* que oferecem o senso de capacidade e resiliência para lidar com os altos, os baixos e os desapontamentos da vida. Quando seu filho se sente competente e capaz, ele também irá contribuir para a vida dos outros em sua família e comunidade.

Quando muito novas, as crianças adoram imitar os pais, avós e outros cuidadores. Crianças pequenas vão querer passar o aspirador de pó, esborrifar com o limpador de vidros e fazer o café da manhã (com supervisão atenta). Enquanto o seu pequeno cresce, você pode usar esses momentos diários para ensiná-lo a se tornar uma pessoa competente e confiante. Trabalhar juntos para aprender uma habilidade às vezes pode ser desastroso, mas também pode ser uma parte agradável e valiosa de criar uma criança.

ATIVIDADES PARA REFLEXÃO

1. O que significa "gentil" para você? Faça uma lista dos comportamentos que você descreveria como gentil, ou relembre uma ação que testemunhou que tenha demonstrado um comportamento gentil.
2. O que "firme" significa para você? Faça uma lista dos comportamentos que você descreveria como firme, ou relembre uma ação que testemunhou que tenha demonstrado um comportamento firme.
3. Agora concilie esses dois conceitos. Quais aspectos dos comportamentos gentis podem se mesclar aos comportamentos firmes? Como os comportamentos firmes podem ser aprimorados para também demonstrar gentileza?
4. O que você poderia fazer em uma situação com seu filho (ou uma criança de quem você cuida) que seja gentil e firme ao mesmo tempo? Como ser gentil e firme ao mesmo tempo muda seu relacionamento com essa criança?

3

O CÉREBRO MILAGROSO

Ajudando a criança a aprender

Martin e Rosalie queriam apenas o melhor para seu bebê, Rachel. Diariamente, eles passavam pelo menos meia hora falando com Rachel enquanto ela ainda estava no ventre da mamãe; eles colocavam fones de ouvido na barriga de Rosalie para que o bebê pudesse aprender a apreciar música. Quando Rachel nasceu, seus pais orgulhosos e ambiciosos a trouxeram para casa para um quarto equipado com todos dispositivos existentes para acelerar o processo de aprendizagem. Ela tinha móbiles especiais dançando acima do berço; música tocada constantemente; e Martin e Rosalie investiram uma pequena fortuna em livros, DVDs e brinquedos "educativos". Eles até compraram um moisés com um suporte para o iPad do Martin e inúmeros aplicativos educacionais sofisticados, e ficaram encantados quando viram que a Rachel parecia fascinada com as imagens coloridas. Eles queriam dar ao seu precioso bebê todas as oportunidades na vida, mas será que esta é a melhor maneira de se alcançar o objetivo?

Jeff e Carol também estavam ansiosos para ensinar o filho, mas escolheram uma abordagem diferente. Eles passavam horas conversando, cantando e brincando com Gregory, de 10 meses. Eles olhavam nos olhos dele, falavam com ele com frequência, respondiam a seus choros e gestos e o encorajaram a explorar seu mundo. Enquanto Gregory rastejava entre seus brinquedos coloridos, Jeff ou Carol estavam frequentemente por perto no chão, rindo quando Gregory lhes entregava brinquedos, e aproveitando cada nova descoberta. À noite, Gregory muitas vezes se acomodava alegremente no colo do papai ou da mamãe, apontando seu dedo gordinho para as imagens de um livro quando mamãe ou papai liam histórias, com muitas vozes diferentes e boas risadas. Os pais de Gregory concentraram-se na construção de uma conexão forte e amorosa com seu bebê – e ao fazê-lo, esperavam preparar o cenário para uma vida de aprendizagem e desenvolvimento saudáveis. Será que eles estavam no caminho certo?

Existem muitos pais como Martin, Rosalie, Jeff e Carol, pessoas amorosas fazendo o melhor para ajudar seus filhos a terem sucesso na escola, nos relacionamentos e na própria vida. Porém, até recentemente não tínhamos como saber ao certo o que de fato funcionava. Como as crianças aprendem? Existem maneiras de ajudá-las a ter mais sucesso e a maximizar seu potencial? É errado encorajar a aprendizagem precoce? O que exatamente é "sucesso"? As crianças precisam de habilidades educativas ou habilidades sociais? Ou ambas são igualmente importantes?

O cérebro, um organismo vivo e em desenvolvimento

Os especialistas acreditavam que os bebês nasciam com cérebros mais ou menos "prontos"; tudo o que precisava ser feito era preencher o cérebro com as informações necessárias. A crescente conscientização sobre a função cerebral continua a mudar a maneira como compreendemos o cérebro humano (e a "mente" que faz parte dele) e a maneira como os bebês e as crianças aprendem sobre o mundo ao seu redor. Tomografias cerebrais permitiram que os pesquisadores estudassem dentro do cérebro vivo, observassem sua estrutura e descobrissem como se dá o consumo de energia, o fluxo sanguíneo e como as substâncias especiais chamadas neurotransmissores ajudam a pensar, perceber e aprender. O que esses pesquisadores descobriram é extraordinário e é mais importante do que nunca para que pais e cuidadores entendam esses primeiros anos críticos da vida de uma criança.

O cérebro humano começa a vida como um pequeno grupo de células no feto. Na quarta semana de gravidez, essas células começam a se especializar de acordo com a função que virão a ter e, para espanto dos pesquisadores, passam a "migrar" para a parte do cérebro que elas estão destinadas a ocupar. A natureza fornece ao feto mais células do que o necessário; algumas não sobrevivem à migração, enquanto outras se juntam em uma rede de conexões chamada sinapses.

As experiências e as relações humanas de que uma criança desfruta estimulam e moldam o cérebro, e alimentam o processo de criação de todas as redes neurológicas que a criança precisará na vida. Quando a criança tem 2 anos de idade, seu cérebro tem o mesmo número de sinapses que as de um adulto; até os 3 anos ele tem mais de mil trilhões de conexões – duas vezes mais do que seus pais e cuidadores. Por volta dos 10 anos de idade, o cérebro de uma criança começa a podar as sinapses em excesso (aquelas que não foram usadas o suficiente). Então, durante a adolescência, acontece uma "segunda onda" de poda e o crescimento começa. O cérebro humano está "em construção" ao longo da infância e adolescência. Na verdade, o córtex pré-frontal, que é responsável pelo bom senso, regulação emocional, controle de impulsos e outras qualidades "adultas" admiráveis, não está totalmente maduro até depois dos 20 anos.

Como Daniel Siegel e Tina Payne Bryson escrevem no livro *O cérebro da criança*:

> Tudo o que nos acontece afeta a forma como o cérebro se desenvolve. Esse processo de conectar e reconectar é o que define a integração: dar aos nossos filhos experiências para criar conexões entre as diferentes partes do cérebro. Quando essas partes colaboram, elas criam e reforçam as fibras integrativas que ligam diferentes partes do cérebro. Como resultado, elas estão conectadas de maneiras mais poderosas e podem trabalhar juntas de forma ainda mais harmoniosa.

Ao contrário do que antigamente acreditávamos, o cérebro humano nunca para de crescer e nunca perde a capacidade de formar novas sinapses e conexões. A mudança pode ser mais difícil à medida que envelhecemos, mas a mudança de atitudes, comportamentos e relacionamentos é sempre possível.

Os primeiros três anos, no entanto, são especialmente importantes. O que uma criança aprende e decide sobre si mesma ("Sou amada ou não sou, sou capaz ou não sou?") e o mundo ao seu redor ("É seguro ou ameaçador, encorajador ou desencorajador?") se torna parte da "fiação" de seu cérebro. O mundo exterior, que é experimentado por meio dos sentidos da criança (audição, visão, olfato e tato), permite ao cérebro criar ou alterar conexões. Também sabemos que os bebês não são a "tábula rasa" que uma vez acreditamos serem: "Os bebês e as crianças pequenas pensam, observam e argumentam. Eles refletem sobre evidências, tiram conclusões, experimentam, resolvem problemas e buscam a verdade".[1]

Enquanto o cérebro é incrivelmente flexível e capaz de se adaptar às mudanças ou lesões, há janelas de oportunidades no início da vida de uma criança nas quais ocorrem importante aprendizado (como visão e desenvolvimento de linguagem). Se essas janelas de oportunidades não forem aproveitadas, pode tornar-se mais difícil para uma criança adquirir aquelas habilidades. Para algumas funções, o desenvolvimento do cérebro se dá de um modo "use ou perca". Para outras, como o desenvolvimento de habilidades sociais, o aprendizado continua além do início da idade adulta. Os pais e cuidadores formam o mundo de uma criança e, ao fazê-lo, também moldam seu cérebro em desenvolvimento.

Natureza ou criação?

Livros, revistas e artigos científicos estão repletos de novos estudos sobre genes humanos e a sua importância para o modo como vivemos e quem nos tornamos. Os pesquisadores agora acreditam que os genes podem ter uma influência ainda mais forte no temperamento e na personalidade do que pensávamos anteriormente. Há evidências de que os genes influenciam qualidades como otimismo, depressão, agressividade e até mesmo se uma pessoa é ou não caçadora de fortes emoções – o que talvez não será novidade para os pais que desde sempre estão sempre resgatando filhos audaciosos do alto de muros, trepa-trepas e árvores. Os pais podem estar se perguntando quanta influência eles têm sobre os filhos. Se os genes são tão poderosos, será que a maneira de criar os filhos realmente importa?

A resposta é que isso realmente importa. Enquanto uma criança herda certos traços e tendências por meio de seus genes, a história de como esses traços se desenvolvem é escrita conforme seu filho interage com o mundo à sua volta. (Os pesquisadores do cérebro chamam essas reações e decisões precoces de "adaptações".) Seu filho pode ter chegado ao planeta com seu próprio temperamento singular, mas a maneira como você e os outros cuidadores interagem

---

1   Alison Gopnik, Andrew Meltzoff e Patricia Kuhl, *The Scientist in the Crib: What Early Learning Tells Us About the Mind* (New York: Harper, 1999), p. 13.

com ele darão forma à pessoa que ele se tornará. (Mais informações sobre temperamento no Capítulo 10.) Como a psicóloga educacional Jane M. Healy diz: "O cérebro molda o comportamento, e o comportamento molda o cérebro".

Não é mais uma questão de natureza *versus* criação: os traços e as habilidades inatas da criança e seu ambiente envolvem-se em uma dança íntima e complicada, e ambos são parte de quem ela se tornará. Ainda mais importantes são as *decisões* que seu filho fará sobre quem ele é e o que ele pode esperar do mundo à sua volta. Os pais, frágeis e imperfeitos, assumem a responsabilidade de moldar o ambiente de uma criança. Especialmente nos primeiros anos de vida, a conexão com pais e outros cuidadores atenciosos e receptivos é fundamental para seu filho. Você influencia a própria estrutura e a "fiação" do cérebro do seu bebê; você influencia a pessoa que ele se tornará e o futuro que ele terá.

Bebês "melhores"

Você pode estar se perguntando se é útil começar a estimular a aprendizagem no início da vida, como Martin e Rosalie fizeram com a pequena Rachel. Afinal, se os cérebros ainda estão crescendo nos primeiros anos de vida, você não deve colocar nele toda a informação possível? Talvez você se surpreenda com o fato de que muitos pesquisadores do cérebro acreditam que a melhor forma de fornecer uma base sólida para a aprendizagem é aquela à moda antiga: permitir que uma criança explore seu mundo por meio da brincadeira exploratória.

Ninguém pode dizer com certeza quanto de ensino e estímulo são "o bastante" para crianças pequenas, mas o *timing* importa. Alguns pesquisadores acreditam que pode até ser prejudicial forçar as crianças a aprender algumas habilidades educacionais com muita rapidez ou a absorver conceitos que seus cérebros ainda não estão maduros o bastante para compreender. Se o cérebro não está pronto para aprender conceitos abstratos (como a matemática, por exemplo), ele pode criar um caminho de conexões menos eficaz que aquele que teria sido criado mais tarde, e o caminho menos eficaz se torna a "fiação" definitiva. O uso precoce da tela, como o que Martin e Rosalie encorajaram com a exposição da filha ao iPad, gera preocupações porque não entendemos completamente como isso afeta o desenvolvimento de circuitos cerebrais, sem mencionar se o conteúdo é apropriado para o desenvolvimento. Há também a preocupação crescente dos pesquisadores sobre os efeitos potencialmente viciantes da exposição a telas.

A ênfase prematura no desenvolvimento de habilidades educativas também tem um componente emocional. As crianças tomam decisões continuamente sobre si mesmas e sobre o mundo ao seu redor. Quando as crianças têm dificuldade em dominar um conceito introduzido por pais ou cuidadores amorosos, elas podem formar a crença: "Eu não sou inteligente o suficiente". Essa crença pode se sobrepor ao desenvolvimento ideal.

No entanto, existem poucas certezas absolutas em relação ao desenvolvimento do cérebro. Cada cérebro humano é único e especial, e é impossível generalizar sobre o que é certo ou errado para cada criança. Ainda assim, muitos estudiosos como Jane Healy acreditam que nossa cultura moderna de ritmo acelerado (e alguns de nossos videogames e tecnologias "educacionais") pode afetar a capacidade das crianças de prestar atenção, ouvir e aprender mais tarde na vida.

Especialistas como Stanley I. Greenspan ressaltam a importância de observar os sinais e dicas de seu filho e responder primeiro, e principalmente, a informação emocional. A capacidade de vincular sentimentos à comunicação (por exemplo, interações como as de Jeff e Carol com o bebê Gregory) emerge durante o primeiro ano de vida do bebê. Encorajar o crescimento de relacionamentos reais é uma das tarefas mais importantes do desenvolvimento inicial do cérebro. (Você aprenderá mais sobre desenvolvimento emocional no Capítulo 6.)

"Feito para se conectar": o que o seu filho realmente precisa

Bebês e crianças pequenas aprendem melhor dentro do contexto dos relacionamentos. O cérebro humano muda a sua estrutura e a sua função em resposta à natureza e à qualidade dos *relacionamentos* que cada pessoa vivenciar (em vez dos fatos, números ou informações educativas que ela adquire). **O que seu pequeno mais precisa aprender nos primeiros três anos de vida não se encontra em cartões de memorização ou telas eletrônicas. O desenvolvimento do cérebro consiste na conexão com outras pessoas, e o cérebro do seu filho foi feito para buscar conexão desde o momento do nascimento. A forma como você e os outros cuidadores do seu filho se relacionam com ele – como conversam, brincam e cuidam – é, de longe, o fator mais importante no desenvolvimento de um bebê ou criança pequena.** Magda Gerber refere-se a cuidadores infantis como "educadores" e chega a dizer que as tarefas diárias de alimentação, higiene e cuidado do bebê são, de fato, a verdadeira essência do que é mais importante focar nos primeiros meses e anos da infância. Tais atividades repetitivas criam os vínculos vitais e as conexões que os cérebros dos bebês precisam.

De acordo com Ross A. Thompson,[2] as crianças pequenas aprendem melhor quando não são estressadas e quando vivem em um ambiente razoavelmente estimulante – e, sim, potes e panelas são muito estimulantes. Thompson acredita que estímulos especiais, como vídeos e outras ferramentas de aprendizagem educativas, são desnecessários (desculpe, Martin e Rosalie). Na verdade, o que as crianças realmente precisam para crescer e se desenvolver é de um *tempo sem pressa* com adultos carinhosos, pessoas que se concentrarão na criança e seguirão suas pistas sem distrações ou expectativas (continuem assim, Jeff e Carol). Lembre-se, tanto os pais como outros cuidadores podem fornecer esse tipo de interação centrada na criança. É importante notar que isso não significa permitir que as crianças governem a casa.

OS MILAGROSOS NEURÔNIOS-ESPELHO

Você já se perguntou como seu bebê aprende a bater palmas, acenar ou dizer tchau? Os pesquisadores descrevem a presença no cérebro humano de "neurônios-espelho", que percebem a ação física, a expressão facial e a emoção e preparam o cérebro para duplicar o que "veem". Quando você brinca de esconde-esconde com seu bebê, os neurônios-espelho dele o ajudam a descobrir como te imitar. Da mesma forma, quando você está bravo, excitado ou ansioso, os neurônios-espelho dele vão "refletir" sua emoção e criar esse mesmo sentimento dentro do bebê. Os neurônios-espelho ajudam a explicar por que choramos, rimos ou ficamos com raiva um do outro com tanta facilidade. Eles também explicam por que o que você faz (o comportamento que você modela) como pai ou mãe é muito mais poderoso do que suas palavras ao ensinar seu filho. Aliás, os neurônios-espelho funcionam em ambos os sentidos. Se você está calmo ao lidar com seu pequeno, ele provavelmente também ficará calmo, o que é útil de se lembrar quando os inevitáveis ataques de birra acontecerem.

---

2   Professor de Psicologia da Universidade da Califórnia em Davis, e membro fundador do National Scientific Council on the Developing Child (www.developingchild.net).

A importância do apego

Quando você se conecta bem com seu filho – quando reconhece e responde seus sinais, oferece amor e aceitação, e permite que seu filho desenvolva um senso de confiança e segurança –, você o ajuda a desenvolver o que é chamado de "apego seguro".

Isso é provavelmente o que Rudolf Dreikurs identificou como um forte senso de "aceitação". As crianças que desenvolvem o apego seguro se conectam bem com elas mesmas e com os outros, e têm melhor oportunidade de desenvolver relacionamentos saudáveis e equilibrados. Elas também são muito mais propensas a adquirir as habilidades sociais, emocionais e intelectuais que os pais esperam que seus filhos tenham. É interessante notar que pesquisadores como Mary Main descobriram que a melhor evidência do senso de apego de uma criança é o nível de apego de seus pais em relação à própria família na infância.[3] O modo como você entende e cria sentido para sua própria história e experiências tem um efeito direto sobre a sua criança em desenvolvimento.[4]

Mas, por enquanto, esteja ciente de que não há nada mais importante que você possa dar ao seu filho que um relacionamento forte com você, baseado em amor, confiança e aceitação incondicional – mesmo quando o comportamento do seu filho oferecer desafios. Este livro irá equipá-lo com muitas ferramentas práticas para orientar o comportamento do seu filho, mas não há substituto para uma conexão genuína.

---

3   Erik Erikson descobriu que o desenvolvimento do senso de confiança de um bebê no primeiro ano de vida está diretamente relacionado ao senso de confiança da mãe em si mesma.

4   Os detalhes sobre apego estão além do escopo deste livro, mas é aconselhável compreender que você não pode dar ao seu filho o que você não possui. Compreender e resolver seus próprios conflitos, desafios e problemas emocionais pode mudar suas interações e ser um dos maiores presentes que você dá ao seu filho. Para aprender mais sobre apego, desenvolvimento do cérebro e criação de filhos, consulte *Parenting from the Inside Out: How a Deeper Self-Understanding Can Help You Raise Children Who Thrive*, de Daniel J. Siegel, M.D., e Mary Hartzell, M.Ed. (New York: Tarcher Putnam, 2003).

BENEFÍCIOS EM LONGO PRAZO DA CRIAÇÃO COM APEGO SAUDÁVEL

Estudos que acompanharam crianças desde a infância até a idade adulta nos dizem que o apego saudável é o indicador mais forte de muitas qualidades importantes. Os filhos que têm apego saudável irão:

- Estar mais motivados a aprender.
- Dar o melhor de si na escola.
- Ter mais confiança e autoestima.
- Desenvolver boas habilidades de resolução de problemas.
- Ter relacionamentos mais saudáveis.
- Tornar-se mais autossuficiente.
- Lidar bem com o estresse e gerenciar bem a frustração.

(De *Early Moments Mattter: Small Steps, Long Lasting Effects* [A importância dos momentos iniciais: pequenos passos, longos efeitos] www.pbs.org/thisemotionallife.)

Como nutrir um cérebro em desenvolvimento – e a criança que o possui

O cérebro flexível e jovem da criança tem a capacidade de se adaptar a muitos ambientes e situações diferentes. O que a criança aprende em seus primeiros anos determina quais sinapses o cérebro manterá e quais serão perdidas. Abuso ou negligência nos primeiros anos de vida de uma criança podem prejudicar sua capacidade de confiar e se conectar com os outros. Por outro lado, as crianças cujas experiências iniciais são felizes e saudáveis irão construir em seus cérebros crescentes qualidades e percepções que as ajudarão a prosperar.

Muitas das recomendações que os especialistas fazem agora são passos que os pais sábios tomaram instintivamente desde o início dos tempos. No entanto, quando você entender a verdadeira importância dessas maneiras de criar um bebê, poderá fazê-lo conscientemente, com a segurança de que está fornecendo exatamente o que seu pequeno mais precisa.

O que os pais devem saber? O que você pode fazer para dar a seu filho um cérebro saudável e uma vida saudável?

O IMPACTO DO TRAUMA

Há momentos em que a vida de uma criança pequena não é o ideal de paz com que os pais sonharam. Bebês e crianças pequenas podem sofrer de estresse; às vezes, eles são expostos a lesões, medo ou violência na própria casa ou em suas comunidades. Algumas vezes, eles precisam lidar com internações e tratamentos médicos amedrontadores e dolorosos. Essas experiências física ou emocionalmente estressantes são conhecidas como *trauma* e podem causar impactos profundos no desenvolvimento emocional da criança.

Crianças expostas a trauma podem ter dificuldades de pegar no sono ou ter pesadelos. Elas podem parecer ansiosas ou isoladas e podem se agarrar aos pais e cuidadores. Nessas condições, crianças podem ter violentos ataques de birra provocados por algo que pode parecer sem importância para você, como a escolha de um copo específico, por exemplo. Também podem falar sobre episódios que testemunharam, reproduzindo-os com brinquedos ou outras pessoas repetidamente. Ou se fechar e evitar demonstrar emoções. A capacidade delas para relaxar, aprender e prestar atenção em habilidades e ideias pode ter sido prejudicada.

Lembre-se: o cérebro é resiliente; ao se encontrar em um ambiente seguro, a maioria das crianças e adultos com trauma consegue se recuperar. O melhor "remédio" é a presença de cuidadores pacientes e amorosos que possam oferecer a confiança, segurança e conexão de que a criança precisa – pelo tempo que for necessário. Também é importante acabar com a causa do estresse ou violência tão logo possível. Quando precisar, jamais deixe de pedir ajuda, por você e por seu filho.

Responder aos sinais do bebê

Ao responder quando um bebê chora – providenciando comida, uma fralda limpa ou um aconchego – é importante para ajudá-lo a ter confiança, talvez a lição inicial mais importante. Os pais podem responder às perninhas que chutam e aos bracinhos agitados do bebê, sorrindo ou com brincadeiras quando ele deseja estímulos. E eles podem aprender a reconhecer quando um bebê precisa de tranquilidade para dormir ou simplesmente ficar quietinho. Neurocientistas chamam esse tipo de conexão de "comunicação contingente" e é um dos ingredientes mais importantes no desenvolvimento precoce do cérebro do bebê. (É também uma das poucas habilidades parentais que atravessam todas as culturas.) Aprender a ouvir, interpretar e responder adequadamente aos sinais do seu bebê é uma das suas primeiras e mais importantes tarefas parentais. Mães e pais que conseguem se sintonizar com os sinais e as necessidades de seus pequenos estão no caminho certo para construir um relacionamento forte.

Seu bebê permitirá que você reconheça as preferências dele – o que e quando ele precisa – e quanto mais tempo você passar com ele, mais fácil será para reconhecer seus sinais. Simplesmente não há substituto para o tempo e a atenção, e, à medida que crescem, crianças que têm a oportunidade de criar um bom elo com os pais acham mais fácil se dar bem com os outros e se sentir confortável em seu mundo. Quando o tempo com os pais é limitado, seja por motivo de trabalho, tempo passado na creche/escola, problemas de saúde ou outras questões familiares, o tipo de cuidado é ainda mais importante. Todos os cuidadores do bebê, familiares ou não, precisam se concentrar em nutrir conexões.[5]

Passar tempo com seu bebê, responder aos seus sinais e nutrir uma conexão saudável não é o mesmo que ceder a todas as exigências dele. Ceder às exigências, às vezes chamado de "mimar", torna seu filho dependente de você. Como você aprenderá, é importante atender a todas as *necessidades* de amor e cuidados básicos do seu filho, mas pode ser prejudicial ceder a todos os seus *desejos*. À medida que você aprende informações e conhecimento, lembre-se de acessar seu coração e sabedoria para encontrar um equilíbrio na interação respeitosa e saudável para você e seu filho.

Tocar, falar e cantar

Estudos demonstraram que os bebês que são tocados, massageados e aconchegados no colo com frequência são menos irritadiços e ganham peso

---

5   O livro de Magda Gerber, *Dear, Parent: Caring for Infants with Respect* (Los Angeles: Resources for Infant Educarers, 1998), é um recurso valioso para você e para os cuidadores do seu filho.

mais rapidamente. Segurar, balançar e abraçar uma criança são gestos que provavelmente transmitem amor e aceitação melhor que qualquer outra coisa. Bebês, crianças pequenas e até mesmo as mães e os pais precisam de abraços, e um abraço amoroso pode ser toda a "ajuda" de que seu filho precisa para muitas das pequenas crises da vida.

Muitos adultos não se sentem confortáveis com o contato físico. Muitos não foram abraçados ou tocados, ou talvez o toque tenha acontecido do jeito errado. Os pais, especificamente, podem sentir-se desconfortáveis ao tocar ou abraçar seus filhos e, às vezes, usam brincadeiras de luta (o que pode ser muito divertido) para demonstrar aconchego e afeto.

Mesmo que o toque ajude o seu pequeno a se conectar a você e ofereça conforto e estímulo, ele deve sempre acontecer do jeito certo e na hora certa. Perguntar a uma criança mais velha "Você gostaria de um abraço?", ou "Posso te dar um abraço?", ajudará a dar a ela uma sensação de controle sobre seu corpo.

Falar também é importante. Que adulto pode resistir balbuciar palavras gentis para um recém-nascido? Falar e ler para bebês e crianças pequenas que, obviamente, ainda não conseguem entender suas palavras, pode não parecer importante, mas essas "conversas" estimulam as partes do cérebro da criança responsáveis pelo desenvolvimento da fala e da linguagem.

Lembre-se de que, embora a repetição possa ser chata para você, não é para o seu filho. Bebês e crianças aprendem por meio de repetição, razão pela qual uma rotina é uma ferramenta de ensino tão eficaz e importante para essa faixa etária. Você pode pensar que não suporta ler o mesmo livro infantil mais uma vez – mas seu pequeno ficará encantado com os sons e as texturas do seu livro favorito por meses. Saber que você está moldando um cérebro saudável pode dar a paciência necessária para contar repetidamente as histórias favoritas do seu filho. Aliás, a televisão não tem o mesmo efeito em bebês e crianças que a fala ao vivo. A animação e a tela da televisão não são diálogos, e sua estrutura frenética e chamativa pode afetar negativamente a capacidade de atenção e de escuta da criança. Não há substituto para o ato de conversar com uma criança, e não há melhor maneira de ela aprender.

A música também parece ter uma influência poderosa sobre os cérebros das crianças. Enquanto a pequena Megan parece não se importar em escutar Mozart ou canções infantis, a melodia e o ritmo irão afetá-la. A música parece estimular a criatividade – nossos corações e ondas cerebrais tendem a acelerar e diminuir a velocidade para sintonizar com o ritmo da música que estamos ouvindo. Na verdade, balançar suavemente o bebê em seu colo enquanto você canta ou escuta uma música realmente ajuda a alinhar o cérebro dele para "ouvir" o ritmo. Pode haver poucas coisas tão deliciosas como ver uma criança dançando, se mexendo no ritmo da música. Não use apenas músicas gravadas. Cante para sua criança. (Sim, você pode cantar – seu filho não é um crítico musical!) No começo você cantará sozinho, mas, em pouco tempo, sua criança estará balbuciando com você. Não é ruído: é o som de um cérebro saudável crescendo.

Lembre-se, a música também acalma. Os sons suaves são tão relaxantes para crianças como para adultos. Na hora da soneca ou antes da hora de dormir, tente tocar uma música suave e veja como seu bebê começará a desacelerar e a se acalmar. (A música suave também é uma ótima maneira de fazer a transição para os períodos de descanso nos berçários de creches/escolas.)

Criar oportunidades para a criança brincar – e brincar junto

Nesses tempos modernos de pais e mães atarefados e cuidadores sobrecarregados, colocar os pequenos em cadeirões e na frente de uma tela, muitas vezes substitui a brincadeira. Mas os bebês e as crianças pequenas estão no processo de descobrir seus corpos, formar as conexões vitais que ligam o cérebro à ação. Eles estão desenvolvendo controle motor e aprendendo sobre texturas e a lei da gravidade. Eles precisam de oportunidades para brincar ativamente.

Brincar é, na verdade, o trabalho da criança. É como ela experimenta o mundo, aprende sobre relacionamentos e experimenta novos papéis e personalidades. Os pais geralmente são bons em levar as crianças em lugares onde *elas* podem brincar – parquinhos, brinquedões, piscinas de bolinhas – mas muitas vezes os pais não são tão bons assim em brincar com as crianças, ou podem acreditar que não têm tempo para isso.

Os avós geralmente comentam que uma das alegrias que descobriram é a de simplesmente brincar com seus netos, seja brincando de "cavalinho", colhendo flores e folhas para a casa das fadinhas, ou tomando chá embaixo de uma cabana feita com um cobertor. Liberados do estresse diário do malabarismo entre trabalho, família e o cuidado de seus próprios filhos pequenos, os avós acham que podem relaxar e simplesmente brincar com seus adoráveis netinhos.

Brincar é uma ferramenta importante na construção de um relacionamento amoroso e conectado com qualquer criança. Os brinquedos na verdade não têm de "fazer" coisa alguma. O brincar valioso pode acontecer ao balançar o mesmo chocalho repetidamente e ouvir o barulho que ele faz (muitas, muitas vezes). Permita que a criança "guie" a brincadeira. Não há melhor maneira de entender o mundo de uma criança do que brincar com ela.

Seu filho precisará de muitas oportunidades para exercitar a imaginação e a criatividade à medida que cresce. (Às vezes, isso inclui tempo para brincar sozinho.) As crianças podem brincar e aprender com a caixa em que o brinquedo veio embalado ou as panelas e potes embaixo da pia. Quem precisa de um carro de bombeiros movido a pilhas que faça ruídos de sirene quando uma criança pode – e deve – fazer os barulhos por si mesma? Os favoritos e antigos brinquedos interativos ainda servem a um propósito valioso. Ofereça blocos de montar, fantasias, caixa de areia e pedaços de argila, e depois aprecie como seu pequeno descobre a alegria de construir, tocar e moldar seu mundo. Melhor ainda, brinque com ele. Sente-se no chão e construa uma fortaleza com as almofadas do sofá, jogue seu jogo de tabuleiro favorito (crianças adoram o jogo de tabuleiro "Escadas e Escorregadores" ou "Candy Land", e podem jogá-los muito bem sem muita ajuda da sua parte), faça guerra com água ou brinque na lama. Lembre-se: as crianças aprendem usando todos os sentidos, e ter a oportunidade de fazer bagunça é uma parte valiosa da brincadeira e da aprendizagem. (Depois vocês sempre podem arrumar juntos a bagunça – e isso também será divertido.) Você estará criando memórias especiais e um vínculo com seu filho que os dois valorizarão, além de estimular as conexões vitais no cérebro dele.

Encorajar a curiosidade e a exploração segura

Os cadeirões, os balanços para bebês e os cercadinhos podem ser úteis quando você precisa de algum tempo livre, mas sua criança ativa precisa de tempo e espaço para exercitar o senso de autonomia e iniciativa, e não há melhor maneira do que ter a permissão para caminhar e explorar a casa, o quintal ou o parquinho do bairro – com sua supervisão, é claro. (Ver o Capítulo 8 para obter mais informações sobre autonomia e proteção para crianças.)

O cérebro de uma criança cresce e é mais bem estimulado por coisas em que ela está ativamente interessada. Se o seu pequeno mostra curiosidade sobre cores e tintas, animais ou caminhões grandes, você vai ajudar o cérebro dele a se desenvolver encontrando maneiras de explorar o que ele mais quer aprender. Dedique tempo para descobrir o que faz os olhos do seu pequeno brilharem e, em seguida, crie oportunidades para exploração.

Permitir que seu bebê tenha um tempo consigo mesmo

Por favor não fique com a impressão que seu bebê precisa de estimulação constante. Os bebês precisam de tempo sozinhos para explorarem por si mesmos. Quando você vê uma criança olhando seus dedinhos ou brincando com os dedos dos pés, ele está explorando. Muitos bebês se contentam em sentar-se em seus cadeirões e segui-lo com os olhos enquanto você se ocupa com outras tarefas.

Como de costume, a palavra-chave é "equilíbrio". É bom oferecer estimulação – conversando, dando colo e cantando – mas não o tempo todo. O excesso de estimulação pode na verdade tornar o bebê irritadiço, além de ser contraproducente para o desenvolvimento ideal do cérebro. Se o seu bebê virar o rosto para longe enquanto você estiver brincando ou falando, ele pode estar informando que precisa de um "tempo em silêncio" para descansar e se reorganizar. Lembre-se, no entanto, de que os bebês não são todos iguais. Alguns ficam mais satisfeitos em brincar silenciosamente e com calma do que outros.

Usar disciplina para ensinar – nunca usar punição física

Cérebros em construção são extremamente frágeis. Todos os dias um bebê morre ou fica permanentemente incapacitado por ser chacoalhado ou atingido por um adulto irritado e frustrado. "Eu nunca machucaria meu bebê", você deve estar dizendo, mas pode ser uma surpresa para você saber que críticas severas, punições ou humilhações também podem prejudicar o cérebro de uma criança e a capacidade dela de confiar em você. Lembre-se, as conexões que são mais utilizadas se tornarão permanentes e aquelas que não são usadas serão perdidas. Todos os pais cometem erros e experimentam a intensa frustração e exaustão que acontece às vezes quando você compartilha sua vida com crianças pequenas. Quando você está ciente dos efeitos em longo prazo da maneira como você trata seu filho, pode fazer escolhas que não apenas ensinarão e fornecerão a estrutura de que ele precisa, mas permitirão que ele aprenda que é aceito e é importante – lições que vão durar uma vida inteira.

ALÉM DA DEPRESSÃO PÓS-PARTO

A maioria das mães passa por alguns altos e baixos emocionais nos meses após o parto, mas um número surpreendente de mães passa por uma depressão suficientemente forte para interferir na capacidade de administrar e aproveitar a vida. A depressão pós-parto não é culpa de ninguém, mas pode ter um impacto sério na saúde de uma mãe e no desenvolvimento do bebê.

A depressão pós-parto pode interferir na capacidade da mãe de desfrutar do bebê e responder as suas necessidades e sinais. As mães deprimidas geralmente sentem um cansaço e tristeza incomuns, e talvez fiquem facilmente irritadas ou furiosas com as necessidades do seu filho. A depressão interfere no sono e no apetite; as mães deprimidas podem ficar distraídas e podem evitar outras pessoas ou sair de casa. A depressão também tem sérias implicações para os pequenos: bebês de mães deprimidas podem tornar-se irritadiços e difíceis de acalmar, ter o desenvolvimento da fala atrasado e eventualmente desenvolver problemas de comportamento.

Se você reconhecer quaisquer sintomas de depressão em você, por favor peça ajuda. Há muitas maneiras de tratar a depressão, e a vida pode se tornar muito mais fácil quando recebe apoio para você e seu filho.

Cuidar de você

Você pode estar se perguntando: a minha saúde e estado de espírito afetam o cérebro do meu filho? Pais e cuidadores são as pessoas mais importantes na vida de uma criança pequena. A qualidade no que você oferece é muitas vezes afetada por seu próprio humor e emoções humanas. O estresse, a exaustão ou a preocupação afetam a maneira como você interage com seu bebê ou sua criança – e, consequentemente, a maneira como ele percebe você e a si mesmo.

Selecionar o berçário ou a escola cuidadosamente

O cérebro em desenvolvimento de uma criança não para quando ela é deixada em um berçário. Atualmente, a maioria dos pais trabalha fora de casa e muitos bebês e crianças pequenas passam boa parte do tempo em que estão acordados sob os cuidados de outras pessoas. Não causa surpresa então que as mesmas habilidades essenciais para os pais ajudarem a criar cérebros em desenvolvimento sejam também tão fundamentais para os cuidadores. Deixar seu filho sob o cuidado de outra pessoa pode ser difícil, mas ajuda a reconhecer que cuidados de alta qualidade podem sustentar o desenvolvimento de uma criança. É importante ter certeza de que o cuidado que seu filho recebe quando está longe de você é um cuidado verdadeiramente de *qualidade*. Isso será explorado com mais profundidade no Capítulo 19.

Amar e curtir seu filho

Lembre-se, o que seu filho (e todos nós) precisa saber é que ele é aceito, que ele ocupa um lugar especial na vida e que ele é valorizado por aqueles à sua volta. **Não importa o quanto sua vida é atarefada, e quão seriamente você assume suas responsabilidades como mãe ou pai: tenha tempo para simplesmente amar e curtir seu filho.** Os calmos momentos da observação, os risos e balbucios, o prazer que temos ao notar os talentos especiais, as primeiras palavras e adoráveis ações dessas novas crianças não são tempo perdido, mas investimento precioso no futuro da sua família. A limpeza da casa, o trabalho no quintal e os cuidados com as roupas podem esperar; desacelere de vez em quando e simplesmente aproveite o tempo que você tem com seu filho. O tempo passa muito rápido.

Os primeiros três anos duram para sempre

A abordagem da Disciplina Positiva para criar crianças pequenas se adequa bem ao nosso conhecimento de como o cérebro humano se desenvolve, e fazer o seu melhor será "bom o suficiente". A consciência é sempre o primeiro passo para a ação e o conhecimento irá lhe ajudar a fazer escolhas e tomar decisões adequadas para o seu filho.[6] Criar uma criança pequena é realmente uma responsabilidade séria. De muitas maneiras, os três primeiros anos da criança serão marcantes para o resto da vida.

Pais e mães conscientes e amorosos frequentemente se preocupam com o fato de que não poderão atender às necessidades de seus filhos, que deixarão alguma tarefa por fazer ou deixarão de dar o cuidado e ambiente que o cérebro em desenvolvimento da criança precisa. Ajudaria lembrar que nenhum de nós é perfeito – e você não precisa ser. Seu bebê ou criança pequena não exige perfeição. Ele só precisa que você seja carinhoso, amoroso e consciente de suas necessidades.

ENCORAJE O DESENVOLVIMENTO DO CÉREBRO DE SEU BEBÊ

- Responda aos sinais do seu bebê.
- Toque, converse e cante.
- Dê oportunidades para ele brincar e brinque junto.
- Encoraje a curiosidade e a exploração segura.
- Permita que seu bebê fique sozinho.
- Use disciplina para ensinar - nunca chacoalhe ou bata.
- Cuide de si mesmo(a).
- Selecione cuidadosamente creches/escolas e cuidadores.
- Ame e curta seu filho.

ATIVIDADES PARA REFLEXÃO

1. Pense na família em que você cresceu (se quiser, anote suas lembranças em um caderno). O que você apreciou sobre seus pais? E outros familiares? E seus cuidadores? O que gostaria que tivesse sido diferente? Quais deci-

---

6   Para obter mais informações sobre o desenvolvimento do cérebro e os três primeiros anos de sua criança, visite www.parentsaction.org ou www.zerotothree.org.

sões você acha que tomou sobre si mesmo e os outros por causa da forma como foi criado? Como você pode usar o que aprendeu com suas experiências pessoais para ampliar a conexão com seu filho?

2. Considere escolher uma das maneiras descritas neste capítulo para encorajar o desenvolvimento do cérebro do seu bebê e foque nela por uma semana. Por exemplo, você pode querer se concentrar em tocar, falar e cantar para seu bebê. Na semana seguinte, escolha outra maneira. Como você acha que o relacionamento com seu filho será diferente depois de passar uma semana focando em cada sugestão?

3. O que você acredita que é mais importante – usar a tecnologia para estimular a aprendizagem intelectual, ou focar no relacionamento com seu filho? Por quê? É possível equilibrar os dois?

4

CONHECER MAIS PROFUNDAMENTE QUEM É O SEU FILHO

Marta tinha uma história para contar. Ela se jogou na cadeira e esperou impacientemente os outros membros do grupo de pais pararem de falar e se acomodarem.

O líder do grupo notou a irritação de Marta e sorriu. "Marta, parece que você veio preparada para compartilhar algo. Por que não inicia a reunião?"

Marta suspirou e balançou sua cabeça. "Eu não sei mais o que fazer", resmungou. A frustração era óbvia em seu tom de voz. "Meu filho de 2 anos, Daniel, está me deixando maluca. Ele insiste em tocar as coisas nas lojas mesmo que eu já tenha pedido várias vezes para não fazer isso. Ele fica bravo quando não leio para ele ou não brinco assim que ele pede — ele não consegue esperar pacientemente por cinco minutos. Ele sempre solta a sua mão da minha quando estamos caminhando juntos, e fico preocupada que ele corra para a rua."

O restante do grupo sorriu de maneira empática e algumas cabeças balançaram concordando com Marta enquanto ela contava seu drama. Outros pais já tinham compartilhado experiências similares e compreendiam seus sentimentos. "Mas essa manhã foi a gota d'água." Marta deu uma pausa. "Essa manhã, o Daniel mentiu para mim descaradamente. Falei para ele que não iria tolerar mentira, mas ele mentiu na minha cara."

O líder olhou nos olhos de Marta e concordou com a cabeça. "Posso ver que você está realmente chateada. O que o Daniel disse?"

"Bem", disse Marta, "ele disse que viu um leão no quintal. Isso não é ridículo? Ele sabe que não tem nenhum leão no nosso quintal! Se o Daniel começar a mentir agora, o que vai acontecer quando ele crescer?"

Uma outra moça começou a relatar: "Eu também me preocupo. O que vai ser do meu filho quando se tornar um adulto e fizer essas coisas?" Outros concordaram com a preocupação.

As preocupações e os pensamentos confusos que esses pais estão sentindo são facilmente compreensíveis; a maioria dos pais passa por momentos de frustração e desapontamento similares. Mas o pequeno Daniel não está tirando a mãe do sério intencionalmente. É mais provável, assim como o líder do grupo de pais do qual Marta participa irá explicar, que Daniel esteja simplesmente agindo de acordo com a idade: uma criança de 2 anos de idade ativa e curiosa, que está aprendendo sobre seu mundo da única maneira que sabe.

Aprender sobre o mundo do seu filho

O seu pequeno habita um mundo muito diferente do seu. Um dos primeiros e mais importantes desafios em criar esse bebê ou criança pequena é compreender como o mundo se parece – aos olhos *dele* – e como o cérebro e as habilidades dele estão se desenvolvendo. Criar expectativas de que seu filho irá pensar, agir ou sentir da mesma maneira que você cria uma série de dificuldades e mal-entendidos.

Uma das melhores maneiras de se tornar uma mãe ou um pai efetivo – ou mesmo um ser humano efetivo – é entender as percepções das outras pessoas, ser capaz de "mergulhar no mundo delas". Isso é particularmente verdadeiro para os pais de crianças muito pequenas; afinal, o mundo delas é tão diferente do nosso! (Curiosamente, seu filho não desenvolverá essa habilidade, algo que os pesquisadores chamam de "visão mental", até a adolescência. Não importa o quão inteligente ele seja, ele não consegue ver o mundo exatamente da mesma maneira que você.) Os bebês não são adultos em miniatura, mas eles certamente podem começar a aprender sobre sentimentos.

Um bebê recém-nascido chega a esse mundo vindo de um lugar quente e seguro onde estava aconchegado, ao lado do coração da sua mãe, tendo todas as suas necessidades atendidas. De repente, depois de uma jornada cansativa para fora do corpo da mãe, ele encontra um mundo de calor e frio, barulho, objetos móveis e luzes fortes. Rostos que vêm e vão, vozes de todas as direções, e um novo mundo que gira em um ritmo que ele ainda não entende. A nutrição e o conforto imediatos se foram; agora ele deve chorar bem alto para alguém saciar sua fome ou lhe dar conforto. Dormir, comer, simplesmente manter o corpo em funcionamento – tudo deve ser adaptado à nova vida. Se por acaso descobrissem evidências científicas de que os bebês desejam profundamente retornar ao útero, isso não seria nenhuma surpresa!

A partir do momento do nascimento, os primeiros meses e anos do bebê são uma viagem de descobertas. E uma das primeiras coisas que uma criança deve descobrir é a si mesma. O autocontrole do bebê começa de dentro para fora. Em outras palavras, ele desenvolve os grandes músculos no centro do seu corpo (pulmões ativos, coração pulsante) antes dos pequenos músculos nas suas extremidades. No começo ele está perdido, fazendo por si somente as funções corporais mais básicas, é incapaz de levantar seu pescoço ou se virar sem ajuda. A sobrevivência vital do bebê depende da sua habilidade de atrair a atenção de um adulto para cuidar das suas necessidades.

Conforme o tempo passa, o seu controle aumenta. Ele aprende a realmente ver (*"Esta é a mamãe?"*) e a seguir os objetos com o olhar. Um dia, ele descobre que pode manipular as mãos que se agitam em frente ao próprio rosto; pode fazê-las mexer, segurá-las, e até – ah, que gostoso! – colocá-las na boca. Posteriormente, ele aprende que pode segurar outras coisas com os dedos e também colocar mais coisas na boca.

Muitos outros estágios do desenvolvimento acontecerão na sequência. O bebê aprende a se virar, se arrastar, engatinhar, levantar-se apoiando-se nos móveis e, finalmente, andar. Ele se torna um pequeno cientista, explorando tudo que pode. Às vezes, os pais veem essa exploração como "travessuras" e podem não dar o devido valor a esse saudável desenvolvimento do cérebro. As últimas etapas a serem dominadas são as habilidades delicadas, como equilíbrio e controle da coordenação motora fina, o que explica por que crianças de 5 ou 6 anos têm tanta dificuldade em dominar a arte de amarrar o cadarço do sapato. Parte de se tornar um(a) pai/mãe ou professor(a) efetivo(a) e amoroso(a) significa entender o mundo desses pequenos com os quais você está lidando e fazendo todo o esforço para compreender.

Entender a personalidade da criança

O que dá forma à personalidade de um ser humano? Por que uma criança de 2 anos é serena e obediente, disposta a agradar e fácil de lidar, ao passo que outra criança da mesma idade parece desafiar todas as regras, testar cada limite e quebrar tudo o que vê pela frente? As crianças são um produto dos genes dos pais (natureza) e sem dúvida são influenciadas pelo ambiente e pelas ideias à sua volta (criação). Estudos parecem indicar que os genes e temperamentos inatos são uma influência mais forte do que os especialistas acreditavam anteriormente, enquanto outras pesquisas demonstram que crenças podem efetivamente alterar o DNA.[1] Talvez seja mais importante entender que uma vez que as crianças são formadas tanto pela matéria-prima que herdam como pelas forças à sua volta, elas também trazem para o mundo algo único: espírito e identidade próprios. Esses fatores, agregados às decisões individuais (muitas delas subconscientes) que elas tomam ao longo do caminho sobre o que fazer para sobreviver ou prosperar, irão formar suas personalidades. Tais decisões são tão importantes que iremos revisitar esse assunto frequentemente conforme lhe ajudamos a mergulhar no mundo do seu pequeno.

Você já notou que apesar de as crianças da mesma família terem os mesmos pais e crescerem na mesma casa elas são incrivelmente diferentes? Isso se dá porque cada criança toma decisões únicas baseadas na sua percepção do mundo. Uma criança pode decidir: "Eu gosto da segurança que vem dos limites". Outra criança pode decidir: "Me sinto confinado pelos limites impostos". Muitas dessas decisões são feitas no período pré-verbal como um "senso de", em vez de um raciocínio lógico. Os pais precisam investir tempo em conhecer – e aceitar – seus filhos como eles são.

Você se lembra da Marta e do Daniel de 2 anos? Vamos dar uma olhada em alguns pontos que podem explicar o comportamento que a mãe acha tão frustrante. (Vamos examinar essas ideias com mais detalhes nos próximos capítulos.)

Crianças aprendem sobre o mundo por meio da ação

Uma criança que está "brincando" na verdade está trabalhando, testando novos papéis e ideias, provando, tocando, cheirando e explorando a vida. Aprender é uma experiência palpável, cheia de descobertas entusiasticamente alegres. Leva-se tempo (e um pouco de paciência dos pais) até que as crianças aprendam

---

1   Consulte Bruce H. Lipton, *The Biology of Belief* (Carlsbad, CA: Hay House, 2009).

onde estão os limites. Algumas vão aceitar esses limites, enquanto outras vão continuamente testá-los. Isso não faz da criança "desafiadora" uma pessoa má. Ela simplesmente tem um temperamento diferente e vai manter os pais ocupados usando a gentileza e firmeza da Disciplina Positiva.

A ordem de nascimento afeta como se enxerga o mundo

Cada criança que nasce experimenta uma configuração familiar diferente de todas aquelas vivenciadas pelas crianças que chegaram antes ou daquelas que virão depois. Há mais pessoas na família, mais irmãos e o adulto ou adultos na família provavelmente já evoluíram ou mudaram de alguma maneira. Eles podem ter menos conhecimento com o primogênito, ou podem ter desenvolvido novas perspectivas (e experiências) até a hora que uma nova criança chega na família.

Maria nos conta sobre o drama causado pelas birras da filha, Fatima, e o modo como tentava, junto às tias da menina, lidar com ela, pegando-a no colo e implorando para que ela parasse, ou se unindo a ela e chorando de tanta frustração. Quando Miguel, o irmão de Fatima, nasceu dois anos mais tarde e começou a fazer suas próprias birras, o resto da família já tinha se acalmado. Eles aprenderam com a Fatima que birras são um estágio normal na criação de uma criança. Como já sabiam que essa fase ia passar (e passaria mais rápido se eles não dessem tanta atenção), eles lidaram com as birras do pequeno Miguel de maneira admirável. Eles sorriam, balançavam a cabeça e esperavam até acabar. Miguel nasceu em um lar diferente e mais relaxado do que Fatima.

Outro aspecto da ordem de nascimento é a presença (ou ausência) de irmãos. Um filho "único" ou "primogênito" normalmente tem um adulto disponível para dar um biscoito sempre que ele quiser. Quando há outros filhos presentes, aquele biscoito tem que esperar até que a fralda do irmão mais novo seja trocada ou que a irmã termine de mamar. O primeiro filho também pode aprender a fazer as coisas sozinho mais cedo, enquanto sua irmãzinha poder contar com irmãos mais velhos para dar aquele biscoito.

Essas diferenças não são boas nem más, mas elas afetam o comportamento das crianças. A criança mais velha que subitamente começa a choramingar e se comportar mal quando seu irmãozinho mais novo está roubando toda a atenção é uma cena facilmente reconhecível. O pequeno que se agarra na mãe quando o irmão está indo para a escola parece ser menos óbvio. Seja qual for o comportamento, levar em consideração os efeitos da ordem de nascimento pode ser de grande valia para compreender o "mau comportamento" da criança.[2]

A necessidade natural da criança de explorar e experimentar em cada fase do desenvolvimento pode ser rotulada como mau comportamento

As crianças precisam de limites seguros e afetuosos para se sentirem protegidas, assim como todo mundo precisa de paredes fortes e um teto para se sentir protegido do tempo. Mesmo assim, qualquer criança que se respeite se sentirá obrigada a ocasionalmente ultrapassar esses limites impostos e testá-los, só para ter certeza da firmeza deles. Ela não está intencionalmente tentando tirar você do sério, ela está explorando conforme o estágio apropriado para a idade ou aprendendo sobre consistência, certificando-se de que os adultos realmente fazem o que dizem (um aspecto importante da confiança). Frequentemente, os adultos falham em reconhecer que eles simplesmente não conseguem ser racionais com uma criança pequena e, sendo assim, passam mais tempo falando que agindo. Não importa o quão bom você é com as palavras, as palavras não são mais que sons para as crianças pequenas. Ações, como afastar a criança de uma tentação proibida ao segurá-la e levá-la para outro lugar, oferecem uma mensagem nítida. (Algumas ações ou palavras, porém, podem agravar a situação: dar tapas nas mãos, ficar gritando "Não! Não!", ou dar aquele olhar de reprovação pode convidar a criança a manter esse adulto interessante envolvido com ela – ou a pagar na mesma moeda!) Todos esses testes são irritantes? Com certeza. É algo frustrante? Sem dúvida! Mas raramente as crianças são intencionalmente maldosas como acreditam seus pais – elas apenas estão se comportando conforme esperado para a idade.

Crianças pequenas raramente aprontam de propósito

Os adultos equivocadamente interpretam os motivos – ou seja, a intenção – dos comportamentos das crianças com o raciocínio igual ao de um adulto,

---

2   Para saber mais detalhes sobre a ordem de nascimento, veja o Capítulo 3 do livro *Disciplina Positiva*, publicado pela Editora Manole, 2015.

em vez do raciocínio de uma criança pequena. Alguns pais agem como se os filhos passassem a noite inteira planejando uma maneira de deixá-los malucos. Os repetidos avisos de Marta para o seu filho não tocar nas coisas não são totalmente eficazes; supervisão e distração gentil e firme podem ser mais úteis. Crianças são pequenos indivíduos altamente impulsivos, e os avisos são simplesmente vencidos pelo desejo de tocar, segurar e explorar. Uma criança pequena debruçada na beirada do carrinho de bebê para tocar um copo brilhante que está na base de uma pirâmide de copos extremamente delicados não tem a intenção de "desobedecer". As cores do copo atraíram sua atenção; ela se estica para tocar e examinar. Ela é uma pequena cientista usando suas mãos, bocas e coordenação imperfeita para determinar as propriedades do maravilhoso mundo à sua volta. Suas reais tarefas como pais são prevenção, vigilância e reflexos muito rápidos.

O tamanho e as habilidades da criança têm influência em seu comportamento

Na próxima oportunidade que tiver, coloque o seu rosto no mesmo nível do seu filho. O que você vê? O mundo parece bem diferente daqui debaixo! Para olhar para um rosto de um adulto você precisa inclinar sua cabeça para trás – uma posição desconfortável se mantida por muito tempo. Na maioria das vezes, as crianças pequenas contemplam o mundo dos joelhos, canelas e pés, e a única maneira confiável de chamar a atenção de um adulto é puxando suas mãos ou pernas. E imagine como um pai ou mãe que grita e aponta o dedo deve parecer apavorante ao olhar de baixo.

Os móbiles de berço foram reinventados quando alguém teve o bom senso de olhar do ponto de vista da criança. Os animais fofos e pequenos que os adultos viam girando no ar pareciam pedaços de madeira sem forma quando olhadas de baixo. As versões atuais mostram as figuras de cabeça para baixo, enfatizando os desenhos gráficos em preto e branco que os bebês consideram tão atrativos.

O mundo da criança brilha com imagens, sons e texturas encantadoras. A melhor maneira de se certificar que uma pessoinha entende que você está falando com ela é fazer contato visual. Abaixe-se no nível dela, olhe em seus olhos curiosos e fale diretamente com ela.

Você ainda está sentando no chão? Se algum adulto estiver por perto, estique-se e pegue na mão dele. Imagine-se indo dar um longo e gostoso passeio pelo shopping mais perto nessa posição. O que os pais normalmente veem como uma criança desafiadora tentando soltar-se da mão do adulto pode simplesmente ser uma criança tentando fazer o sangue circular de volta na mão e no braço. Além disso, os adultos têm pernas muito mais longas do que os pequenos; as crianças quase sempre precisam correr para acompanhar o passo. Não é à toa que eles ficam para trás ou correm para longe para encontrar o seu próprio ritmo.

Pode ser frustrante ser uma pessoa pequena cujas mãos não completam as tarefas como esperado. Frequentemente, as crianças querem muito ajudar, vestir-se sozinhas e fazer outras tarefas pela casa, mas a biomecânica está além do seu alcance. O resultado é uma criança frustrada e furiosa – e pais frustrados e furiosos. Isso não cria uma atmosfera positiva em que o aprendizado possa acontecer. Como você se sentiria se tudo que tenta fazer estivesse além da sua capacidade de ser bem-sucedido – e você fosse criticado apesar dos esforços que fez? Você pode desistir e começar a se "comportar mal" por conta de sua frustração. Mais adiante vamos falar sobre expectativas, encorajamento e a comemoração dos pequenos passos.

Os conceitos de realidade e fantasia de uma criança são diferentes dos de um adulto

Você sabia que quando sai do campo de visão do seu bebê você deixa de existir? Que o brinquedo que acidentalmente caiu no chão desapareceu para sempre? O conceito de permanência ainda não se desenvolveu. A ansiedade de separação começa quando os bebês entendem que seus pais sempre existem, e eles não gostam de se separar deles. Assim que eles entendem que o brinquedo ainda existe, eles ficam frustrados e choram quando ele é retirado das suas mãos.

Da mesma maneira, uma criança pequena experimenta com sua imaginação como uma forma de explorar e aprender. Nosso amiguinho Daniel pode não ter visto um leão no quintal, mas pode ter visto o gato do vizinho. Ou ter assistido a um desenho sobre leões na floresta. Ou o seu livro pode ter ilustrações de leões e seus filhotes. O leão de Daniel não era uma "mentira", mas um produto da sua vívida imaginação com um traço de criatividade. O limite entre fantasia e realidade se mantém embaçado nos primeiros anos da vida de uma criança.

Fantasia também pode ser a maneira da criança manter-se em contato com seus sentimentos, para os quais ela ainda não tem palavras, uma maneira de explorar seu lado mais íntimo. O leão no quintal pode ser uma outra maneira de expressar o medo de estar sozinho. Escuta ativa (mais sobre isso em outros capítulos) e aceitação dos pais irão ajudá-la a entender os próprios sentimentos, aprender a compreendê-los e encontrar maneiras saudáveis para lidar com eles.

Paciência é uma virtude muito além do alcance da maioria das crianças pequenas

Por um instante, relembre a sua infância. Você se lembra de quanto tempo demorava para o seu aniversário chegar? Você já notou como todo o processo parece acelerar, quanto mais velho você fica?

O tempo passa muito mais devagar para uma criança ansiosa do que para um adulto. Os adultos devem aprender que as unidades de tempo não têm o mesmo significado para as crianças. Para o pequeno Daniel, cinco minutos pode parecer uma eternidade, e ele tem certeza que a mamãe demora muito tempo para fazer qualquer coisa. Sim, as crianças precisam aprender a ter paciência, mas os pais precisam aprender a ser pacientes o bastante para permitir que eles aprendam. Não é realista esperar que crianças pequenas fiquem sentadas por um longo tempo na igreja ou até mesmo durante a leitura de uma historinha.

Jimmy era extremamente esperto com 18 meses. Uma noite, seus pais o levaram para tomar sorvete. Uma semana depois, eles passaram na frente da sorveteria e Jimmy gritou animado: "Nós fomos lá ontem!" Seu pai deu-lhe uma bronca por ter mentido. Mas Jimmy não estava mentindo; seu pai não tinha conhecimento sobre o desenvolvimento infantil e não entendeu que Jimmy não havia dominado o conceito de tempo ainda. Com mais compreensão, seu pai poderia ter se deliciado com o desenvolvimento da memória de Jimmy em vez de ficar preocupado com suas "mentiras".

Meninos e meninas: o gênero importa?

Uma das perguntas mais prováveis que irão te fazer quando você anunciar que um novo bebê irá chegar na família é "O que será que vai ser?" Essa turma curiosa não está perguntando sobre a espécie; eles querem saber sobre o sexo. É um menino ou uma menina? Você tinha uma preferência?

Por que o gênero importa tanto? Bem, o sexo envolve muito mais do que vestir o bebê de azul ou rosa. Há algumas diferenças significativas nas crianças do gênero masculino ou feminino (especialmente no começo da vida). Pode também haver diferenças na maneira como os pais falam, tocam e se relacionam com os meninos e as meninas.

Em geral, meninas e meninos são mais parecidos do que diferentes. Tanto meninos como meninas precisam de amor, aceitação e encorajamento. Eles precisam desenvolver um bom caráter e habilidades sociais e de vida. Meninas e meninos precisam de uma disciplina gentil e firme e conexão com os pais e seus cuidadores. Diferenças culturais e crenças têm grande influência no papel que os meninos e as meninas vão desenvolver. Ainda assim, porque o cérebro do bebê está exposto aos hormônios sexuais durante a gravidez, algumas diferenças no sexo parecem estar relacionadas a como as crianças se desenvolvem.

COMPREENDENDO O MUNDO DE SEU FILHO

- Uma criança aprende sobre o mundo por meio de suas experiências.
- A frustração de uma criança por conta da falta de habilidades pode ser rotulada de mau comportamento.
- A necessidade que a criança tem de explorar e experimentar, própria do processo de desenvolvimento, pode ser rotulada de mau comportamento.
- Crianças pequenas raramente comportam-se mal de propósito.
- A ordem de nascimento afeta o modo como a criança enxerga o mundo.
- O tamanho e as habilidades de uma criança têm uma forte influência em seu comportamento.
- Os conceitos de realidade e fantasia de uma criança são diferentes dos de um adulto.
- Paciência é uma virtude muito além do alcance da maioria das crianças pequenas.

A verdade sobre meninos e meninas

Você pode ficar surpreso ao saber que os bebês meninos na verdade parecem ser mais frágeis ao nascimento que as bebês meninas. Os meninos parecem ficar estressados mais facilmente e mais suscetíveis a problemas de saúde. Frequentemente, eles são mais "inquietos" que as meninas; eles choram mais e parecem ter mais dificuldade em aprender a se acalmarem (o que as vezes é chamado de "autorregulação"). Os bebês do sexo masculino podem ser mais sensíveis às mudanças na rotina, e à raiva ou depressão dos pais. Eles também podem sofrer mais de ansiedade de separação e podem ser mais "emotivos" que as meninas.

Os bebês do sexo feminino, por outro lado, tendem a fazer contato visual mais cedo que os meninos. Elas normalmente adquirem habilidades de linguagem antes dos meninos e têm habilidades sociais e emocionais mais maduras nos seus primeiros anos. As meninas também podem desenvolver habilidades motoras finas mais cedo que os meninos. Estudos mostram que pais tendem a falar, tocar e carregar as meninas mais frequentemente que os meninos. Conforme as crianças crescem na primeira infância, os meninos parecem ser mais impulsivos; eles aprendem autocontrole mais vagarosamente, eles são mais ativos, e claro, eles tendem a ser mais agressivos, curiosos, impulsivos e competitivos que as meninas.[3] Desnecessário dizer, que pais e professores podem preferir os comportamentos mais "obedientes" das meninas – o que pode ensinar aos meninos, mesmo sem a menor intenção, lições sobre o seu lugar no mundo.

Vale a pena lembrar que **a maioria das diferenças entre sexos é baseada em generalizações, e que cada criança é especial e única.** Até o momento de seu filho ir para a escola, essas diferenças acabam se dissipando.

Pais e gênero

Os pais têm uma forte influência em como as crianças pequenas desenvolvem identidade do gênero. Seu bebê não nasceu sabendo que é um menino ou uma menina – ou o que essas palavras significam. Se a cultura insiste que meninos sejam "fortes e silenciosos" (e infelizmente, isso acontece com fre-

---

3   Susan Gilbert, *A Field Guide to Boys and Girls* (New York: Harper, Perennial, 2001).

quência), os pais podem instintivamente tentar ensinar seus filhos a "serem fortes" cedo na vida. Se a expectativa é que as meninas curtam brincadeiras calmas e desenvolvam habilidades de escrita cedo na vida, um dos pais pode acabar não reconhecendo suas habilidades atléticas e perdendo oportunidades para encorajá-la. Por favor, dê aos seus filhos o benefício de todas as possibilidades. Sua menininha pode sim ser forte e seu filho pode ser sensível.

Muitas crianças não se encaixam precisamente nas categorias "menino" ou "menina". Na verdade, é típico da idade que as crianças experimentem todos os papéis, brinquedos e identidades. Para algumas, a identidade de gênero sexual nunca se encaixará confortavelmente e elas vão demandar paciência, encorajamento e aceitação profunda enquanto aprendem a viver nesse mundo que impõe muitas expectativas quanto ao que elas virão a ser.

Cada cultura (como refletem as músicas, os filmes, os brinquedos e as roupas) tem um grande peso sobre como as meninas e os meninos "devem" parecer e se comportar. Associamos nomes, cores, empregos e até instrumentos musicais aos meninos ou meninas; a maioria desses ensinamentos são absorvidos logo cedo na vida, bem antes de as crianças estarem conscientes do que estão decidindo. Estudos parecem indicar que os meninos *e* as meninas são mais saudáveis quando desenvolvem a habilidade de serem fortes e gentis, bem como corajosos e generosos.

Em algum momento durante os primeiros anos da criança, dedique um tempo para explorar o que *você* acredita sobre gênero. O que os meninos "deveriam" ser? E as meninas? Como você pode melhor nutrir os talentos e a sensibilidade da sua própria criança especial? Entrar no mundo do seu filho e entender o seu desenvolvimento irá te ajudar a ensinar, encorajar e confortar o seu filho.

Desenvolvimento? Ou mau comportamento?

Como você já aprendeu, um dos desafios na criação de filhos pequenos é entender a diferença entre desenvolvimento normal e comportamento intencional. Não há uma resposta "correta" para os dilemas do cotidiano, porém resista a dar valor aos resultados rápidos (e frequentemente temporários) em vez de valorizar o desenvolvimento vagaroso (de longo prazo) das habilidades de vida. Há cada vez mais estudos demonstrando que métodos não punitivos são mais eficazes em longo prazo do que punição, mesmo que punições pareçam gerar um resultado imediato. Você e seu filho vão ambos se beneficiar quando você e os outros cuidadores aprenderem tudo o que puderem sobre crescimento e desenvolvimento, e desvendarem cada criança única. Aprenda a confiar na sua sabedoria inata como pais. Nenhum especialista ou livro (incluindo este) pode te dar todas as respostas – embora, conforme irá aprender, as ferramentas e os princípios da Disciplina Positiva irão te ajudar a orientar e encorajar seus filhos durante esses importantes primeiros anos.

ATIVIDADES PARA REFLEXÃO

1. Pense sobre os desafios de comportamento que você vivencia com seu bebê ou criança pequena. Quantos desses "maus comportamentos" você pode atribuir à idade ou ao estágio de desenvolvimento? Quantos deles você acha que seu bebê realmente pode controlar?

2. Quando estava esperando o bebê, você desejou ter uma menina ou um menino? Por quê? O que você acredita ser importante sobre o gênero do bebê? Se seu filho não corresponder às suas expectativas, como você pode aprender a oferecer encorajamento e conexão para o indivíduo que seu filho realmente é?

PARTE II
Seu filho em desenvolvimento

5

COMO COMEÇAR?

Ferramentas da Disciplina Positiva

O palco está pronto; você e seu pequeno começaram o processo de crescimento e aprendizagem juntos e agora você entende porque a conexão, o respeito e a gentileza com firmeza são tão importantes. Contudo, como você realmente *aplica* a Disciplina Positiva? Se punição não funciona, o que funciona? Este capítulo lhe dará as ferramentas necessárias para construir um relacionamento de cooperação e respeito com seu filho, enquanto o orienta a desenvolver as características e as habilidades de vida que o ajudarão ao longo do caminho. Nós nos referimos a essas ferramentas muitas vezes nos próximos capítulos, e este capítulo pode se tornar uma referência acessível à medida que você começa a orientar e influenciar o comportamento do seu filho.

Lembre-se de que, nenhuma ferramenta, por mais útil que seja, funciona o tempo todo para todas as crianças. À medida que seu filho cresce e se desenvolve, você terá que repensar novas estratégias muitas vezes, mas essas ideias fornecerão uma base para anos de criação efetiva. Além disso, é importante lembrar que essas ferramentas não são eficazes se usadas como técnicas de controle, em vez de princípios que inspiram. O sentimento (e a atitude) por trás do que você faz é mais importante do que o que você faz.

Conexão antes da correção

Ajudar as crianças a terem um sentimento de aceitação e importância (conexão) é a base da Disciplina Positiva; assim não podemos parar de falar sobre a importância da relação que você cria com seu filho. Milhares de pais nos relataram como a Disciplina Positiva os ajudou a criar um relacionamento mais amoroso com seus filhos (e com o pai/a mãe). No entanto, quando os pais dizem que essas ferramentas não funcionam, muitas vezes é porque eles não se conectaram verdadeiramente com seus filhos.

A conexão pode assumir várias formas. Pode ser tão simples como dizer "Eu te amo e a resposta é não" ou validando sentimentos: "Eu sei que você não quer parar de jogar, e é hora de dormir". É útil ter autoconsciência e perceber quando você se encontra em uma luta de poder com seu filho. Quando isso acontecer, esteja disposto a recuar e começar de novo após ter mudado de atitude – o que permitirá que seu filho mude a dele.

DEZ IDEIAS BÁSICAS PARA IMPLEMENTAR A DISCIPLINA POSITIVA

1. Crie conexão antes da correção.
2. Envolva as crianças:
    a. Ofereça escolhas aceitáveis.
    b. Proporcione oportunidades de ajuda.
3. Crie rotinas.
4. Ensine respeito ao agir de maneira respeitosa.
5. Use seu senso de humor.
6. Entre no mundo do seu filho.
7. Acompanhe por meio de uma ação gentil e firme: se disser algo, seja honesto no que diz, e se o for, siga isso.
8. Seja paciente.
9. Proporcione muita supervisão, distração e redirecionamento.
10. Aceite a singularidade do seu filho.

Envolver as crianças

No primeiro ano de vida, seu filho dependerá de você para tudo, mas você pode se surpreender com a rapidez com que ele se torna independente para falar e ter personalidade única. Em vez de dizer-lhe o que fazer, encontre formas de envolvê-lo nas decisões (de acordo com a idade apropriada, é claro) e descubra o que ele pensa e percebe. As "perguntas que estimulam a curiosidade" são uma maneira de fazer isso. Pergunte: "Onde colocamos sua fralda?", "Qual livro você quer ler?", "O que acha que vai acontecer se você empurrar o seu triciclo na beirada da calçada?", ou "Como devemos nos preparar para a escola?". Para uma criança que ainda não é capaz de falar, diga: "Em seguida, nós vamos_____", enquanto mostra a ela de modo gentil e firme, em vez de mandar.

Oferecer escolhas aceitáveis

Fazer escolhas dá às crianças uma sensação de poder: elas têm o poder de escolher uma possibilidade ou outra. As escolhas também convidam a criança a usar suas habilidades de pensamento enquanto ela resolve o que fazer. E, claro, as crianças pequenas geralmente adoram quando as escolhas incluem uma oportunidade de ajudar. "Qual é a primeira coisa que devemos guardar quando chegarmos em casa – o sorvete ou o suco de laranja? Você decide.", "Você gostaria de levar o cobertor ou a caixa de biscoito até o carro? Você decide." Adicionar "Você decide" aumenta a sensação de poder do seu filho. Certifique-se de que as escolhas são adequadas ao desenvolvimento e que todas as escolhas que você oferece são opções com as quais você se sente confortável. Quando seu filho quiser fazer outra coisa, você pode dizer: "Essa não é uma das escolhas. Você pode decidir entre _____ (repetir as opções disponíveis)."

Proporcionar oportunidades para ajudar

Crianças pequenas muitas vezes resistem a um comando para "ir ao carro", mas respondem alegremente a um pedido como: "Eu preciso de sua ajuda. Você pode levar as chaves do carro para mim?". Atividades que poderiam facilmente ter se tornado lutas de poder e batalhas podem ser oportunidades de riso e proximidade se você usar seus instintos e criatividade.

Criar rotinas

Crianças pequenas aprendem melhor por repetição e consistência. Você pode facilitar os momentos de transição na vida familiar criando rotinas confiáveis para o seu pequeno. As rotinas podem ser criadas para cada evento que acontece com frequência: levantar-se, dormir, jantar, fazer compras e assim por diante. Então, você pode dizer ao seu filho: "Agora é hora de _____". Assim que seu filho tiver idade suficiente, peça a ajuda dele para criar quadros de rotinas. Eles são um tipo de "mapa" (não um quadro de adesivos ou de recompensa) que pode ser ilustrado com fotos do seu filho fazendo as tarefas necessárias. Quando ele for mais velho, ele adorará contar qual é o próximo item em seu quadro de rotinas. Se ele esquecer, evite mandar. Em vez disso, pergunte: "Qual é o próximo item no seu quadro de rotinas?". Os quadros de recompensa removem o senso de capacidade do seu filho, porque o foco está na recompensa. Os quadros de rotinas simplesmente listam as sequências dos eventos e atuam como diretrizes para tarefas comuns.

Ensinar respeito sendo respeitoso

Os pais geralmente acreditam que as crianças devem demonstrar respeito aos adultos, mas e sobre os adultos mostrarem respeito às crianças? **As crianças aprendem respeito ao ver como isso acontece na prática.** Seja respeitoso ao fazer pedidos. Não espere que uma criança faça algo "agora" se você interrompeu alguma atividade em que ela está completamente envolvida. Dê-lhe algum aviso. "Precisamos ir embora do parquinho em dois minutos. Você quer ir ao gira-gira mais uma vez ou ir ao balanço?". Carregue um pequeno cronômetro com você ou convide-a para ajudá-lo a escolher um toque para o seu celular. Em seguida, ajuste o cronômetro para um tempo combinado. Quando ele tocar, é hora de ir.

Saiba também que a vergonha e a humilhação são desrespeitosas, e uma criança que é tratada com desrespeito provavelmente devolverá o favor. Gentileza e firmeza mostram respeito pela dignidade do seu filho, sua própria dignidade e as necessidades da situação.

Usar seu senso de humor

Ninguém disse que a criação de filhos tinha que ser chata ou desagradável. Muitas vezes, o riso é a melhor maneira de abordar uma situação. Aprendam a rir juntos e crie jogos para fazer os trabalhos desagradáveis rapidamente. O humor é uma das melhores e mais agradáveis ferramentas para pais e mães.

É incrível como uma criança que resiste a uma ordem direta responde com entusiasmo quando essa ordem se torna um convite para jogar. Tente dizer para seu filho: "Eu aposto que você não consegue pegar todos os seus carrinhos antes de contar até dez", ou "Será que você pode escovar os dentes e colocar o pijama antes do papai?".

Entrar no mundo do seu filho

Compreender as necessidades e as limitações de desenvolvimento do seu bebê ou criança pequena é fundamental nos três primeiros anos de vida. Faça o seu melhor para ser empático quando seu filho chora (ou tem um ataque de birra). Ele pode estar frustrado com sua própria falta de habilidade. A empatia envolve compreensão e conexão, não "salvação". Se você quiser sair do parque e seu filho não está pronto para ir, dê-lhe um abraço e valide seus sentimentos: "Você está realmente chateado agora. Eu sei que você quer ficar e é hora de partir". Então abrace seu filho e deixe-o experimentar seus sentimentos antes de passar para a próxima atividade. Se você mimar seu filho, deixando-o ficar no parque por mais tempo, ele não terá a oportunidade de aprender com a experiência de que pode sobreviver à essa frustração – e ele pode estar aprendendo que você pode ser manipulado.

Entrar no mundo do seu filho também significa ver o mundo a partir da perspectiva dele e reconhecer suas habilidades e suas limitações. Pergunte-se ocasionalmente como você se sentiria (e agiria) se fosse seu filho. Pode ser revelador ver o mundo pelos olhos de uma criança.

Acompanhar por meio de uma ação gentil e firme: se disser algo, seja honesto no que diz, e se o for, siga isso

Os filhos geralmente sentem quando você representa o que diz e quando não. Geralmente é melhor não dizer nada, a menos que você fale somente o que vai fazer realmente, esteja disposto a fazê-lo, pode dizer isso de maneira respeitosa – e pode fazer o acompanhamento com dignidade e respeito. Às vezes, quanto menos palavras você diz, melhor. Isso pode significar redirecionar o comportamento do seu filho ou mostrar-lhe o que ele *pode* fazer em vez de puni-lo pelo que ele *não pode* fazer. Também pode significar tirar uma criança do escorregador, sem dizer nada, quando ela se recusa a sair, em vez de entrar em uma discussão ou uma batalha de vontades. Quando isso é feito com gentileza, firmeza e sem raiva ou palavras, será tanto respeitoso como eficaz.

Ser paciente

Compreenda que você pode precisar ensinar coisas ao seu filho muitas e muitas vezes antes que ele esteja pronto para entender. Por exemplo, você pode incentivar uma criança pequena a compartilhar, mas não espere que ela entenda o conceito e faça isso por conta própria. Compartilhar requer tempo, prática e controle de impulso mais desenvolvido. Quando ela se recusa a compartilhar, tenha certeza de que isso não significa que ela será egoísta para sempre. Isso nos ajuda a entender que ela está agindo de acordo com a idade. Não leve o comportamento do seu filho para o lado pessoal nem pense que seu filho esteja bravo com você, seja maldoso ou desafiador. Aja como o adulto (às vezes, é mais fácil dizer do que fazer) e faça o que for necessário sem culpa nem vergonha.

Proporcionar muita supervisão, distração e redirecionamento

Minimize suas palavras e maximize suas ações. Como Rudolf Dreikurs disse uma vez: "Feche a boca e aja". As crianças pequenas precisam de supervisão constante. Se uma criança se dirige a uma porta aberta, pegue-a silenciosamente pela mão e leve-a para onde ela precisa ir. Mostre a ela o que ela *pode* fazer em vez do que ela não pode fazer. Em vez de dizer: "Não bata no cachorro", mostre-lhe como fazer carinho no cachorro. Quando você entender que as crianças realmente não entendem o "não" da maneira que você acha que elas deveriam, faz mais sentido usar distração, redirecionamento ou qualquer um dos métodos respeitosos da Disciplina Positiva.

Aceitar a singularidade do seu filho

Lembre-se de que as crianças se desenvolvem de maneira distinta e têm diferentes pontos fortes. Esperar de uma criança o que ela não pode dar só irá frustrar vocês dois. Os filhos da sua irmã podem se sentar silenciosamente em um restaurante por horas, enquanto os seus ficam nervosos depois de apenas alguns minutos, não importa com quanta dedicação você os prepara. (Consulte os Capítulos 9 e 10 sobre temperamento e comportamento apropriado para o desenvolvimento, se quiser saber mais sobre esse assunto.) Sendo assim, você pode optar por deixar essa refeição extravagante para quando puder apreciá-la na companhia de outro adulto – ou para quando as crianças amadurecerem o suficiente para que todos possam apreciá-la juntos.

Poderíamos pensar que você é como um *coach*, que ajuda seu filho a ter sucesso e a aprender como fazer as coisas. Você também é um observador, aprendendo quem é seu filho como um ser humano único. Nunca subestime a capacidade de uma criança pequena. Observe cuidadosamente ao apresentar novas oportunidades e atividades; descubra no que o seu filho está interessado, o que ele pode fazer sozinho e o que ele precisa de sua ajuda para aprender.

MEU FILHO NÃO ME OUVE!

Pergunta: Meu filho de 2 anos é tão teimoso. Não importa como eu falo com ele, ele simplesmente se recusa a me ouvir; só faz o que ele quer. Se eu disser a ele que é hora de dormir, ele me ignora e continua assistindo TV. Não consigo levá-lo a fazer nada, a menos que eu fique com raiva – e eu sempre me sinto horrível depois de perder a paciência. Como posso fazê-lo me ouvir?

Resposta: Esta é uma das queixas mais frequentes que ouvimos dos pais: "Meu filho não me ouve!" (Quando a maioria dos pais diz "Meu filho não me ouve", o que realmente significa é: "Meu filho não me obedece.") É improvável que haja algo de errado com a audição do seu filho; ele simplesmente não quer fazer o que você está lhe dizendo para fazer. Há muitas maneiras de conseguir a atenção e a cooperação do seu filho - este capítulo está repleto delas. Você também pode tentar algumas das ferramentas já mencionadas: perguntar a ele o que pode ser feito (em vez de mandar que ele faça); abaixar no seu nível de altura antes de falar; fazer um quadro de rotina para a hora de dormir; colocar um cronômetro e fazer o acompanhamento de forma gentil e firme; e, se necessário, levá-lo para o quarto dele. Acredite ou não, a recusa em "escutar" está funcionando: mantém

> você ocupado com ele por longos períodos. A maioria dos pais perde a paciência de tempos em tempos. Quando isso acontecer, desculpe-se, peça um abraço e pense sobre como você pode conseguir resultados diferentes na próxima vez.

Repensar o "castigo"

Muitos pais usam algo chamado castigo, mas poucos realmente entendem o que é ou como usá-lo da melhor maneira com crianças pequenas. Se você já ouviu um pai ou uma mãe dizer a uma criança desafiadora: "Já deu! Vá para o seu cantinho e pense no que você fez", ou "Uum ... doois ...", você pode se perguntar onde a "pausa" se encaixa com a abordagem da Disciplina Positiva.

Pausa *positiva* (muito diferente do cantinho do pensamento ou castigo) pode ser uma maneira extremamente eficaz de ajudar uma criança (e um pai/ uma mãe!) a se acalmar o suficiente para resolverem juntos os problemas. Na verdade, quando você está chateado ou com raiva, perde o acesso à parte do cérebro que lhe permite pensar com clareza, então, dar uma pausa é uma ferramenta parental especialmente apropriada – quando for positivo e não punitivo, e usada para ensinar, encorajar e acalmar. No entanto, há vários pontos que precisam ser esclarecidos em relação à punição/castigo para crianças pequenas.[1]

- **A pausa positiva não deve ser usada com crianças menores de 3 anos e meio a 4 anos de idade.** (Se elas não têm idade suficiente para ajudar a projetar um lugar especial para a pausa positiva, elas não têm idade para usá-la.) Até que as crianças possam vincular causa e efeito e comecem a pensar logicamente, o que começa em torno de 2 anos e meio (e é um processo contínuo que mesmo alguns adultos não dominaram completamente), a supervisão e a distração são as ferramentas parentais mais efe-

---

1 Para obter mais informações sobre pausa/castigo, leia: *Positive Time-Out and Over 50 Ways to Avoid Power Struggles in the Home and the Classroom*, de Jane Nelsen (New York: Three Rivers Press, 1999).

tivas. Mesmo quando as crianças atingem os estágios iniciais do pensamento racional, elas não têm a maturidade e o julgamento para tomar decisões lógicas.

A maioria dos pais, em um momento ou outro, se encontra em um debate acalorado com alguém que tem altura só até o seu joelho – e a maioria admite que racionalizar, dar sermão ou argumentar simplesmente não funcionam. Seu filho pode ler a energia de seus sentimentos e entender que você quer alguma coisa; ele pode até mesmo adivinhar o que é. Contudo, ele não entende a lógica de seus argumentos da maneira que você pensa que ele entende.

É doloroso ver as crianças pequenas serem mandadas para o castigo quando elas não são capazes de entender do que se trata. Um castigo aumenta a probabilidade das crianças pequenas desenvolverem um senso de dúvida e vergonha em vez de um senso saudável de autonomia. (Consulte o Capítulo 8 para obter informações importantes sobre o desenvolvimento da autonomia *versus* dúvida e vergonha.)

- **As crianças agem melhor quando se sentem melhor.** Mesmo crianças mais novas podem se beneficiar de uma oportunidade de "esfriar a cabeça", especialmente se você as acompanhar. Conhecemos uma mãe que usou a "pausa positiva" com sucesso com seu filho de 18 meses. "Funcionou", sem dúvida, em função da atitude dela. Ela dizia para seu filho: "Você gostaria de se deitar um pouco no seu travesseiro macio agora?". Em algumas ocasiões, ele simplesmente abraçava o travesseiro e se deitava até se sentir melhor. Se ele hesitasse, ela perguntava: "Quer que eu vá com você?". Esta mãe entendeu o propósito da pausa positiva – ajudar as crianças a se sentirem melhor para que elas possam fazer seu melhor, não para fazê-las sentir-se mal na esperança de que se sentir mal as inspire a fazer melhor (não faz), ou a "pensar sobre o que fizeram" (não conseguem).

- **Sua atitude é a chave.** Seu filho provavelmente se concentrará no que *você* fez (e na emoção por trás) em vez de no que ele fez. Nesse ponto, em suas vidas jovens, as crianças precisam de muita orientação sem a expectativa de que elas possam absorver e usar o que estão aprendendo imediatamente. Na maioria dos casos, a pausa positiva não deve ser usada com uma criança menor de 3 anos, a menos que esse comportamento esteja sendo "modelado" por adultos. Às vezes, apenas pedir um abraço é uma rápida "pausa para se acalmar" que irá ajudá-los a se sentir melhor.

- **Crie um lugar para se acalmar *com* seu filho.** Se você decidir tentar a pausa positiva com seu filho, deixe-o ajudá-lo a configurar uma área segura e confortável, onde vocês podem ir juntos. Pode ser tão simples como uma cadeira favorita onde seu filho pode sentar no seu colo enquanto canta uma música lenta ou lê um livro. Não, isso não é recompensa para um mau comportamento. É entender que aprender a gerir sentimentos leva tempo e prática. Almofadas, bichos de pelúcia ou os brinquedos favoritos que acalmam podem ajudar. Antes de 3 anos e meio de idade, pode ser útil dizer: "Vamos ao seu lugar de se acalmar para ler um livro ou ouvir música até nos sentirmos melhor." Seu filho pode não entender o propósito da pausa para se acalmar, mas ele sentirá a "energia" por trás de suas palavras e responderá de acordo.[2]
- **"Modele" pausa positiva, criando seu próprio "lugar para se acalmar".** Quando você se sente sobrecarregado, pode dizer: "Preciso ir ao meu lugar especial por alguns minutos até me sentir melhor. Você quer vir comigo?". Vai demorar um pouco para que seu filho entenda o significado do que você está fazendo, mas ele entenderá que a pausa positiva é útil para todos.
- **Certifique-se de ter outras opções além da pausa positiva na sua caixa de ferramentas.** Nenhuma ferramenta parental funciona o tempo todo. Nunca há uma única ferramenta – ou três, ou mesmo dez – que seja eficaz para todas as situações e para todas as crianças. Encher sua caixa de ferramentas parentais com alternativas saudáveis e não punitivas irá ajudá-lo a evitar a tentação de punir seu filho quando ele o desafiar – e ele sem dúvida o fará. Quanto mais você sabe, mais confiante você se sentirá enquanto lida com os altos e baixos da vida com uma criança pequena.

Georgia suspirou com irritação – este foi o terceiro ataque de birra da Amanda nesta tarde. Amanda, de 2 anos de idade, estava tendo um dia difícil; Luke, seu irmão mais velho, convidou vários amigos para brincar em casa à tarde, e Amanda não conseguia tirar sua soneca habitual. Agora, irritadiça e arrasada, ela havia arrancado metade das páginas da nova revista da Georgia, e jogado-

---

2   Pode ser útil ler o livro *Jared's Cool-Out Space* de Jane Nelsen, Ashlee Wilkinson e Bill Schorr, com seu filho. Assistir Jared criar e usar seu "lugar para se acalmar" pode inspirar seu filho – e você. Disponível no site www.positivediscipline.com (em inglês).

-as para fora da mesa. Ela olhou para a mãe com um olhar desafiador e teimoso – e um queixo trêmulo.

Georgia estava muito cansada. Ela reprimiu o desejo de dar um sermão na sua filha pequena e respirou profundamente. "Você gostaria de se deitar em seu lugar especial com seu cobertor?", ela perguntou a Amanda.

Amanda apenas balançou negativamente a cabeça e sentou-se na pilha de páginas rasgadas da revista.

"Bom, que tal brincar com sua casinha de bonecas?"

Georgia perguntou querendo ajudar, aproximando-se para pegar a mão de Amanda e levá-la ao seu brinquedo favorito.

Amanda soltou a mão dela e deixou seu corpo ficar mole no chão, balançando a cabeça com intensidade.

Georgia suspirou novamente e sentou-se perto de sua filha. Vamos ver, ela pensou. O que mais eles sugeriram naquele curso de pais? Alguma coisa sobre pedir ajuda?

Georgia levantou-se e deu a Amanda um sorriso cansado. "Sabe, querida?", ela disse o mais gentil que podia: "Preciso começar o jantar – e eu com certeza vou precisar de alguma ajuda. Você pode se deitar aqui e descansar ou pode se juntar a mim na cozinha e me ajudar a lavar a alface – você decide." E com isso, Georgia foi para a cozinha.

Por alguns instantes, o barulho de choro e chutes que vinham da sala continuaram. No entanto, logo um rostinho com lágrimas apareceu no canto da cozinha. Amanda olhou insegura para a mãe, mas Georgia apenas sorriu e gesticulou em direção à pia.

Encorajada, Amanda foi pegar seu banquinho, arrastou-o até a pia e começou a colocar as folhas de alface na água. Quando o pai da Amanda chegou em casa, a harmonia foi restaurada: Georgia ajudou Amanda a recolher a revista rasgada, e Georgia, Luke e Amanda juntos arrumaram a mesa para o jantar. Georgia ficou satisfeita pela pausa positiva não ser a única ferramenta em sua caixa de ferramentas parental.

Muitas vezes, é verdade que o que funciona com crianças pequenas um dia não funcionará no outro, mas se você usou o tempo para conhecer seu filho e aprender todas as diferentes formas de ensinar e encorajar, você tem boas chances de encontrar *algo* que funcione – apenas por hoje.

- **Lembre-se sempre das capacidades e do estágio de desenvolvimento do seu filho.** Compreender o que é (e o que não é) o comportamento apropriado à idade irá ajudá-lo a não esperar coisas que estão além da capacidade de seu filho.

> *Chuck e Susie levaram seus meninos gêmeos de 18 meses para uma apresentação musical da filha de 7 anos como solista de flauta. Os gêmeos ficaram fascinados com o concerto – por cerca de 10 minutos. Então eles encontraram outras maneiras de se entreter. Um começou a rastejar sob os assentos, e o outro logo se juntou à diversão. Chuck levou os gêmeos para fora e deu umas palmadas por não ficarem quietos. Os gêmeos choraram muito alto e não puderam ser levados de volta para o concerto. Chuck ficou muito desapontado por ter perdido o solo da sua filha, a menina ficou desapontada com o fato de seu pai não ter ouvido, e Susie e os gêmeos ficaram chateados com as palmadas. Todos estavam descontentes.*

É triste quando as crianças são punidas por agirem de acordo ao seu desenvolvimento, mesmo que essas ações não sejam apropriadas *para a situação*. Não é razoável esperar que as crianças pequenas se sentem silenciosamente por longos períodos. No entanto, não se deve permitir que elas perturbem os outros. Uma vez que Chuck e Susie não escolheram deixar seus gêmeos com um cuidador, teria sido mais eficaz se eles se revezassem para levar seus filhos para fora da sala de concerto e pudessem ouvir partes da apresentação. Não era apropriado punir as crianças, mas teria sido útil proporcionar uma distração, como trazer coisas para brincar, livros para colorir ou livros ilustrados para olhar. Esse tipo de planejamento antecipado torna mais provável que seu filho seja capaz de se comportar adequadamente.

Transmitir a mensagem de amor claramente

Muitas vezes, perguntamos aos pais em *workshops* por que eles querem que seus filhos "sejam bons". Depois de algum tempo coçando a cabeça e olhando para o vazio, eles nos dizem que amam seus filhos e pensam que eles serão mais felizes se forem "boas pessoas" – ou que eles se sentiriam péssimos sabendo que seus filhos se tornariam uns "pirralhos mimados". Então eles punem (ou recompensam) em nome do amor. Contudo, seus filhos se sentem amados? Disciplina Positiva significa aprender a ser gentil e firme ao mesmo tempo, o que nutre sua conexão com seu filho enquanto ensina habilidades e comportamentos adequados.

Mesmo as ferramentas parentais não punitivas mais eficazes devem ser usadas em uma atmosfera de amor, acolhimento incondicional e aceitação. Certifique-se de ter tempo para beijos e abraços, sorrisos e toque amoroso. Seu filho agirá melhor quando ele se sentir melhor, e ele se sentirá melhor quando viver – e puder aprender as lições da vida – em um mundo ao qual ele sabe pertencer e é ensinado com gentileza *e* firmeza.

ATIVIDADES PARA REFLEXÃO

1. Pense em um relacionamento em que você identifica um senso de aceitação e acolhimento. O que permite que você se sinta assim? O que dificulta seu senso de aceitação? Agora pense no senso de aceitação de seu filho. O que cria esse senso? Como ele pode mudar o seu comportamento se realmente sentir uma conexão com você?
2. Lembre-se de uma vez que seu filho se comportou mal ou "não ouviu". Depois de ler este capítulo, você pode pensar em qualquer ferramenta de Disciplina Positiva que poderia ter feito diferença nessa situação? Decida o que vai fazer na próxima vez que esse comportamento ocorrer. Reflita sobre essas diferenças para você e para o seu filho.

6

O DESENVOLVIMENTO DE HABILIDADES EMOCIONAIS E DA LINGUAGEM

Você já teve a chance de observar um dos pais abraçando o bebê, olhando em seu rosto e balbuciando palavras doces de amor? O que tudo isso significa para o bebê? Ele não consegue entender essas palavras; como ele aprende a reconhecer esses sentimentos? Como os sentimentos e as impressões vagas se desenvolvem em palavras, pensamentos e verdadeira comunicação? Como o seu bebê aprende a dar e a receber amor?

Emoções e conexões

Bebês e crianças muito pequenas leem sinais não verbais, expressões faciais e energia emocional para aprender sobre o mundo dos relacionamentos. Um bebê não entende todos os significados complexos e os conceitos contidos na palavra "amor", mas ele aprende a interpretar o mundo à sua volta. Em algumas famílias, há muito pouca conexão, proteção e confiança. Na maioria das famílias, entretanto, um bebê vivencia confiança e conexão com os adultos que o escutam e respondem ao seu choro e aos seus sinais por atenção. Ele sente que as mãos que o tocam são gentis e carinhosas, e a voz que fala com ele é calorosa e suave. Mamãe ou papai olham para os olhos dele e prendem sua atenção (até que ele olhe para outro lado como função inata da sua habilidade de se "autocontrolar" de todo esse entusiasmo). Ele sente uma gentil chuva de beijos que fazem cócegas nos seus finos cabelos. Ele reconhece cheiros familiares que comunicam a chegada de pessoas especiais e sente o ambiente cuidadoso que dá apoio à sua nova vida. Esses eventos transmitem um sentimento de "amor" a uma criança pequena, e ela responde com sentimentos e comportamentos similares.

O cérebro de uma criança pequena está desenvolvendo conexões nos primeiros anos de vida, e as interações que esse bebê tem com o mundo à sua volta estão dando forma à maneira como ele irá crescer e se desenvolver. Não é maravilhoso que as coisas que nós instintivamente desejamos fazer com nossos bebês – tocar, acariciar, sorrir, amar – são exatamente as mesmas coisas que nutrem a saúde e a felicidade?

Crianças absorvem a energia dos sentimentos

Os sinais não verbais que você envia para seu filho são muito mais poderosos do que suas palavras. Crianças pequenas são extremamente sensíveis às comunicações não verbais. Os bebês "entram em sintonia" com os rostos humanos e procuram ativamente por conexões com os adultos à sua volta. Quando a mamãe se senta para amamentar se sentindo aborrecida, cansada ou irritada, o bebê choraminga, fica inquieto e não se acalma para mamar. Um bebê de poucas semanas de vida pode sentir a tensão no corpo da mãe, a rigidez muscular nos braços dela e ouvir as batidas do coração enquanto ele está próximo ao peito da mãe.

Alicia gostava das manhãs e tardes calmas com seu bebê de 3 semanas, Julian. Seu marido estava no trabalho e seus filhos mais velhos, na escola. Julian dormia a maior parte do tempo. Nas horas que estava acordado, depois de ser amamentado e ter a fralda trocada, ele parecia contente assistindo sua mãe se movimentando na cozinha. Alicia estava certa de que esses breves sorrisos não eram gases.

Entretanto, todos os dias, por volta das 16 horas, Julian começava a ficar inquieto. Segurar e balançar não pareciam confortá-lo. Será que o bebê sentia o estresse da sua mãe ao ter que se preparar para fazer o jantar e cuidar dos filhos mais velhos que estavam chegando da escola? Isso parece ser uma explicação razoável, porque o bebê se acalmava assim que a hora do jantar passava e Alicia podia relaxar.

Criar um ambiente calmo

É maravilhoso e, ao mesmo tempo, um pouco conturbado ter um bebê ou uma criança pequena em casa. Como os pequeninos estão tão sincronizados com os estados emocionais de seus pais, seria útil (mesmo que nem sempre possível) que você pudesse relaxar, se acalmar e encontrar maneiras de construir uma conexão amorosa e de confiança com seu filho. Sua família não irá sofrer se você servir jantares simples enquanto você se ajusta ao novo bebê (e o bebê se ajusta a você). Uma atmosfera calma é muito mais prazerosa – e muito mais saudável – para todos. Você pode ficar mais sensível ao humor e às necessidades do seu bebê quando você desacelera e foca em perceber a energia de todos os membros da sua família.

Depois de um dia cansativo no trabalho, Manka fez o caminho diário para pegar o seu bebê, Tahir, no berçário. Com pressa, ela pegou o bebê e seus pertences, correu no trânsito e, quando em casa, colocou Tahir no cadeirão para comer algo. Como ela costumava chegar em casa antes do marido, imediatamente começou a fazer o jantar. Essa era a pior hora do dia para a mãe e para o filho. Tahir ficava inquieto, se contorcia e jogava as bolachas no chão. Manka se cortou quando estava fatiando os legumes, colocou tempero demais na comida e estava completamente exausta e frustrada quando o marido chegou em casa.

O marido da Manka, Sundar, se sentia acabado ao entrar em uma casa com um bebê infeliz, uma refeição mais ou menos, e uma esposa que passou a noite reclamando. Observar o marido esmagando os biscoitos no chão quando foi dar um abraço no Tahir não ajudou nem um pouco a melhorar o humor da Manka.

Uma noite, Sundar afastou o prato de legumes mal cozidos. Ele olhou para a sua esposa cansada, e começaram a conversar sobre a rotina daquela noite miserável. Com um sorriso empático no rosto, ele assegurou de que ficaria feliz em preparar sanduíches para os dois se ele pudesse ter uma esposa e uma criança mais relaxadas quando chegasse em casa.

Manka se sentiu aliviada. Ela confessou que estava sobrecarregada preparando refeições elaboradas que os dois gostavam de comer antes do nascimento do Tahir. Na noite seguinte, quando Manka entrou em casa segurando Tahir, ela colocou no chão as sacolas, os papéis e os brinquedos que estava carregando. Deu um abraço apertado em Tahir e o colocou na cadeira de balanço, onde eles passaram a próxima meia hora brincando de cócegas, conversando e sorrindo entre eles. Quando Sundar entrou em casa, viu Tahir rindo enquanto Manka estava mordendo seus dedos dos pés. Tahir deu gargalhadas ao ver o pai junto na brincadeira. Pouco depois, uma família mais relaxada saboreava um sanduíche de queijo quente com sopa em lata. Fazia tempo que a comida não tinha um gosto tão bom.

A necessidade de Tahir e Manka de se reconectarem todos os dias era mais importante do que qualquer comida *gourmet*. Ao desacelerar e dar tempo para fazer as transições de uma rotina agitada para passar tempo em família em casa, Manka conseguiu se sintonizar com a necessidade de Tahir – e seu marido estava disposto a compartilhar as tarefas à noite. A família toda prosperou ao melhorar a energia em casa.

Birras: descargas emocionais

Todo mundo tem sentimentos. Na verdade, pesquisadores dizem que a emoção (e não a lógica ou a razão) é a energia que comanda o cérebro humano. Entretanto, emoções não são forças misteriosas que tomam posse e causam comportamentos difíceis ou vergonhosos. Emoções são simplesmente informações cuja intenção é ajudar cada um de nós a tomar decisões sobre o que precisamos fazer para ficarmos saudáveis e seguros. Contudo, não há como negar que emoções fortes podem ser desafiadoras. Queira ou não, todas as crianças pequenas fazem birras de vez em quando. Compreender por que as birras acontecem – e como lidar com elas – pode ajudar a manter a calma e a postura no meio da mais severa tempestade emocional.

A família de Nicholas passeava pelo shopping. Nicholas, de 2 anos, estava segurando o último pedaço do seu biscoito em uma mão e uma caixa de giz de cera em outra, quando viu uma vitrine com coelhos de pelúcia da Páscoa. Ele saiu em disparada, apontando para a vitrine e deixando os gizes caírem na pressa. Mamãe e papai o seguiram até a vitrine, pegando os gizes caídos no caminho. Eles apreciaram os coelhos juntos. Não era uma surpresa que Nicholas queria um. "Coelho do Nic!", ele falou, apontando para um modelo azul, particularmente alegre. Seus pais concordaram que os coelhos eram muito fofos e sugeriram que talvez um dia ele teria um.

Nicholas não estava satisfeito com essa resposta. Ele se jogou no chão, contorcendo as pernas agitadas e batendo as mãos, lamentando com uma sinceridade es-

tridente que poderia ter impressionado qualquer produtor de Hollywood que estivesse passando. A mãe olhava à sua volta envergonhada, enquanto o pai ficou do lado do jovem Nic, dizendo para ele se levantar imediatamente. Nic chutou o joelho do pai sem querer. A voz do pai ficou mais alta do que a do Nic. Enquanto isso, a mamãe queria ter uma sacola para esconder a cabeça. Certamente, todos estavam olhando e pensando que pais horríveis eles eram.

Na verdade, os pais do Nic não são nem um pouco horríveis – e tampouco o Nic. Eles estavam indo muito bem até a chegada dos coelhos. Os pais de Nic tentaram responder para ele de várias maneiras que não engatassem na disputa de poder; eles já tinham dado algo especial e responderam às demandas calmamente. Então por que Nic fez birra? Ele é um menino mimado? Será que ele precisa "apenas de uma boa palmada"? Não. A resposta mais provável é que Nic fez birra "porque sim" – ele quer o que quer, e ele quer agora. Ele não tem noção de conceitos como *razoável*, *prático* ou *gratificação postergada*.

Birras são barulhentas, altamente visíveis e vergonhosas (pelo menos para os adultos). Elas também são muito normais. Crianças pequenas têm os mesmos sentimentos que os adultos. Elas se sentem tristes, animadas e frustradas, mas não têm palavras para expressar seus sentimentos nem habilidade (e controle do impulso) para lidar com eles. Na verdade, a parte do cérebro responsável pela regulação emocional e por se acalmar (o córtex pré-frontal) não está completamente madura até que a pessoa atinja 20 a 25 anos de idade. **Se você pensar em como é difícil estar no controle dos seus próprios sentimentos, não deveria se surpreender que as crianças pequenas raramente terão sucesso nessa área.**

Quando os adultos compreendem o motivo de os sentimentos sobrecarregados das crianças às vezes se tornarem birras, eles podem se eximir da responsabilidade por elas. Às vezes, não importa o que você diga ou faça, seu filho vai se sobrecarregar e fazer birra. Adultos podem aprender a não aumentar o caos. Lembra-se dos neurônios-espelho? Infelizmente (e normal do ser humano), o pai de Nic também entrou na cena ao fazer a sua própria birra. A birra do Nic vai passar rapidamente, mas vai demorar mais para seus pais – que agora carregam seu filho chorando para o carro – recuperarem o equilíbrio.

Ceder não é a resposta

Você pode estar pensando: "Bem, então o que devo fazer quando confrontar uma birra – especialmente em público?". Ceder pode parar a birra no momento, mas gera alguns efeitos negativos em longo prazo.

O que você acha que seu filho está aprendendo e decidindo quando ele faz uma birra e você cede? Presumimos que ele acabou de aprender uma habilidade de vida negativa: faça o que for necessário para ter o que você quer. Ele pode estar decidindo: "Sou amado quando eu consigo o que eu quero – e sei como fazer as pessoas me darem o que eu quero". Crianças repetem o que "funciona".

O CÉREBRO NA PALMA DA MÃO

O Dr. Daniel Siegel tem uma maneira simples e criativa de explicar o que acontece no seu cérebro quando você se descontrola, e o porquê se acalmar é um primeiro passo importante para resolver um problema com o seu pequeno. Você pode ver um vídeo on-line do Dr. Siegel explicando "o cérebro na palma da mão" (https://www.youtube.com/watch?v=j2GTJL-ZSHqo). Vale muito a pena assistir os 2 minutos de vídeo (em inglês).

Siga o conselho de Rudolf Dreikurs, um dos primeiros professores de educação parental. Dreikurs aconselhou os pais para "fechar a boca e agir", lembrando que o que você faz não é tão importante como a atitude *por trás* do que você faz. Você pode segurar o seu bebê choroso e carregá-lo para o carro. Faça isso de maneira calma, gentil e firme – o que demanda várias respirações profundas para você se acalmar primeiro. Permita que ele expresse sentimentos; na verdade, você pode até mostrar empatia e dar nomes aos sentimentos para que ele comece a entendê-los. "Você está muito chateado porque não compramos o coelho azul".

Aqui estão 3 razões para evitar os sermões:

1. Ele não consegue "pensar" quando o seu cérebro está inundado com emoções.

2. Palavras são, frequentemente, como jogar combustível em chamas.
3. Silêncio previne um segundo ataque – o seu.

Quando ele se acalmar o suficiente para estar apto a escutar as suas palavras, evite repreensão. Respire com ele. Dê-lhe tempo para reativar seu cérebro. Valide os sentimentos dele. Com o tempo, ele pode aprender a confortar suas próprias emoções difíceis.

A importância de se acalmar

Pesquisadores da neurociência dizem que quando "surtamos" (e todos os pais fazem isso de vez em quando), o córtex pré-frontal efetivamente se "desconecta", nos deixando com sinais vindos somente das partes do cérebro responsáveis pela emoção e sensação física. E como todos os humanos têm neurônios-espelho, raiva e birras são contagiosas. Nenhum de nós faz o seu melhor quando irritados.

O primeiro passo para lidar com a birra (seja com a sua ou a do seu filho) é se acalmar. Respire fundo e conte até dez. Pesquisadores dizem que respirações focadas e calmas ajudam o cérebro a "integrar" – ou seja, o cérebro reconecta, e a habilidade de pensar claramente e de procurar por soluções reais é restaurada. Uma vez que você teve tempo de se acalmar, ajude o seu filho a fazer o mesmo. E ele *realmente* precisa da sua ajuda: regulação emocional é uma habilidade que leva alguns anos para ser dominada.

Ajudar o seu filho a se acalmar

Crianças pequenas carecem da habilidade de reconhecer e gerenciar suas emoções, e puni-las por essa inabilidade não é justo nem útil. Se o seu filho tem 3 anos ou um pouco mais, você poderá usar a *pausa positiva* (abordada no Capítulo 5) como uma maneira de ensiná-lo a se acalmar quando ele estiver irritado ou infeliz.

Foque em confortar a criança menor de 3 anos antes de lidar com os problemas. Toque gentil, respiração rítmica ou música suave podem ajudá-la a recuperar o controle. Tudo bem permitir que ela simplesmente expresse seus sentimentos até que eles se dissipem, sem tentar mudá-los ou resolvê-los. Se você estiver calmo suficiente, sente-se próximo e envie energia amorosa sem interferir. Lembre-se, o objetivo é ajudá-la a se acalmar, não puni-la ou fazê-la "pensar sobre o que fez".

Pequena sobrecarga

As tentativas de Marjorie e Karen para confortarem sua filha mais nova andando, cantando e acariciando-a somente fazia a pequena chorar mais forte. Quando elas finalmente a colocavam no berço, ela parecia aliviada. Ela chorava por alguns minutos, então relaxava e dormia. A boa intenção delas em estimular o bebê, na verdade, prolongava sua angústia; o que ela realmente precisava era ficar sozinha.

Lembre-se, chorar é comunicação para os bebês, e *não* mau comportamento. Cada mãe ou pai deve aprender a interpretar a mensagem que seu filho está enviando. Chorar nem sempre significa a mesma coisa; responder ao choro do bebê não é reforçar o comportamento negativo. Às vezes, a resposta apropriada é deixar a criança liberar a tensão por meio do choro. Eventualmente, os pais vão aprender o que o choro significa – e isso pode depender do ambiente e do senso de aceitação que a criança vivencia.

Certifique-se de que seu filho está seguro e saudável, então decida qual (caso escolha uma) ação cabe no momento. Os pequenos aprendem a gerenciar suas emoções mais rapidamente quando eles têm tempo para praticar em um ambiente seguro e compreensivo.

E sobre bater a cabeça?

Pergunta: Tenho 3 meninas (5, 3 e 2 anos). Gostaria de saber como posso impedir que a minha menina de 2 anos faça birras ou se machuque. Eu já tentei ignorar suas birras. Se ela não recebe o que quer, ela se joga no chão e começa a bater a cabeça, às vezes bem forte. Não sei o que fazer. Por favor, me ajude.

Resposta: Fazer birras, bater a cabeça, segurar a respiração – são muito comuns em crianças pequenas que não estão conseguindo o que querem. Tudo é muito preocupante para os pais aflitos. Às vezes, esses comportamentos são os meios pelos quais a criança canaliza sua frustração. Sua filha de 2 anos pode ter descoberto que esses comportamentos "funcionam" – em outras palavras, eles dão algo para a criança que ela acredita ser o que precisava: o objeto desejado, ou sua atenção e envolvimento. Crianças de 2 anos estão desenvolvendo autonomia e querem o direito de fazer suas próprias escolhas – mesmo quando elas carecem de habilidade para agirem adequadamente.

Se você está preocupado que a sua filha vai ter um hematoma por ter batido a cabeça em algo duro, pegue-a no colo e, sem dizer nada, leve-a para um lugar macio (o tapete, sua cama, o travesseiro). Você pode tentar dizer: "Gostaria de pensar sobre isso com você, mas não podemos conversar enquanto você está tão chateada". (Mesmo se ela não entender todas as palavras, seu tom de voz calmo irá comunicar isso a ela.) Então, fale que você estará disponível quando ela estiver calma. Certifique-se de que ela está em um lugar seguro e faça algumas respirações profundas para se acalmar. Levará um tempo, mas se você agir de forma gentil e firme, ela vai captar a mensagem de que você não pode ser manipulada com birras, choros e ameaças.

SOBREVIVENDO À TEMPESTADE: O QUE FAZER DURANTE UMA BIRRA

O que pais e cuidadores podem fazer para ajudar a criança durante a birra? Seguem algumas sugestões:

- **Primeiro acalme-se.** Exemplo é o melhor professor, e você irá responder às emoções intensas do seu filho de maneira mais efetiva quando estiver calmo. Pare e respire profundamente. Quando seu filho estiver seguro, afaste-se dele para se conectar consigo próprio. Faça o que for necessário para se manter gentil e firme.
- **Proporcione segurança e controle de danos.** Considerando que birras podem fazer parte da convivência com crianças pequenas, danos e prejuízos não precisam fazer. É sábio levar a criança para um lugar mais seguro ou, se você estiver em um lugar público, para um canto mais reservado. Sem gritar ou dar sermão, calmamente afaste do seu filho qualquer objeto que pode ser atirado ou danificado.
- **Resista à tentação de "consertar" a birra ou persuadir seu filho com recompensas.** Oferecer à criança o objeto desejado ensina que a birra é uma boa ferramenta para conseguir o que quer. Lembre-se de que birras são normais, mas ceder às demandas somente lhe custará mais birras. Mantenha-se gentil, calmo e firme, e deixe a tempestade passar.

- **Evite se apegar ao comportamento do seu filho.** Birras são raramente pessoais, mesmo que aparentem ser. Lembre-se de que seu filho não está sendo malicioso ou "maldoso"; ele carece de habilidade para controlar completamente suas emoções.

SOBREVIVENDO À TEMPESTADE: O QUE FAZER DEPOIS DE UMA BIRRA

Depois de uma birra, tente o seguinte:

- **Permita que as emoções se estabilizem.** Deixe o seu filho ter um momento quieto para acalmar-se e recuperar o fôlego. Converse calmamente sobre o que aconteceu, assegurando ao seu filho que, apesar do comportamento dele ter sido inapropriado, você o ama muito.
- **Reconecte-se.** As crianças podem precisar de um abraço depois de uma forte tempestade emocional. Frequentemente, lágrimas e coriza decorrem após a birra, conforme a criança libera a sobrecarga emocional. Um abraço aconchegante e silencioso pode ajudar vocês a se sentirem melhor.
- **Ajude o seu filho a fazer reparações.** Quando todos estiverem calmos, todos os danos devem ser apontados. Coisas arremessadas devem ser recolhidas, papéis rasgados devem ser recolhidos e jogados fora, ou almofadas devem ser arrumadas no sofá. O adulto poderá oferecer ajuda à criança nessas tarefas. Também pode ser apropriado ajudar seu filho à consertar algum dano adicional como um brinquedo quebrado. Reconheça as habilidades e estágios de desenvolvimento da criança e não espere dela o que ela não pode fazer, mas ajude-a a recuperar o senso de autocontrole e ofereça a ela uma maneira real de aprender a fazer a coisa certa, ao permitir que ela coloque a cola, use a vassoura, ou fixe a fita adesiva em uma página rasgada.
- **Perdoe e esqueça – e planeje com antecedência.** Quando a birra tiver passado e a bagunça estiver em ordem, siga em frente com a sua vida. Foque em seu relacionamento e, se puder, em reconhecer o que causou a birra. Frequentemente, prevenção é a melhor maneira de lidar

> com as explosões emocionais das crianças. Birras podem acontecer quando as crianças não tiraram uma soneca ou fizeram uma refeição, estiverem em ambientes pouco familiares, ou lidando com adultos estressados. Entender o temperamento do seu filho e o ritmo diário dele irá ajudar vocês a evitar muitas (mas provavelmente nem todas) dessas explosões.

Escuta ativa: dar nomes aos sentimentos

Crianças constantemente enviam mensagens não verbais. Suas expressões faciais, gestos e comportamentos oferecem pistas aos adultos perceptivos sobre o que eles estão sentindo. Uma criança de 18 meses não consegue lhe dizer: "Estou cansada, confusa e frustrada por não conseguir alcançar o pote de biscoito". Ela não tem as palavras para expressar a sequência complicada de pensamentos e sentimentos. O que você pode ouvir são lamentos e gritos agudos acompanhados por um brinquedo sendo atirado no chão, uma cara emburrada e um corpo pequeno desmoronando no chão.

Os pais podem sentir uma frustração compreensível e expressar essa frustração usando palavras severas. Ou podem escolher ajudar a criança a compreender seus sentimentos e nomeá-los, o que vai ajudá-la a identificá-los no futuro e a abrir as portas para lidar com a situação.

A mãe pode responder assim: "Eu sei que você está frustrado porque não consegue alcançar o pote de biscoito. Também me sinto frustrada quando não consigo fazer algo. Vamos descobrir uma solução juntos". Uma vez que os sentimentos da criança são nomeados, validados e compreendidos, ela normalmente se sente melhor e está mais disposta a pensar em soluções. Nesse caso, a mãe e o seu filho concluíram que o pote de biscoito poderia ficar na prateleira mais baixa, ao seu alcance. Eles também decidiram colocar no pote coisas saudáveis, como: frutas fatiadas ou uva-passas, para que ele pudesse comer a qualquer hora. Seu filho pode não estar sempre ouvindo ou respondendo às suas palavras, mas dizê-las pode ajudar a mudar a atitude dele.

Lembre-se de que seu filho não nasceu com vocabulário para suas emoções. Ele não consegue identificar sentimentos com palavras e pode nem entender exatamente o que seus sentimentos são. **Escuta ativa – a arte de notar os sen-**

timentos da criança e identificá-los de modo calmo e claro com palavras – é um passo importante ao ensinar seu filho a gerenciar tanto as emoções como, eventualmente, o comportamento dele. Mesmo que seu filho seja muito pequeno para entender as palavras propriamente ditas, você vai oferecer pistas para o frequente mundo confuso dos sentimentos. Chegará o dia em que ele começará a conectar a própria emoção com as palavras que você oferece e não precisará mais "dar escândalos" – pelo menos não com tanta frequência.

Gênero e alfabetização emocional

Por razões não claramente compreendidas, meninas adquirem habilidades sociais, de linguagem e emocionais mais rápido do que os meninos; estes ficam mais facilmente chateados (e mais difíceis de confortar) do que as meninas. Além disso, em muitas culturas, meninos escutam mensagens sobre expressão emocional que pode dificultar que eles identifiquem e gerenciem seus próprios sentimentos.

Inúmeros estudos – como o de William Pollock, Dan Kindlon e Michael Thompson – notaram que, enquanto é esperado das meninas chorar, rir e expressar seus sentimentos, adultos e colegas (intencionalmente ou não) podem passar aos meninos a mensagem de que expressar abertamente emoções como tristeza, medo ou solidão é "fraqueza". Quando eles tropeçam e se machucam, frequentemente eles escutam: "Você está bem", quando eles não se *sentem* nem um pouco bem. Por outro lado, é mais provável que seja oferecido às meninas abraços e toques gentis.

Estudos também mostram que os pais falam mais frequentemente sobre sentimentos com suas filhas do que com os filhos. (De fato, muitos pais falam mais com as meninas em geral, usando mais palavras por dia do que eles falam com os meninos – e o número de palavras faladas por dia é um ingrediente importante quando estão se preparando para ingressar na escola.) Com menos orientação e encorajamento, os meninos costumam desenvolver a crença de que ter sentimentos é "errado".

Interessante observar que enquanto existem, de fato, diferenças no cérebro humano dependendo do sexo, a sensibilidade emocional não está entre elas. Os meninos têm exatamente os mesmos sentimentos que as meninas, e a mesma necessidade para aprender consciência emocional e habilidades de regulação. Kindlon e Thompson chamam isso de "alfabetização emocional" e acreditam que a falta de habilidade em identificar e expressar emoções pode ser uma das razões de meninos correrem maior risco para: depressão, uso de drogas e bebidas, evasão escolar e suicídio durante a adolescência; isso também pode explicar a alta frequência de raiva tanto em adolescentes como em adultos do sexo masculino. Abraçar, tocar e conversar sobre sentimentos não tornará seu filho "fraco" – essas atitudes *vão* ajudar o seu filho a se tornar um jovem saudável. Pratique escuta ativa; use muitas "palavras sentimentais" em uma conversa. Conforme seu filho cresce, você encontrará maneiras de ensiná-lo a entender o que ele está sentindo – e escolher um comportamento que seja mais respeitoso e apropriado.[1]

Como lidar com raiva e provocação

Talvez não haja emoção que cause mais preocupação nos pais do que uma criança com raiva. Crianças pequenas expressam a raiva de maneiras que os pais consideram alarmante: fazendo birras, jogando objetos, gritando, batendo, chutando e até mordendo. (Morder é uma maneira comum das crianças que ainda não têm a habilidade verbal de expressar raiva ou frustração.) Todos os seres humanos têm sentimentos – vários deles – e todos nós, adultos e crianças, precisamos expressar e entender nossos sentimentos.

Isso significa que os pais devem tolerar batidas, gritos ou chutes como maneiras aceitáveis de expressar a raiva? Claro que não. Ações que prejudicam os outros (ou a si mesmo) não são maneiras apropriadas de expressar sentimentos. Pais e professores podem se esforçar em mergulhar no mundo da criança e compreendê-la. Eles podem praticar escuta ativa para validar e esclarecer sentimentos e podem, então, ensinar as crianças a expressarem a raiva (a que pode ser justificada) de maneiras aceitáveis.

As crianças aprendem observando os adultos. Os pais dão o exemplo de como lidar com sentimentos fortes quando estão em pé, quietos e respirando profundamente, em vez de reagir imediatamente a chateação; ou quando eles

---

1 Para mais informações, leia *Raising Cain: Protecting the Emotional Life of Boys*, de Dan Kindlon e Michael Thompson (New York: Ballantine, 1999), e *The Everything Parent's Guide to Raising Boys*, de Cheryl L. Erwin (Avon, Mass.: Adams Media, 2006).

respondem à criança que tenta bater, mas sem bater de volta; ou quando eles caminham até a criança, se abaixam no nível dos seus olhos e pedem para que ela pare o comportamento, em vez de gritar do outro lado da sala.

Crianças aprendem sobre raiva ao:

- Observar os adultos agindo quando estão bravos.
- Vivenciar como os outros os tratam quando estão bravos.
- Aprender a identificar sentimentos de raiva em si próprios.

É tentador responder à raiva com raiva – se unir a gritaria, colocar as crianças de castigo ou então, tentar "consertar" a criança irritada. Essas respostas normalmente pioram os conflitos e destroem qualquer oportunidade que possa existir para ensinar, compreender ou encontrar possíveis soluções para o problema. Ironicamente, os pais dão o exemplo oposto do que eles querem ensinar. É difícil ensinar uma criança a controlar seu comportamento se você não consegue controlar o seu próprio. Lembre-se de que seu pequeno não tem o mesmo entendimento sobre raiva que você tem. Ele precisa da sua ajuda tanto para identificar seus sentimentos como para aprender a gerenciá-los e expressá-los de maneira apropriada. Como os pais e cuidadores ajudam uma criança irritada?

COMO VOCÊ DEVE REAGIR QUANDO SEU FILHO ESTIVER COM RAIVA?

- Use palavras para nomear os sentimentos do seu filho.
- Valide os sentimentos.
- Ofereça maneiras apropriadas para seu filho expressar os sentimentos dele.

Usar palavras para nomear os sentimentos do seu filho

Use uma voz calma e "reflita" com seu filho o que ele está sentindo. Você poderia dizer: "Puxa, você parece bravo! Notei que seu queixo está para a frente, suas sobrancelhas estão enrugadas e suas mãos estão fechadas". Dar essas pistas ajuda a criança a fazer conexões entre o que ela está sentindo e o que ela está fazendo. Obviamente, o entendimento real leva tempo, mas nunca é cedo para começar.

Validar os sentimentos

Emoções são geradas nas entranhas profundas do cérebro do seu filho. Ele não "escolhe" suas emoções, e não existe a ideia de emoção "errada" – algo que muitos adultos ainda não aprenderam. Seu filho tem razões para ter os sentimentos dele, mesmo quando ele não sabe conscientemente quais são essas razões. Comece a ensinar seu filho que os sentimentos dele são sempre válidos, mas algumas ações nem sempre são corretas. Tente dizer: "Tudo bem ficar bravo – eu também teria ficado bravo, se fosse você. Não está tudo bem bater em mim ou se machucar. O que lhe ajudaria a se sentir melhor?". Lembre-se de que normalmente nós *agimos* melhor quando nos *sentimos* melhor. As lições aprendidas agora sobre reconhecer e gerenciar sentimentos beneficiarão seu filho por toda a vida.

Oferecer maneiras apropriadas para seu filho expressar os sentimentos dele

O que uma criança pequena irritada pode fazer para gerenciar sua raiva? Bem, poderia ser útil rugir como um dinossauro, desenhar com canetinhas no papel, correr no quintal ou amassar uma bola de massinha. Isso oferece canais físicos para a energia emocional. Os pais normalmente descobrem que a raiva expressada de maneira saudável se dissipa muito mais rápido; de fato, eles frequentemente se veem rindo com a mesma criança que estava furiosa minutos antes. (Bater ou socar almofadas ou outros objetos, às vezes, agrava a raiva em vez de reduzi-la. Preste atenção ao que o seu filho está aprendendo se ele escolher essa abordagem.)

Nossos sentidos oferecem caminhos calmos também. Respirar fundo, cheirar as flores, escutar música suave, acariciar um bicho de pelúcia macio ou se molhar na pia pode ser restaurador.

Sobre "paninhos" e outros objetos de segurança

Intimamente relacionado aos sentimentos de confiança e proteção da criança, há um acessório na primeira infância que tem virado folclore: o paninho do conforto. Linus, das tirinhas de desenho do Charlie Brown, carrega um para todo lado, ele usa até para bater na sua desagradável irmã mais velha. Crianças no mundo todo contam com um pedaço de feltro, bicho de pelúcia favorito ou amigos imaginários para ajudá-las a se sentirem seguras – e pais no mundo todo frequentemente se perguntam se é saudável permitir que elas os usem.

Com um pouco de reflexão, é fácil entender o quão intimidador um lugar nesse nosso mundo pode ser para uma criança bem pequena. O apego da criança ao seu paninho pode ser muito forte; muitas vezes, tem seu próprio toque e gosto, e a criança pode normalmente dizer se houve tentativa de substituir ou trocar o seu objeto favorito. Muitos pais já passaram pela experiência alarmante de ter deixado o paninho ou o bicho de pelúcia no supermercado ou no hotel, e ter que voltar em ritmo de emergência com uma criança histérica no carro.

Sentimentos de insegurança e medo, que podem ser perturbadores para os pais, são como todos os outros sentimentos. Eles são apenas sentimentos e podem ser resolvidos com escuta ativa, amorosidade e compreensão. Se dormir com um paninho especial ou bicho de pelúcia ajuda a criança a relaxar e se sentir confortável, será que há realmente algum dano nisso?

Algumas crianças nunca adotam o paninho ou bicho de pelúcia, preferindo chupar seus dedos ou a chupeta. Monica achou que sua filha não iria chupar dedos se ela desse várias oportunidades para mamar no seu peito. Entretanto, a única criança que ela amamentou chupou o dedo até os 6 anos de idade. Monica admitiu: "Essa teoria não valeu nada".

Chupetas podem ser uma maneira útil de ajudar um bebê a satisfazer sua necessidade de chupar, e elas podem oferecer segurança (e paz) durante períodos de chateação e estresse. De fato, uma criança que aparenta ter desistido de chupar os dedos ou a chupeta frequentemente volta ao hábito quando a família se muda, se ela muda de berçário ou cuidador, ou se acontecem outros eventos inesperados em sua vida. Muitos pais eventualmente se perguntam se chupar o dedo ou usar a chupeta é algo sábio, especialmente quando a criança fica mais velha. A American Association of Pediatrics recomenda o uso da chupeta na

O desenvolvimento de habilidades emocionais e da linguagem

hora do cochilo e na hora de dormir durante o primeiro ano de vida. Estudos mostram que o uso pode diminuir os casos de síndrome de morte súbita infantil. Eles especificam que a chupeta não deve ser dada até que a amamentação esteja seguramente estabelecida, e que a criança não deve ser forçada a usar chupeta se ela resistir.

Quando o uso da chupeta é descontinuado até os 5 anos, os efeitos ortodônticos são tipicamente reversíveis. Se você tem dúvidas sobre necessidades de sucção, especialmente quando dentes e ortodontia são preocupantes, poderá falar sobre os seus medos com um dentista pediátrico. Como regra geral, quanto menos alarde os adultos fizerem, mais cedo o assunto tende a ser resolvido. Conforme ficam mais velhas, as crianças se tornam mais dispostas a restringir o uso de seus objetos de proteção para ir para cama ou cochilar, especialmente se elas tiverem vivenciado compreensão e aceitação dos seus pais. A maioria das crianças decidiu abrir mão dos seus paninhos ou chupetas por vontade própria, normalmente quando atinge os 6 anos.

Desapegando da chupeta

Pergunta: Gostaria de saber se você tem algumas sugestões sobre como fazer para meus filhos de 2 anos e meio e 4 anos e meio pararem de usar a chupeta. Nunca me preocupei antes e deixei que eles usassem sempre que queriam, porque sei que os conforta e não parecia prejudicá-los. Contudo, levei o Luke, meu filho mais velho, para o ortodontista hoje porque ele tem uma larga mordida projetada para a frente que está afetando sua fala e seus dentes. O ortodontista disse que a chupeta estava definitivamente agravando o problema.

Então, acho que é hora de desapegar. Quero ter certeza de fazer isso da maneira mais gentil e respeitosa possível. Acho que preciso fazer o mesmo com seu irmãozinho, Jake, porque pode ser difícil para o Luke ver seu irmão ainda usando a chupeta. Sugestões, por favor!

Resposta: Alguns pais creem ser efetivo "tirar" a chupeta e acreditam que seu filho vá sobreviver – o que acontece. Quando você permite que seus filhos passem por pequenos "sofrimentos" (bem diferente do que "*fazê-los sofrer*"), eles podem desenvolver o "músculo do desapontamento" e aprender com as experiências que eles podem ser resilientes. Em longo prazo, isso pode ajudá-

-los a se sentirem mais capazes. Você poderia tentar falar com o Luke sobre o porquê a chupeta não é boa para ele, e fazer um plano para desapegar dela.[2]

Algumas semanas mais tarde, essa mãe me contou a seguinte história: "Bem, sentei com o Luke, conversei com ele sobre o assunto e perguntei como ele queria largar a chupeta. Ele imediatamente disse que queria colocar todas juntas, lavá-las e colocar em um saquinho de plástico para dar para a minha irmã quando ela eventualmente tiver um bebê. Ele foi um amor. Então fizemos isso, com seu irmão fazendo tudo igual, como de costume. Eles choramingaram um pouco à tarde e um só um pouco à noite, mas eu os apoiei e isso foi tudo. Foi bem tranquilo. Naquela manhã, Luke entrou correndo e disse: 'Sabia que eu conseguiria'".

"O paninho da minha filha meio que se despedaçou", disse outra mãe. "Literalmente ele se desintegrou até que só restaram alguns pedaços. Virou um empecilho para ela ter que encontrar todos esses fragmentos, e então o paninho silenciosamente virou história. Na verdade, juntei alguns pedaços e coloquei na caixa de joias. Eu não conseguiria me livrar deles. Tenho planos de um dia colocá-los no cobertor de retalhos para meu neto". É incrível como alguns pais que lamentam o apego dos seus filhos ao paninho guardam um pedaço como memória depois que os filhos deles já o abandonaram.

Habilidades de linguagem e de comunicação

Muitos pais esperam ansiosamente pelas primeiras palavras dos seus filhos, compartilhando com amigos e familiares, e anotando nos livros de bebê e no diário para a posteridade. Pais abrem um sorriso quando há um inocente erro na pronúncia e outros erros gramaticais, e se alegram quando a criança pode se fazer entender consistentemente.

Bebês geralmente não entendem o significado das palavras até os 6 ou 7 meses, e a maioria não fala suas primeiras palavras até 10 a 18 meses. Entretanto, bem antes disso acontecer, um bebê se vira em direção a uma voz familiar, sorri para o rosto dos pais ou se estica em direção às suas pessoas favoritas. Pode ser frustrante tentar se comunicar e entender uma criança pequena que

---

2   "The Push", um curta baseado na história de David McNally, pode ajudar você a entender esse conceito. Pode ser encontrado em www.eaglesneedapush.com (em inglês).

ainda não consegue expressar sentimentos e ideias – e é frustrante para a criança também.

Assim como outras habilidades do estágio do desenvolvimento, a aquisição da linguagem se dá em diferentes ritmos para diferentes crianças. Se seu filho parece alerta e responde bem a você, há chances de que esteja tudo bem, mesmo que ele não tenha muito a dizer – ainda. (Se você estiver preocupada com o desenvolvimento da fala do seu filho, converse com um pediatra. Algumas crianças realmente passam por atrasos na fala e na linguagem, e pode ser útil uma terapia com um fonoaudiólogo.)

É de grande valia saber que as crianças aprendem melhor a linguagem ao ouvirem os outros conversando com elas e quando recebem muitas oportunidades para responder. Os sons que fazemos aos recém-nascidos, que é instintivo para os pais em todo o mundo, na verdade apresentam para o bebê os sons na sua língua nativa e irão ajudá-lo a sincronizar esses sons aos movimentos do lábio.

Manter uma conversa sobre as maçãs vermelhas suculentas ao caminhar pelo corredor do supermercado, se você não tem certeza se ainda tem pasta de amendoim, ou se o salmão cairia bem para o jantar de hoje à noite, não significa que você espera que seu bebê de 4 meses vá assumir o carrinho de compras mais cedo. Esse tipo de conversa acostuma o ouvido dele à linguagem, da mesma maneira que aqueles poemas infantis ensinam as crianças a reconhecerem os ritmos e os sons das palavras faladas – e a reproduzi-las quando for a época certa. Não importa o quanto exaustivo possa ser, o questionamento sem fim das perguntas "por que" e "como assim" devem ser respondidos calmamente. Assim como um menino de 3 anos lembrou sua mãe desesperada: "É assim que crianças aprendem!".

A importância da fala

Linguagem – as palavras que você fala e o jeito que você fala – dá forma aos seus próprios pensamentos. A maioria dos pesquisadores acredita que adquirir habilidades de linguagem é crítico para o desenvolvimento do pensamento, resolução de problemas e recuperação da memória. Infelizmente, educadores e pesquisadores se preocupam com o fato de que a habilidade de usar bem a linguagem (e pensar criticamente) está declinando. Por quê?

O maior culpado pode ser nosso estilo de vida agitado e tumultuado e o modo como os pais escolhem usar o tempo que têm com seus filhos. O tempo para sentar e ler ou para conversar um com o outro é muito limitado. As crianças são estancadas na frente dos seus aparelhos digitais e televisões enquanto os pais fazem o jantar, as tarefas domésticas ou trabalham em casa. As crianças podem aprender a música de um personagem de desenho ou reconhecer letras e números, mas, ao contrário do que muitos pais acreditam, elas não aprendem linguagem assistindo TV. **Habilidades de linguagem requerem conexão, atenção e interação nas conversas reais.**

Muitas vezes, as palavras dos adultos para as crianças são estritamente funcionais. "Coloque o pijama", "Coma o jantar" ou "Não bata na sua irmã" podem ser toda a conversa que algumas crianças pequenas escutam. Outras crianças passam muitas horas acordadas em berçários onde os cuidadores exaustos podem valorizar o silêncio e a obediência, e não o começo das habilidades de linguagem.

Ensino de linguagem

Muitos pais acreditam que haverá um momento "mais tarde" para ensinar as palavras e as habilidades de linguagem, mas a maioria da aprendizagem da língua acontece nos primeiros 3 anos de vida. O que os pais e cuidadores podem fazer para oferecer aos pequenos a melhor chance de aprender a linguagem agora – e ter sucesso mais tarde na escola?

COMO VOCÊ PODE ENCORAJAR O DESENVOLVIMENTO DA LINGUAGEM?

- Converse com as crianças.
- Encoraje as crianças a "responderem".
- Leia muitos livros em voz alta.
- Desligue os aparelhos tecnológicos – pelo menos a maior parte do tempo.

Conversar com as crianças

A maioria dos pais instintivamente sabe que tipo de brincadeira verbal bebês e crianças pequenas precisam. Jogos de palavras, rimas infantis e músicas simples são maneiras maravilhosas de acostumar os bebês com os mistérios da linguagem. Deixe as crianças escutarem a sua voz; fale com elas frequentemente. Cante uma canção infantil tradicional. O que você diz é provavelmente menos importante do que oferecer a elas oportunidades para experimentar com os sons e as palavras. Conforme as crianças ficam mais velhas, contar histórias é uma ótima maneira de ajudá-las a seguir a história, aprender o significado das palavras e expandir suas habilidades de visualizar e imaginar – todas as partes cruciais do aprendizado futuro e prontidão para ingressar na escola.

Encorajar as crianças a "responderem"

Não, não estamos falando daquele tipo de resposta que retruca, mas é importante dar às crianças oportunidades para conversar com você, com outros adultos e outras crianças. No começo, o "discurso" pode consistir em sons, palavras soltas e gestos, mas enquanto você os encoraja (outra maneira é por meio de perguntas que começam com "o que" e "como"), suas habilidades de falar com você e comunicar as ideias e sentimentos crescerão. Adultos (e irmãos mais velhos) são, às vezes, impacientes com crianças pequenas e correm para terminar a frase para eles ou antecipar suas necessidades. Esforce-se para ser tolerante e dar espaço e tempo ao seu pequeno para ele se comunicar.

Ler muitos livros em voz alta

Ler em voz alta para crianças pequenas pode ser uma das atividades mais estimulantes que os pais podem fazer. Os bebês até podem estar no seu colo para olhar as páginas coloridas de um livro, e as crianças normalmente adoram ser acolhidas e ler histórias. Enquanto você lê, assuma os personagens, mudando sua voz e fazendo efeitos sonoros, e encoraje seu filho a fazer o mesmo. Inclua livros que tenham mais texto e encoraje seu filho a formar a sua própria imagem conforme as palavras que você lê; ou use livros apenas com ilustrações que permitam você inventar suas próprias histórias juntos. Contar histórias também pode ser uma maneira maravilhosa de estimular linguagem e criatividade. Contar histórias da sua própria vida ou compartilhar histórias da sua cultura podem nutrir o nascimento das habilidades de linguagem e construir conexão com seu pequeno.

Ler pode se tornar a parte favorita do dia do seu filho, e crianças pequenas normalmente estão ansiosas para mergulhar nos fascinantes mundos que os livros oferecem. Um dia, a mãe de Kevin, de 3 anos, ficou surpresa quando ele "leu" para ela o seu livro favorito, *Berenstain Bears*. Ele memorizou as palavras, as vozes – e os lugares certos para virar as páginas. Barbara tinha 13 meses quando sua tia favorita sentou para ler um livro sobre flores com ela. Barbara olhou intensamente as figuras, tirou o livro das mãos de sua tia e colocou seu nariz nas páginas para dar uma boa cheirada. Sua tia estava impressionada quão bem Barbara entendeu a conexão entre as fotos das flores impressas nas páginas e a fragrância das flores de verdade.

Conforme a criança vai crescendo, compartilhe com ela os livros que você adorava quando tinha a idade dela, ou pergunte aos amigos que livros seus filhos estão curtindo.[3] Faça do momento de leitura parte da rotina para ir para cama. Muitos pais acreditam que esse aconchegante ritual dure muito mais do que os primeiros anos e ofereça tempo para amorosidade e aproximação para os anos que estão por vir.

Desligar os aparelhos tecnológicos – pelo menos na maior parte do tempo

Televisão, aplicativos e jogos podem alterar a maneira como o cérebro do seu filho funciona, e o constante barulho da TV pode retardar o desenvolvimento da linguagem do seu filho. A American Association of Pediatrics desencoraja exposição à mídia para crianças menores de 2 anos.

Pode ser válido lembrar que a maior parte do desenvolvimento emocional e da linguagem acontece naturalmente, *quando pais e cuidadores têm tempo de*

---

3   Nem sempre meninos podem achar livros fascinantes, especialmente se cuidadoras escolhem o tipo de livro. Visite www.guysread.com para recomendações de livros para os meninos de sua família.

brincar e conversar com as crianças. Respire fundo, relaxe e lembre-se de aproveitar esses anos. Nunca é tarde – ou cedo – demais para começar.

MEU FILHO ESTÁ BEM?

Pediatras reconhecem que pais costumam ser os melhores julgadores sobre o desenvolvimento do seu filho. Como a intervenção prematura é essencial no tratamento de vários atrasos de desenvolvimento e doenças, seus instintos - e preocupações - sobre seu filho sempre valem ser investigados, *especialmente* nos 3 primeiros anos de vida. (Mais sobre isso no Capítulo 20.) Por exemplo, a incidência de autismo e doenças relacionadas ao autismo têm crescido drasticamente nos últimos anos.[4] Comunicação, linguagem e desenvolvimento emocional podem oferecer importantes pistas sobre o desenvolvimento das crianças. Considerando que somente um especialista treinado pode diagnosticar problemas[5], as seguintes perguntas podem ajudar você a decidir se seu filho precisa de ajuda:

- Seu filho reconhece e responde a rostos familiares?
- Seu filho usa os dedos para apontar ou lhe mostrar algo?
- Seu filho vira a cabeça em sua direção quando você chama o nome dele?
- Ele imita suas ações, gestos ou expressões faciais?
- Ele faz contato visual com você?
- Seu filho se interessa por outras crianças, pessoas ou objetos?
- Ele responde aos seus sorrisos, abraços e gestos?
- Seu filho se balança, pula ou passa longas horas olhando para o ar?
- Seu filho tenta atrair sua atenção para o que ele está fazendo?
- Seu filho insiste, de maneira atípica, em rotinas, previsibilidade ou objetos específicos?

---

4   De acordo com um estudo de 2014 realizado pelo Centers for Disease Control and Prevention, autismo ocorre em aproximadamente um em cada 68 nascimentos.

5   Para baixar o documento gratuito sobre as etapas de desenvolvimento, visite www.cdc.gov/ncbddd/actearly/milestones (em inglês).

Crianças demonstram essas respostas em idades diferentes, mas se você respondeu "sim" para um bom número dessas questões, você provavelmente não tem nada para se preocupar. Se respondeu "não" para a maioria delas e seu filho não aparenta estar progredindo, você deve considerar uma conversa com seu médico. Apesar de "sintomas" não necessariamente indicarem um problema, intervenção precoce é fundamental. Se você suspeita que seu filho não esteja se desenvolvendo normalmente ou se conectando facilmente com seu cuidador, não hesite em conversar com o pediatra.

ATIVIDADES PARA REFLEXÃO

1. Relembre a última vez que seu filho fez birra em público. (A maioria faz eventualmente!) O que foi mais relevante para você: ajudar o seu filho a se acalmar e aprender habilidades para controlar as emoções, ou se preocupar com o que os observadores poderiam estar pensando? Use um caderno para anotar como os ataques afetam você, e o que você pode fazer na próxima vez para manter a calma e ajudar.

2. Como as crianças pequenas são mais visuais do que verbais, quadros e fotos podem ser ferramentas mais úteis. Faça uma "Roda de escolhas da raiva" com seu filho (se ele tiver idade suficiente) para ajudá-lo a aprender a se confortar. Faça um simples quadro no formato de pizza com 6 ou 8 seções; em cada seção, desenhe algo que ajude seu filho a se acalmar e se sentir melhor quando estiver bravo ou infeliz. Algumas sugestões podem ser: brincar com água, abraçar um objeto de proteção, escutar o áudio de um livro ou algo similar. Convide-o para ajudar a colorir a roda ou decorar com brilho; então, coloque em algum lugar onde ele possa ver facilmente. Quando ele estiver bravo ou chateado, convide-o para olhar o quadro e escolher uma maneira para se sentir melhor.

3. Ninguém gosta de ser mandado – incluindo seu filho. Reestruture seus direcionamentos e comandos ("Escove seus dentes", "Coloque o casaco", "Recolha seus brinquedos") como perguntas: "O que você precisa fazer para seus dentes não ficarem sujos?", "O que você deve vestir para não ficar com frio lá fora?", "O que você precisa fazer antes do jantar?". A mensagem é a

O desenvolvimento de habilidades emocionais e da linguagem

mesma, mas perguntas inspiram as crianças a pensarem por elas mesmas e são bem mais aceitas do que os comandos. Experimente e veja.

4. Escreva sobre seus sentimentos. Você acredita que alguns sentimentos são mais aceitáveis do que outros? Há algum sentimento que você acha que seu filho ou filha não deveria sentir? O que você aprendeu com seus próprios pais ou professores sobre meninos, meninas e sentimentos? Há algo que você quer fazer de maneira diferente com seu próprio filho?

7

CONFIANÇA *VERSUS* DESCONFIANÇA

"Posso contar contigo?"

Em seu trabalho pioneiro sobre o desenvolvimento emocional (trabalho que foi validado por numerosos estudos), Erik Erikson identificou tarefas essenciais que todos os seres humanos devem dominar. A primeira tarefa fundamental – o senso de confiança *versus* desconfiança – é desenvolvida durante o primeiro ano. Para desenvolver esse senso, que faz parte importante do apego seguro, o bebê deve aprender que suas necessidades básicas serão atendidas de maneira consistente e amorosa. Essas necessidades incluem nutrição adequada, temperatura confortável, fraldas secas, sono adequado e uma infinidade de toques, colo e abraços.

É importante notar que o desenvolvimento da confiança, como todas as tarefas do desenvolvimento, não será estabelecido de uma vez no primeiro ano de vida. Em vez disso, será construído e expandido muitas vezes nos anos seguintes, enquanto você e seu filho enfrentam novos desafios juntos. No entanto, um senso de desconfiança pode criar um alicerce que será difícil (mas não impossível) de vencer nos próximos anos. Por essa razão, saber como ajudar seu filho a desenvolver um senso de confiança é muito importante.

Muitos pais ficam confusos quanto à diferença entre atender às necessidades do bebê e mimá-lo – e eles certamente ouvem muitos pontos de vista. As opiniões variam de "Coloque seu bebê em uma rotina rígida (afinal, ele veio viver em sua casa e não há motivo para mudar sua vida demais)" para "Esqueça sua vida. Passe a viver em torno do seu bebê e tente antecipar todas as suas necessidades e gemidos". Nenhum desses extremos funciona bem. Compreender a importância de seu filho em desenvolver a confiança em vez da desconfiança é um fator fundamental para encontrar o equilíbrio certo para você e seu bebê.

Um bebê negligenciado (aquele cujas necessidades básicas de alimentação, conforto e toque amoroso não são atendidas) desenvolverá um senso de desconfiança na vida, o que agora chamamos de "apego inseguro". Talvez seja surpreendente pensar que um bebê extremamente mimado também pode desenvolver um senso de desconfiança, porque ele nunca teve que praticar muita paciência ou autoconfiança. Tal como acontece com tantos aspectos na criação dos filhos, a melhor solução é criar um equilíbrio saudável.

Desenvolvimento adequado no primeiro ano de vida

Parte de lidar com o comportamento das crianças pequenas de forma a alcançar resultados positivos implica saber o que é "desenvolvimento adequado", termo usado para descrever características e comportamentos típicos de crianças em determinadas idades. Quanto mais você sabe sobre o desenvolvimento psicológico, intelectual e físico de seu filho, mais você saberá sobre o que é esperado em determinada fase do desenvolvimento e melhor será a sua habilidade de entrar no mundo do seu filho e influenciar suas decisões e comportamentos desde o início.

Você consegue mimar um bebê?

Em algum momento durante as primeiras semanas e meses de vida de um bebê, seus pais ouvirão a seguinte orientação: "Não pegue o bebê cada vez que ele chora – você o mimará". Contudo, a maioria dos pais se sente desconfortáveis em permitir que um bebê chore, especialmente por longos períodos. Como saber quando segurar seu bebê e quando deixar que ele compreenda a vida sozinho?

Desenvolver a confiança – e ter um apego seguro – significa que uma criança acredita que "sou amado e querido aqui, não importa o que aconteça". Essa tarefa supera todo o resto nessas primeiras semanas agitadas e é *sempre* importante responder aos choros e sinais de um bebê e decidir se o pequeno precisa de comida, fralda limpa ou conforto. Ele está decidindo o que "funciona" (do ponto de vista de uma pessoa muito jovem, imatura e não qualificada) ao observar como você reage às ações dele. No começo da vida de um bebê, ele precisa que você responda consistentemente e ofereça a ele amor, conforto e cuidado.

Em algum momento durante o primeiro ano, os bebês começam a formar crenças sobre si mesmos e outras pessoas, e sobre como conseguir o que eles acham que precisam. (Alguns acreditam que esse processo pode até começar no útero). Nesse ponto, os bebês podem aprender a chorar para chamar a atenção. Não há nada de errado em desejar e conseguir atenção. No entanto, há um antigo princípio sobre isso: se você sente que está sendo manipulado pelo seu filho – você pode estar.

Se os pais não respondem de modo consistente aos sinais de um bebê, ele pode decidir que não pertence a esse grupo e que não pode confiar nos adultos em sua vida. Isso pode prejudicar o apego, que é tão importante para o desenvolvimento social, emocional e intelectual. No entanto, se os pais mimarem um bebê, pegando-o no colo a cada gemido e nunca permitindo que ele experimente seus sentimentos ou aprenda a acalmar-se, esse bebê pode decidir que a vida é mais bem vivida fazendo os outros realizarem coisas por ele. O tempo ajudará a descobrir como responder ao seu próprio bebê, mas lembre-se: ele precisará de tempo e espaço para praticar habilidades. Chorar não é fatal, não importa o quão frustrante ou irritante possa ser, e deixar o seu filho reclamar um pouco não é ser uma mãe ou um pai ruim, especialmente após os primeiros meses. Conhecer verdadeiramente o seu próprio filho é a sua primeira tarefa crucial. Em caso de dúvida, erre no lado do apego e participe do processo desafiador de "desmame", quando seu filho desenvolver habilidades linguísticas.

Alisa adorava seu bebê de 4 meses, Matthew, e adorava segurá-lo, mas não queria ser manipulada pelo seu pequeno garoto encantador. Então, ela aceitou o conselho da sogra e passou a deixar o bebê "chorar até cansar". Ela parou de ir buscá-lo quando ele acordava chorando. Isso pareceu funcionar bem, e eventualmente Matthew e sua mãe dormiam mais profundamente. Uma noite, porém, o pequeno Matthew chorou por mais de uma hora, recusando-se a ficar calmo e a dormir. Finalmente, desesperada para conseguir algum descanso, Alisa foi pegá-lo e descobriu que ele estava com uma febre de 40 graus. Ela percebeu que, ao mesmo tempo em que ela não queria mimar seu bebê, ela precisava ter certeza de as necessidades básicas dele estavam sendo atendidas. Ela também decidiu esperar até que ele fosse mais velho para ensinar-lhe resiliência.

Aprender a diferença entre o que uma criança de fato precisa e o que ela simplesmente quer causa uma ansiedade considerável nos pais, mas, à medida que sua compreensão aumenta, sua confiança também aumentará. Como já dito, é importante atender a todas as necessidades do seu filho, mas não a todos os seus desejos. Quando uma criança vive em um ambiente onde ela experimenta grandes doses de conexão, ela não ficará traumatizada por pequenas doses de desapontamento. **Você precisará usar sua cabeça e seu coração para ser uma mãe ou pai efetivo.** Quanto mais informações tiver, mais você pode confiar na sua cabeça. Quanto mais você sabe da importância de desfrutar seu filho, mais pode confiar no seu coração. Em caso de dúvida, confie sempre no seu coração.

Singularidade, autoconfiança e confiança nos pais

Dizer que as pessoas são diferentes e únicas não é nenhuma novidade nem é profundo, mas é fácil de esquecer. Com o tempo, você descobrirá ferramentas parentais que são confortáveis e eficazes para você. O que tudo isso tem a ver com o desenvolvimento de confiança ou desconfiança? Erikson descobriu que um fator principal no desenvolvimento da confiança de uma criança é a sensação de que seu principal cuidador – geralmente a mãe – tenha confiança em si mesmo.

CONFIANÇA *VERSUS* DESCONFIANÇA

Durante o primeiro ano de vida, uma criança começa a aprender o conceito fundamental de confiança, a primeira etapa importante do desenvolvimento emocional. Se ela chora, alguém vem? Se ela está com fome, com frio ou molhada, alguém ajudará? As rotinas e os rituais da vida diária ocorrem de forma previsível? É por meio dessas experiências simples que ela aprenderá sobre confiança e a confiar em seus pais.

Sem esse senso básico de confiança, a vida torna-se muito mais difícil. As crianças que foram transferidas para abrigos durante seus primeiros anos de vida, ou que não tiveram carinho e cuidados consistentes, muitas vezes se recusam a fazer contato visual ou a responder as tentativas mais amorosas anos depois. Pode demandar muita paciência e determinação para transmitir o senso de confiança que foi reduzido durante os primeiros anos dessas crianças.

A maioria de nós conhece pessoas que têm dificuldade de confiar em si mesmas ou em outras pessoas, e que parecem ter pouca confiança em sua capacidade de influenciar o que acontece com elas. Seu filho passará a vida com um senso de confiança ou desconfiança, crença ou dúvida? Muito depende de como ele é tratado no primeiro ano de vida (e as decisões subconscientes que ele toma sobre suas experiências). O desenvolvimento de um senso de confiança começa nesse primeiro ano crítico e continuará à medida que seu filho cresce.

Como a autoconfiança é tão importante, queremos repetir que a maioria das mães descobre que elas podem confiar mais em si mesmas quando têm uma compreensão básica do desenvolvimento infantil, das habilidades parentais e confiança em seus próprios instintos. Esse é um dos motivos pelos quais a educação de pais pode ser tão importante. Quando você tiver aprendido tudo o que puder sobre desenvolvimento infantil, comportamento adequado à idade e métodos não punitivos para ajudar seu filho a prosperar, você se sentirá mais confiante em sua capacidade de entender e cuidar de seu filho.

As crianças desenvolvem um senso de confiança quando alguém, de maneira consistente, responde aos seus choros, mas não interprete mal – isso não significa que seu filho ficará traumatizado se você não responder a cada gemido.

Os pais logo aprendem a reconhecer as diferenças nos choros de um bebê – se ele está com fome, machucado ou com raiva. Às vezes, um bebê chora para liberar energia em excesso, e permitir que ele chore até parar pode realmente ajudá-lo a aprender a se acalmar. Quando os pais pensam que têm que ajudar seus filhos a dormir, balançando-os, amamentando-os, dando mamadeira, ou mesmo deitando-se com eles, seus filhos podem aprender habilidades de manipulação em vez de confiança (em si e em seus pais). Isso não significa que adormecer nos braços da vovó enquanto ela balança seu filho não vai prejudicá-lo. Lembre-se sempre de que o equilíbrio é melhor do que qualquer extremo.

É preciso conhecimento e confiança (e acreditar em seu filho) para saber quando é bom permitir que ele passe por um pequeno desconforto para desenvolver um senso de confiança e de autoconfiança. Lembre-se de que nenhum pai ou mãe nasceu sabendo onde está esse equilíbrio – e os erros nos permitem afinar nosso conhecimento. Preste atenção não só no seu bebê, mas também nos seus próprios sentimentos e sabedoria, e é mais provável que logo saberá o que funciona melhor para seu filho.

Rotinas e rituais

Esses primeiros meses e anos representam um tempo de mudança constante. Qualquer mãe com um recém-nascido concorda que sua rotina diária muda drasticamente a cada dia porque tudo é novo, tanto para os bebês como para os pais. Para que uma criança desenvolva confiança, a vida deve se tornar previsível, e esse é o papel das rotinas. Estabelecer rotinas é uma parte importante nos primeiros meses e anos dos pais e da criança. Aos 3 meses, a maioria dos bebês já tem uma rotina previsível. Se uma mãe está amamentando, o marco de 3 meses parece ser o momento em que se encerra a fase de crescimento rápido, que causou tanta inquietação. O suprimento de leite agora atende às necessidades da criança. Contudo, as rotinas serão testadas ao longo do caminho, ao passo que a criança cresce e se desenvolve – por exemplo, quando ela está pronta para abrir mão da soneca, mas você não está pronta para abrir mão desse tempo de sossego para si mesma.

As atividades diárias, quando feitas de modo que podem ser esperadas, formam o pano de fundo da previsibilidade e da conexão, o que passa a ser a experiência de vida da criança. Quando vemos a situação nesse contexto, faz sentido que, sempre que haja interrupção em nossas vidas – seja uma mudança, um divórcio, o caos causado por desastres naturais ou provocados pelo homem –, nosso senso de segurança é restabelecido seguindo rotinas familiares, permitindo-nos retomar a nossa confiança no mundo que nos rodeia. As tarefas iniciais de cuidar do bebê podem não parecer críticas, mas esses simples atos cotidianos moldam nossa habilidade de confiar ao longo da vida.

Rituais, embora não muito elaborados nesses primeiros anos, contribuem como elementos importantes para fortalecer e desenvolver a confiança. A mãe gentilmente balançando seu bebê e colocando-o para arrotar depois da mamada, o pai fazendo sons com os lábios para atrair um sorriso do bebê antes de oferecer-lhe a mamadeira ou a irmã mais velha cantando uma música na hora de dormir – todos esses são rituais que adicionam cor na vida de uma criança e começam a defini-la. Eles confirmam para a criança a sua experiência de que o mundo é um lugar previsível e confiável, e que, ao mesmo tempo, lhe transmitem segurança e proteção. À medida que a criança cresce, os rituais das festas e tradições familiares continuarão a agregar alegria e um senso de conexão à sua vida.

Curtir seus filhos e você mesmo

A vida apresenta muitos desafios para todos os pais de primeira viagem, desde infecções no ouvido até preocupações sobre contas atrasadas, mas se você deixar de aproveitar os momentos especiais, aprender novas habilidades e ajustar a vida com uma criança em desenvolvimento, a vida pode parecer um grande fardo. Precisamos realmente mencionar a importância de curtir seus filhos? Achamos que sim. Compartilhar sua vida com uma criança, especialmente durante seu primeiro ano de vida, pode ser uma experiência gigantesca. Tudo é novo, o bebê exige muito e você pode ter momentos em que se questiona se está fazendo "certo". Seu bebê sentirá sua preocupação e dúvida, e isso dificultará seu crescente senso de confiança. Use essa oportunidade para aumentar a sua confiança em si mesmo, lembrando que não é útil levar os erros muito a sério. É útil aprender com eles e ter gratidão. Quando construída sobre uma base prazerosa, consciente e educativa, a confiança filtrará por meio do seu coração e você saberá o que fazer. (Sim, você saberá!)

Fazer do prazer uma prioridade

Como os bebês podem desenvolver um senso de confiança se eles não sentem a energia do prazer de seus pais ou cuidadores, e se não sabem que são amados, queridos e apreciados? Maya Angelou disse tudo em poucas palavras em um show da Oprah Winfrey: "Seus olhos brilham quando seus filhos entram na sala?". Quando seu filho é um bebê, certifique-se de que seus olhos brilhem quando você está na presença dele – e continue a fazer isso para o resto da sua vida.

Quando as circunstâncias se tornarem uma barreira para você curtir seu filho, pergunte a si mesmo: "Que diferença isso fará daqui a dez anos?". Se a casa está limpa ou não, se a grama está cortada, se os móveis estão lustrados, isso não fará nenhuma diferença. Por outro lado, o tempo que você passa com seu(sua) parceiro(a) e seu(sua) filho(a) fará toda a diferença no mundo.

AJUDE SEU FILHO A DESENVOLVER UM SENSO DE CONFIANÇA

- Conheça todas as necessidades do seu bebê.
- Aprenda a diferença entre necessidades e desejos.
- Evite mimos (satisfaça todas as necessidades, mas nem todos os desejos).
- Aprenda sobre as necessidades de desenvolvimento (social, intelectual e físico).
- Aprenda habilidades parentais (incluindo os resultados em longo prazo do que você faz).
- Tenha confiança em você e em seu filho.
- Curta seu filho.

ATIVIDADES PARA REFLEXÃO

1. Reserve um tempo para escrever sobre sua própria confiança como pai ou mãe. Quais partes dos cuidados do seu filho permitem que você relaxe e aproveite o processo? Quais tarefas fazem você se sentir tenso ou oprimido? Como seu relacionamento com seu filho poderia ser diferente se você pudesse relaxar com mais frequência? O que lhe permitiria desenvolver confiança como pai/mãe?

2. Há momentos em que você sente que está sendo manipulado pelo seu filho? Você acredita que é necessário segurar ou dar colo para o seu filho com frequência? Com que facilidade você pode tolerar o choro e as tentativas do seu filho de se acalmar sozinho? De que maneira aprender sobre a necessidade do seu filho de desenvolver confiança ajuda você a relaxar e dar a ele espaço para aprender?

8

AUTONOMIA *VERSUS* DÚVIDA E VERGONHA

"Posso me levantar e ficar em pé (mas não me abandonem!)"

A segunda tarefa fundamental de Erik Erikson (o senso de autonomia *versus* dúvida e vergonha) é desenvolvida durante o segundo ano de vida. Compreender esse conceito o ajudará a encontrar mais alegria do que frustração em vários comportamentos excêntricos do seu pequeno. O que as crianças pequenas querem fazer? Quase tudo: explorar, tocar, examinar, colocar os dedos na tomada, brincar com o controle remoto, tirar os potes e as panelas do armário, brincar dentro do vaso sanitário, desenrolar o papel higiênico, comer batom, derramar perfume e investigar tudo que eles conseguem tocar.

O que acontece quando os pais não permitem que seus pequenos explorem ou batem em suas mãos quando tocam algo que não deveriam? Eles podem desenvolver um senso de dúvida e vergonha que os perseguirão durante a vida. Por usa vez, a vergonha é uma das reações emocionais mais tóxicas que uma pessoa pode ter e não inspira confiança, segurança ou aproximação.

Pais bem-intencionados e que não têm conhecimento dessa importante fase do desenvolvimento podem não saber que excesso de isolamento e punição, ou ficar constantemente se referindo aos "terríveis dois anos" com tom de irritação, incentiva a dúvida e a vergonha em vez de um senso de autonomia – mesmo que esse senso de dúvida e vergonha se manifeste somente em alguns anos. Notem que falamos em *senso* de autonomia – e não autonomia propriamente dita.

Erik Erikson usou as palavras "senso de" para descrever a tendência a uma direção ou outra. O "senso de" também descreve a confiança ou confusão que as crianças pequenas podem vivenciar quando não possuem a linguagem ou maturidade para explicar o que está acontecendo. Erikson acreditava que entre 1 e 3 anos, as crianças têm a oportunidade, com ajuda dos seus pais, de iniciar a busca pelo senso de autonomia que é mais forte e saudável do que os sentimentos de dúvida e vergonha.

O senso de autonomia é muito importante para o desenvolvimento saudável; é a autonomia que promove na criança a confiança e a habilidade de seguir suas próprias ideias e planos. Não é uma surpresa que o desejo dos pequenos por autonomia apresenta alguns desafios para os pais (assim como já foi testemunhado por aqueles que conviveram com uma criança pequena), mas as crianças não conseguem prosperar sem ela. A busca do seu filho pelo senso de autonomia irá continuar durante toda a sua infância, mas a base é estabelecida em seu segundo ou terceiro ano de vida. Um forte senso de confiança estabelecido no primeiro ano e um forte senso de autonomia desenvolvido no segundo e terceiro anos também constroem a base para um autovalor saudável.

O que é autonomia?

Visto que um forte senso de autonomia é muito importante, você precisa saber o que é isso e como ajudar o seu filho a desenvolvê-lo. O dicionário define "autonomia" como independência ou liberdade, ter a vontade de fazer algo. "O quê?", você pode estar se perguntando. "Dar independência e liberdade para o meu filho? Ele ainda é um bebê que precisa depender de mim!" A verdade é que o seu filho precisa de autonomia *e* dependência saudável de você. Ele precisa de um equilíbrio entre a proteção dos pais e de casa e a liberdade de descobrir suas próprias capacidades.

Isso é lindamente ilustrado por Harry F. Harlow em seu estudo clássico usando macacos e seus filhotes. No estudo de Harlow, as mamães macacas levaram os seus filhotes para uma sala cheia de brinquedos. Os bebês macacos grudaram em suas mães enquanto olhavam os brinquedos atrativos. Eventualmente, a necessidade dos filhotes de explorar ficou tão forte que eles se soltaram das mães para irem brincar. De tempos em tempos, eles voltavam para suas mães e pulavam em seus braços para mais uma dose de segurança antes de voltarem para a brincadeira. Crianças também precisam dessa gentil combinação de segurança e liberdade. Liberdade demais pode ser perigoso e ameaçador para as crianças pequenas. Pouca liberdade impede o desenvolvimento saudável do cérebro e pode paralisar o desenvolvimento do senso de autonomia.

Encorajar autonomia sem ser permissivo

É fácil interpretar mal o significado de autonomia para as crianças pequenas. Ter autonomia não significa que as crianças não precisam mais de orientação e limites seguros. Elas ainda precisam. Não significa que elas devem reinar em casa e fazer o que bem entenderem. Elas não devem. O desenvolvimento da autonomia requer liberdade *dentro* de limites seguros e orientação gentil e firme, para que seu filho possa começar sua importante jornada rumo à independência.

Autonomia não significa que a criança está preparada para tomar decisões sobre as situações da vida. Perguntar à criança se ela quer segurar as chaves ou sua bolsa dá a ela uma oportunidade saudável para experimentar seu próprio poder. Perguntar a ela se prefere esse berçário ou aquele, se a família deveria visitar a vovó no feriado ou se ela se importaria se a mamãe e o papai fossem ao cinema pode dar a impressão de que ela está (eu deveria estar) no comando. Tais decisões são de responsabilidade do adulto. Sobrecarregar as crianças com muitas escolhas – ou com o tipo errado de escolhas – cria tiranos exigentes e ansiosos. Isso é um estilo parental ineficaz – e possivelmente danoso.

Como promover autonomia de maneira segura

Visto que a autonomia é um passo tão importante no desenvolvimento saudável, você pode estar curioso para saber qual o seu papel em promover a confiança do seu pequeno sem expô-lo a nenhum risco desnecessário. Uma das discussões mais frequentes sobre criação de filhos pequenos inclui proteção dentro de casa: eliminar venenos, proteger tomadas, colocar travas nos armários da cozinha, colocar objetos valiosos ou frágeis fora do alcance das mãozinhas e tornar a casa um ambiente seguro para a criança explorar. A importância de desenvolver a autonomia da criança é um excelente argumento a favor de proteger a sua casa. Alguns adultos defendem que proteção dentro de casa falha em ensinar as crianças sobre limitação. Lembre-se de que essa é a idade para supervisionar: o autodomínio virá mais tarde. Crianças pequenas estão programadas para explorar em cada fase do desenvolvimento e carecem de controle dos impulsos. Se você ignorar as necessidades e as limitações de cada etapa, é mais provável que resulte em estresse. O conflito e as disputas de poder que surgem não ensinarão nada de útil para seu filho.

Há várias coisas que seu filho não tem permissão para fazer – como correr com o vaso de cristal da vovó ou bater o martelo do papai em direção ao aquário. Muitos adultos acreditam que a melhor maneira de ensinar os pequenos a não tocar nas coisas ou a não fazer algo é bater em suas mãos. Não é bem assim. Um diretor de berçário, que estava ensinando educação parental e lhe foi perguntado o que ele fazia para manter as crianças longe do alcance de objetos que não deveriam tocar, disse sem hesitação: "Se elas não devem tocar, o objeto não deveria estar ao seu alcance". Realmente muito simples. O vaso da vovó pertence à cristaleira, e o martelo do papai deve estar guardado na caixa de ferramentas (os peixes do aquário agradecem).

Casas nem sempre são fáceis de modificar, mas ainda há muito que você pode fazer para oferecer um ambiente seguro e favorável para exploração. Tente cobrir os tentadores controles remotos ou teclados de computador com um pano ou uma toalha. Limite o acesso ao que o seu filho consegue tocar e ofereça algo apropriado para explorar, como gavetas baixas cheias de panelas e potes de plástico. Crie uma barreira para os cabos e outros objetos proibidos colocando uma cesta com brinquedos tentadores na frente.

Reflita por um momento. Crianças pequenas não seriam normais se elas não quisessem explorar e tocar. Elas estão fazendo o que está programado no seu desenvolvimento, e é um ingrediente importante no senso de autonomia delas. Faz sentido puni-las por terem feito algo que é normal e importante para o desenvolvimento saudável? É muito mais provável que dar palmadas e bater crie um senso de dúvida ou vergonha do que desenvolver uma autonomia saudável. Criar os filhos de maneira efetiva pode ajudar as crianças a aprenderem limites sem gerar dúvida ou vergonha.

Uma mãe insistiu que ela tinha que bater no seu filho quando a situação envolvia segurança, tal como correr para a rua. Perguntaram a ela se acreditava que isso ensinaria o suficiente para permitir que seu filho brincasse em uma rua movimentada sem nenhum adulto por perto. Ela teve que assumir que não deixaria. Quando perguntaram a ela: "E se ele apanhasse cem vezes? Isso seria o suficiente para permitir que ele brincasse na calçada sem nenhum adulto por perto?". Ela teve que assumir que não deixaria seu filho brincar perto de uma rua movimentada, não importa quanto ele apanhasse. Ela sabia instintivamente que ele não tinha maturidade e julgamento suficientes para lidar com esse perigo sozinho, e que bater não era uma maneira eficaz de ensinar.

Ensinar sem a expectativa de que seu filho entenda – até que ele esteja pronto

O que essa mãe *pode* fazer é ensinar seu filho sobre os perigos de uma rua movimentada – sem a expectativa de que ele entenda até que cresça um pouco mais e possa ter consciência do que está aprendendo. Ela pode segurá-lo pela mão enquanto andam perto de uma esquina agitada, pedir que ele olhe para um lado e para o outro para ver se algum carro está se aproximando e pedir que ele a avise quando achar que é seguro para atravessar. Mesmo quando ele entender que é seguro atravessar a rua somente quando nenhum carro estiver se aproximando, ele ainda precisará de supervisão até que seja bem mais velho – pelo menos entre 6 e 10 anos de idade, dependendo da vizinhança.

Esse método de ensinar segue os mesmos princípios de como as crianças aprendem a falar. Ninguém espera que os bebês entendam todas as coisas que seus amorosos pais dizem para eles. Pais não esperam que suas crianças pequenas entendam o primeiro livro que é lido para elas. Entretanto, eles reconhecem que seus filhos nunca aprenderão a falar ou a entender as histórias, a não ser que eles ouçam muita conversa e leitura – leve o tempo que levar.

Autonomia como uma habilidade de vida

Imagine acordar de um sono profundo e descobrir que você está em um novo mundo desconhecido e deve não apenas aprender como o seu novo corpo em formato de folha e suas emoções funcionam, mas também como as pessoas à sua volta vivem – e o que eles esperam de você. Aprender a sobreviver e prosperar demanda uma boa dose de coragem.

Ser apenas uma criança pequena pede coragem, algo que é inato dos pequenos, a não ser que os pais tenham despertado um senso de medo. Os pequenos nascem com coragem e energia para explorarem como seus mundos funcionam. Essa é uma tarefa cheia de perigos – do ponto de vista dos pais. Na verdade, pais e crianças pequenas formam um bom time. A criança está feliz em escalar o sofá, e os pais podem estar prontos para segurá-la quando ela chega muito próximo da beirada.

Autonomia saudável é o equilíbrio entre proteger as crianças e permitir que elas explorem e testem o mundo o qual habitam. Quando é demais? Como saber quando você (ou seu filho) está no equilíbrio certo?

A necessidade de explorar em um ambiente seguro

Uma parte importante do desenvolvimento da autonomia durante o segundo ano de vida está na maturação do sistema muscular. Oferecer um ambiente seguro para exploração é uma das melhores maneiras de ajudar as crianças a desenvolverem autonomia e também músculos saudáveis. Enquanto elas exploram, exercitam os músculos e melhoram a maturação muscular ao experimentar atividades como escalar, se segurar e se soltar. (Sim, deixar aquela colher cair várias vezes as ajuda a desenvolver tanto o senso de autonomia como seu controle muscular.) Crianças que são excessivamente confinadas não têm a oportunidade de desenvolver um senso forte de autonomia. Seus cérebros podem não desenvolver importantes caminhos que se abrem por meio dos atos de explorar e testar o que elas podem e não podem fazer.

Jenny desconhecia a importância de ajudar seu pequeno a desenvolver um forte senso de autonomia. Ela era uma artista que adorava pintar durante o dia quando a luz estava boa. Sua filha, Dani, parecia satisfeita em ficar sentada no cadeirão comendo biscoitos por um longo tempo. Quando Dani ficava cansada de ficar no cadeirão, Jenny a colocava no berço ou no balanço. Dani raramente tinha chance de fuçar pela casa.

Jenny não era uma mãe "ruim". Ela se sentia animada e sortuda por Dani parecer tão contente com seu confinamento, e ela poder pintar por bastante tempo. Jenny não entendia que ela estava impedindo o desenvolvimento da autonomia, o desenvolvimento neural e o controle muscular de Dani ao restringir oportunidades para explorar.

Os métodos da Disciplina Positiva ajudam as crianças no desenvolvimento cerebral e do senso de autonomia, bem como nas características e nas habilidades de vida que elas precisarão quando não dependerem mais dos adultos. Crianças, desde o nascimento até os anos que antecedem a escola, *sempre* precisam de adultos por perto. Elas também precisam de oportunidade para começarem a aprender as atitudes e as habilidades necessárias para tomarem decisões e resolverem problemas por si mesmas.

Punição é igual a dúvida e vergonha

Punição é algo que uma pessoa mais poderosa faz para uma pessoa menos poderosa com a esperança de gerar mudança de comportamento. Infelizmente, punição não cultiva um senso de autonomia saudável e não ensina habilidades de vida. Mesmo assim, *não* punir parece requerer uma mudança significativa na atitude dos pais. Punição (bater e humilhar as crianças por estarem fazendo o que é apropriado para a idade) gera dúvida e vergonha. Crianças vão experimentar dúvidas e vergonha autoimpostas o suficiente quando elas descobrirem os verdadeiros limites das suas habilidades.

Disciplina de verdade significa *ensinar*. Punir não ensina habilidades ou atitudes úteis. Não dê tapas nas mãos ou palmadas e nem use palavras que causem vergonha, tal como "menina má". Uma criança pequena frequentemente não entende a conexão entre o que ela faz (tocar um cabo elétrico) e a resposta (um tapa rápido). Muitos pais têm tido a experiência desconfortante de chegar perto da criança com amor e vê-la se encolher de medo, como se o tapa estivesse a caminho. Certamente, esse não é o tipo de relacionamento que proporciona confiança e aproximação, e certamente não é o que a maioria dos pais escolheria.

As crianças podem experimentar frustração ao serem restringidas de brincar com o celular ou de girar o botão do fogão. Isso é o que Erikson chamou de crise "real" nesse estágio do desenvolvimento. Contudo, adicionar punição à crise natural é como colocar sal na ferida. A frustração é aliviada quando os pais lembram-se de serem gentis quando estão sendo firmes. As crianças sentem a diferença.

Ensinar as crianças pequenas?

Você não só *pode* ensinar uma criança pequena, como você *deve*. Encoraje a autonomia do seu pequeno ao fazer perguntas e encoraje-o a perguntar também. Pule o sermão. Ele causa o distanciamento e a resistência, ao passo que as perguntas proporcionam a reflexão e a participação. Crianças podem entender mais do que são capazes de verbalizar. Fazer perguntas como "O que pode acontecer se cruzarmos a rua sem olhar primeiro?" ajuda no desenvolvimento da linguagem, em habilidades reflexivas e no senso de autonomia da criança.

BATER OU NÃO BATER

Pergunta: Quando meu filho tinha 3 anos, ele era muito bonzinho. Nas poucas vezes que ele agia mal, eu o levava para o seu quarto e o colocava na cadeira do pensamento, e funcionava. Agora, a minha filha tem 3 anos. Ela também apronta. Já fiz de tudo. A cadeira do pensamento não funcionou, então tentei dizer não, tirei brinquedos, expliquei por que ela era má e até a abracei bastante, dizendo que o que ela fez foi mau e que ela deveria evitar fazer aquilo de novo. A única coisa que falta fazer é bater. Nunca bati no meu filho, e minha mãe nunca me bateu. Não sei se deveria. Se eu decidir bater, qual seria a melhor maneira? Devo usar a minha mão ou um cinto? Ela deve ficar de pé ou no meu colo? Quero fazer o que é melhor para a minha filha.

Resposta: Os pais precisam entender que seus filhos nunca são "maus", mesmo quando eles aprontam. Quando os pais entendem o desenvolvimento apropriado para a idade, os estágios de desenvolvimento emocional e social de Erikson e o temperamento, até mesmo a definição de "aprontar" terá menos intensidade. Sua filha não é mais "maldosa" do que o seu filho é perfeito – eles têm diferentes temperamentos (e mesmo que o temperamento do seu filho seja mais fácil de lidar, nos preocupamos que ele possa ficar dependente da aprovação dos outros ou falhe em desenvolver uma autoestima saudável. As crianças não estão desenvolvendo autonomia e iniciativa apropriadas se elas não explorarem, experimentarem e testarem as regras).

Sua filha parece normal para seu temperamento, e não "má". O problema se dá quando métodos punitivos são usados em crianças "normais" (que têm uma grande variedade de temperamentos); é a *punição* que cria resistência, rebeldia e disputa de poder. Todos os métodos que você tem usado são punitivos (você até está usando abraços como punição ao dizer que ela é má enquanto a abraça). Estamos felizes que você tenha evitado bater.

Muitos estudos mostram que, ao longo dos anos, bater gera um comportamento ainda pior.

Então o que você deve fazer? Seguem aqui algumas das várias ferramentas da Disciplina Positiva que você pode tentar:

1. Crie conexão antes da correção: "Eu te amo, e não é certo fazer o que você está fazendo".
2. Peça a ajuda dela: "Querida, preciso da sua ajuda. Que ideia você tem para resolver este problema?". Essa pergunta costuma convidar cooperação em vez de resistência.
3. Reveze e pergunte a ela o que você pode fazer para ajudá-la: "O que você precisa neste momento?".
4. Diga a ela que você precisa de um abraço. Às vezes, isso é suficiente para interromper o efeito espiral do mau comportamento.
5. Gentilmente, pegue sua filha pela mão e leve-a para fazer o que ela deveria. Se ela resistir, sorria amorosamente e continue caminhando em direção ao que precisa ser feito.

Mostrar o que fazer em vez do que não fazer

Muitas crianças passam pela fase do bater. Acredite ou não, quando elas fazem isso, elas não estão se comportando mal. Pode ser que elas estejam frustradas e não tenham as habilidades para cumprir seus objetivos. Muitas estão apenas explorando possibilidades ao bater (como o que acontece quando elas batem a mão na água durante o banho). Vocês já viram alguns pais batendo nos filhos enquanto dizem para eles não baterem a mão na água? Pais também gritam dizendo: "Não batemos!". Observe o brilho no olho da criança e você já consegue imaginá-la dizendo: "Sim, nós batemos. Nós acabamos de fazer isso".

Em vez de bater de volta ou gritar, é mais efetivo mostrar para a criança o que fazer em vez do que não fazer. Aumente a supervisão durante um momento previsível desse tipo de comportamento. Rapidamente pegue na mão que está prestes a bater e diga: "Faça carinho", enquanto mostra a ela como se faz.

Cecelia, com 18 meses de idade, estava passando pela fase de bater. Ela batia no rosto da sua mãe "sem motivo aparente". A mãe estava apenas segurando-a. Ela também batia no cachorro. A mãe ficou mais atenta na supervisão e começou a pegá-la no ato. Ela gentilmente guiava a mão de Cecelia para o seu rosto enquanto falava: "Carinho...". A mãe pegava a mão da Cecelia quando ela ia bater no cachorro, e guiava a mão da filha para tocar cuidadosamente no cachorro dizendo: "Carinho...".

Depois que essa cena foi repetida quatro ou cinco vezes, Cecelia levantava a mão para bater e, então, olhava para sua mãe com um sorriso no canto da boca. A mãe dizia: "Carinho..." – e Cecelia fazia carinho.

Comportamento apropriado à idade

Patsy estava com seus braços ocupados. A sacola de fraldas estava pendurada em um ombro, dois livros atrasados para serem entregues na biblioteca estavam em uma mão e as chaves do carro penduradas por um dedo. O outro braço de Patsy abraçava seu bebê de 2 meses. "Venha Marissa", ela chamava sua filha de 2 anos e meio de idade. "É hora de ir à biblioteca. Vamos entrar no carro."

Mas Marissa não estava nem aí para a ideia. Descontente, ela ficou de pé no topo da escada e estendeu seus braços em direção à mãe. "Colo!", ela insistiu.

Patsy suspirou em desespero. "Você pode andar", ela disse de forma encorajadora. "Vamos lá, querida – os braços da mamãe estão ocupados."

A carinha de Marissa emburrou. "Não posso andar", ela gemeu, se jogando no chão. "Cooolo!"

Patsy suspirou e seus ombros sobrecarregados esmoreceram. Estava errado pedir para Marissa usar suas próprias pernas? Ela se sentiria mal amada se Patsy não a carregasse?

Marissa quer ser carregada no colo, mas ela não *precisa* ser carregada, a não ser que ela esteja exausta ou doente. É apropriado para o desenvolvimento carregar um bebê, porém menos apropriado carregar uma criança pequena. Compreender a necessidade de Marissa por uma autonomia saudável ajudará sua mãe decidir quando carregá-la e quando permitir que ela passe pelo desconforto.

Imagine que você tem uma criança pequena que queira ser carregada até o carro. Em vez de levá-la no colo, você poderia se abaixar, dar um abraço nela (talvez você precise colocar algumas coisas no chão primeiro) e dizer que você tem certeza de que ela pode andar sozinha até o carro. Se ela ainda choramingar, você pode dizer: "Vou segurar a sua mão e andar devagar, mas sei que você consegue". Ainda melhor, peça por sua ajuda. "Preciso muito da sua ajuda. Você poderia levar meu livro?". Aí está! As lágrimas secam rápido e todos vão para o carro, sendo que a mãe carrega um item a menos.

Sim, parece ser mais fácil segurá-la no colo e levá-la até o carro. Ajudar as crianças a desenvolverem confiança e habilidades de vida que elas precisam nem sempre é fácil ou conveniente. Mas quem disse que ser mãe ou pai seria fácil? Mas também não precisa ser difícil. Obter sucesso na criação dos filhos, muitas vezes, é uma questão de saber o que é eficaz e o que não é.

Distração e escolhas

Visto que é normal e apropriado para a idade que crianças pequenas explorem e queiram tocar em tudo, é sábio oferecer a elas espaço onde podem fazer isso de maneira segura. Na cozinha, você deve ter um armário cheio de potes de plástico, colheres de madeira e outros itens que podem ou não machucar o seu filho. Na sala, você pode oferecer uma caixa com brinquedos especiais.

Quando o seu filho quiser mexer em algo que não deveria ser mexido ou que não pode ser tirado do alcance dele, por exemplo, um vaso com orquídeas, com gentileza e firmeza carregue-o para longe daquele objeto e sente-o perto da caixa de brinquedos. Não bata ou diga "não!". Em vez disso, diga a ele o que fazer. "Você pode brincar com seus brinquedos. Olha o seu caminhão! Aposto que você consegue fazer ele andar."

É importante notar que somente as palavras não serão efetivas para gerenciar o comportamento do seu filho – ou mantê-lo seguro. Em vez de dizer "não!" ou "não mexa nisso!", gritando do outro lado da sala, levante-se e vá até o seu filho. Faça contato visual, daí *aja* com gentileza e firmeza para afastá-lo do objeto proibido ou perigoso. Basear-se somente em palavras, na verdade, ensina as crianças que elas podem seguramente te ignorar. Aliás, não há muito que você possa fazer do outro lado da sala.

As crianças pequenas estão interessadas em explorar tantas coisas que não é difícil usar a distração nessa idade. Quando a criança quiser tocar algo que não seja apropriado, ofereça um substituto – ou uma escolha para substituir.

"Você não pode pular no sofá. Você gostaria de brincar com seu caminhão ou me ajudar a lavar os pratos?"; "É hora de dormir. Qual história você quer que eu leia depois que você colocar seu pijama?"; "Eu preciso falar ao telefone agora. Você pode brincar com a sua gaveta (preparada com antecedência com objetos apropriados para a idade) ou com o armário de panelas enquanto estou ao telefone." Uma mãe preparou várias cestas com atividades e colocou em cima da geladeira, as quais eram usadas enquanto ela estava ao telefone. Quando ela precisava usar o telefone, pegava uma das cestas. Sua filha esperava ansiosamente para brincar com algo especial. Com aquisições simples, como novas bolas, blocos de diferentes tamanhos ou um quebra-cabeça, as cestas se mantinham interessantes. Oferecer escolhas e distrair são respostas simples e respeitosas para a necessidade da criança por orientação.

OS TRÊS "A" DA AUTONOMIA

Atitude

1. Mude a sua perspectiva. Reconheça suas habilidades sobre o desenvolvimento do seu filho, então se acalme antes de responder.
2. Reconheça o entendimento limitado do seu filho. "Não" é um conceito abstrato que as crianças pequenas não compreendem completamente.
3. Aceite que, dentro da faixa do desenvolvimento, há variações. Cada criança se desenvolverá a sua maneira, própria e única.
4. Dê valor ao *processo*, e não somente ao *produto*. Esteja aberto para curtir o caminho ou fazer algo, em vez de focar somente no destino ou no resultado.

Atmosfera

1. Ofereça oportunidades para praticar. Aceite o fato de que o processo para aprender uma nova habilidade pode ser confuso. Incentive a aprendizagem oferecendo atividades curtas e próprias para crianças com passos fáceis de seguir. Lembre-se de que seu filho está criando novas conexões neurais.
2. Encoraje o pensamento. Envolva seu filho no planejamento ao perguntar "o que" e "como".

3. Permita expressar poder de maneira adequada. Ofereça oportunidades razoáveis de dizer não.
4. Evite disputas de poder. Dê um abraço em vez de engatar na disputa do sim/não.

Ação

1. Seja gentil e firme. Acompanhe fazendo aquilo que você realmente falou que iria fazer.
2. Ensine sendo o exemplo. Fale menos, evite sermões e *aja*.
3. Mostre às crianças o que fazer em vez do que não fazer. Novamente, evite sermões e ensine um comportamento apropriado sendo um modelo.
4. Ofereça escolhas limitadas (desde que todas sejam aceitáveis): "Você quer vestir o pijama vermelho ou o azul?".
5. Evite perguntas abertas, tal como "Você quer ir para a cama?", com a potencial e inaceitável resposta "não".
6. Use redirecionamento e distração quantas vezes forem necessárias.

FERRAMENTAS PARA O DESENVOLVIMENTO DA AUTONOMIA SAUDÁVEL

- Ofereça segurança e oportunidades para explorar.
- Retire objetos perigosos e crie limites seguros, então relaxe e permita que seu filho investigue seu mundo.
- Use distração, redirecionamento e ações gentis e firmes para orientar o comportamento do seu filho, em vez de bater, espancar ou somente falar.
- Permita que seu filho corra, escale e desenvolva músculos saudáveis em um lugar seguro.
- Reconheça a diferença entre o que seu filho *quer* e o que ele *precisa*; você deve sempre responder às suas necessidades, e ao usar bom julgamento sobre quando dar o que ele quer, irá ajudá-lo a aprender caráter e habilidades de vida.
- Ensine habilidades de vida e ofereça supervisão cuidadosa.
- *Foque em conexão, amor e relacionamento.*

Decisões inconscientes da vida

Uma das coisas que as crianças não entendem conscientemente e não conseguem verbalizar é a decisão inconsciente que elas estão sempre tomando sobre si próprias, sobre o mundo, sobre os outros e sobre como devem se comportar no mundo para sobreviver ou prosperar. Elas estão tomando decisões baseadas nas interpretações de suas experiências de vida, e essas primeiras respostas não verbais e emocionais, ou "adaptações", se tornam parte da configuração neural do cérebro da criança.

Quando você distrai o seu filho afastando-o do que ele não pode tocar e guiando-o para o que ele pode tocar, o que ele decidirá? Ele provavelmente irá perceber que é permitido explorar, testar coisas novas e aprender sobre o mundo à sua volta – e que algumas coisas não são permitidas.

Pisei na bola!

Às vezes, os pais se sentem culpados quando eles aprendem novas informações, especialmente quando parecem apontar o que eles fizeram de errado. Você pode estar pensando: "Meu Deus! Foi isso que eu fiz! Será que arruinei meu filho para sempre?". Absolutamente não. Como já falamos várias vezes, erros são oportunidades maravilhosas para aprender – para os adultos e para as crianças.

Às vezes, você precisará contar para o seu filho sobre os seus próprios erros e começar de novo. "Querido, eu achei que a melhor maneira de demonstrar meu amor era fazendo tudo por você. Agora eu sei que essa não é a melhor estratégia. Poderá ser difícil para nós dois, mas eu preciso que você aprenda o quão capaz você é. Tenho fé em nós dois. Vamos conseguir!" E isso é verdade. Não perca seu tempo se sentindo culpado. Você continuará errando, e seu filho também. Isso não é emocionante? Se seu filho ainda não estiver falando, você pode transmitir essa mesma mensagem por meio da energia da sua atitude e confiança.

Entender a importância dessa etapa de desenvolvimento pode ajudar os pais a aprenderem habilidades e oferecer uma atmosfera (pelo menos na maioria das vezes) que encoraje as crianças a desenvolverem competências e capacidades, que lhes servirão por toda a vida. Os pais também podem interagir com seus filhos (na maior parte do tempo) de maneiras que os inspire a tomar decisões sobre eles mesmos, os outros e sobre o mundo. Note que usamos a palavra "inspirar". Nunca podemos ter certeza como os indivíduos irão interpretar suas próprias experiências de vida e o que eles vão decidir fazer sobre elas. Note também que dissemos "na maior parte do tempo". Nenhum de nós – pais ou crianças – acertamos o tempo todo. Ensinar, amar e agir respeitosamente "na maioria das vezes" já é o suficiente.

A criança pode se sentir frustrada e chateada sobre não poder mexer no que ela quer. Ela pode até fazer birra. Entretanto, quando supervisionada com firmeza e gentileza, ela terá sentimentos muito diferentes (e tomará decisões diferentes sobre si mesma e sobre você) do que quando é forçada ou punida.

Crianças que são encorajadas a desenvolver um senso de autonomia geralmente tomam decisões mais sábias ao longo da vida. Crianças que são restringidas a desenvolverem um senso de autonomia irão, mais frequentemente, tomar decisões baseadas em dúvida ou vergonha, o que não leva às habilidades e às atitudes que você quer que ela tenha.

Amor e bem-estar

Entender o quão importante é para uma criança desenvolver autonomia pode ajudar os pais a reconhecerem que nem superproteger nem mimar ao extremo são as melhores maneiras de mostrar o amor que a criança precisa. Em vez disso, os pais podem se divertir com seus filhos ao observar a liberdade e a independência se desenvolvendo neles e ao curtir a promessa de confiança e coragem nos anos que estão por vir.

ATIVIDADES PARA REFLEXÃO

1. Olhe ao redor de um dos cômodos ou área da sua casa e identifique coisas que seu filho não deveria mexer. Decida como tirar esses objetos do alcance dele ou como posicioná-los de maneira menos acessível. Repita em cada quarto ou área da sua casa.
2. Reserve um tempo para escrever em um caderno sobre suas próprias reações aos desejos do seu filho por autonomia. Como você se sente quando ele quer fazer algo sozinho? Como você reage? Tem algo que você queira fazer de modo diferente para encorajar o senso dele de competência e confiança à medida que o mantém seguro?

9

COMPREENSÃO DO COMPORTAMENTO ADEQUADO À IDADE – E COMO LIDAR COM ELE

"Eu faço isso!" Esse é o grito do garotinho ansioso de 2 anos que está tentando nos dizer: "Estou pronto para uma grande dose de autonomia". Embora o senso de autonomia seja um passo importante no caminho do desenvolvimento da confiança e da capacidade, isso certamente cria desafios para os pais. Afinal, a vida não seria muito mais simples se o seu filho apenas fizesse o que você diz para ele fazer?

Há uma diferença entre "mau comportamento" e comportamento que melhora a partir de uma necessidade inata e apropriada à idade de aprender e explorar de uma criança. Só porque um comportamento é adequado à idade, porém, não significa que não seja confuso, frustrante ou desafiador. Você ainda deve responder a ele. Compreender cada fase do desenvolvimento impedirá que você leve o comportamento do seu filho para o lado pessoal e reaja de forma a sufocar sua crescente noção de si mesmo.

Jeremy tem quase 3 anos e, enquanto seus pais muitas vezes riem de que ele "dá muito trabalho", eles se deleitam com a curiosidade e a disposição de seu filho para experimentar e explorar o mundo ao seu redor. A mãe de Jeremy o encontrou em uma manhã ensolarada fazendo um bolo na cozinha: ele misturou leite, uvas--passas, dois ovos (com as cascas), cereais e muita farinha na maior tigela que ele conseguiu encontrar. O pai de Jeremy o pegou alguns dias depois usando um alicate para investigar o funcionamento interno do aspirador de pó. Os pais decidiram que Jeremy precisa de convites para ajudar na cozinha, um conjunto de suas próprias ferramentas para crianças (e objetos não elétricos para experimentar) – e muita supervisão. Apesar da bagunça ocasional, eles estão felizes em saber que seu filho acha seu mundo um lugar fascinante e acolhedor.

Marcus também tem quase 3 anos de idade, mas seu mundo é diferente do mundo do Jeremy. Marcus fica mais confortável na frente da televisão. Pessoas e lugares novos o assustam, embora seus pais muitas vezes o encorajem a não ser "tão tímido". Marcus adora o computador e tentou ajudar seu pai com seu trabalho, mas algo aconteceu com os arquivos do papai, que ele ficou bravo. Marcus também gostaria de trabalhar no jardim com sua mãe, mas depois que ele cavou uma série de pequenos buracos, tirando as ervilhas-de-cheiro recém-plantadas da mamãe, ela deu o grande suspiro que Marcus odeia e disse a ele para ir brincar em casa. Parece mais seguro para Marcus não ter muitas ideias, e simplesmente assistir TV em vez disso. Quando as pessoas levantam suas vozes, ele se encolhe como uma bola. Vai demorar algum tempo e muito encorajamento para que Marcus mostre sua curiosidade novamente.

Autonomia e fase do desenvolvimento adequada à idade

Crianças de 2 e 3 anos de idade, como Jeremy e Marcus, veem o mundo como um lugar fascinante, especialmente quando desenvolvem mais autonomia e uma maior capacidade física e intelectual para explorar. Ao mesmo tempo, no entanto, eles muitas vezes ficam frustrados quando acham que não têm habilidades para realizar o que querem. As crianças podem responder a essas frustrações afastando-se e adotando um senso de dúvida sobre sua capacidade de "conquistar o mundo". Os adultos podem ajudar a desenvolver a confiança das crianças pequenas (e orientar o comportamento delas) fornecendo-lhes uma série de oportunidades, tempo de treinamento e encorajamento para as muitas coisas que elas *podem* fazer à medida que ganham um senso de autonomia saudável.

Isso é realmente mau comportamento?

Criar um filho pequeno será muito menos frustrante quando os pais responderem à intenção *por trás* do comportamento. Isso geralmente é mais fácil de dizer do que fazer, especialmente quando você está cara a cara com um filho de 2 anos tendo um ataque de birra. Ainda assim, os seguintes conceitos podem ajudá-lo a trabalhar de forma eficaz com o desenvolvimento do seu filho:

- O "comportamento desafiador" parece (e se mostra) muito diferente quando você entende que uma criança está lutando para desenvolver sua autonomia. A percepção da criança é quase certamente diferente da sua em uma determinada situação. Isso significa que não tem problema seu filho de 2 anos gritar "Não!" na sua cara? Não, mas isso pode significar que você deve se acalmar e pensar, em vez de gritar "Não!" de volta. (Tais encontros costumam ser mais suaves quando só um de vocês está tendo um ataque de birra.)
- Faz sentido que uma criança não te escute quando você entende que seus impulsos de desenvolvimento têm uma "voz mais alta". Ela não pretende lhe desobedecer ou esquecer o que você pediu; acontece que os seus pedidos e instruções são simplesmente sobrepostos pelas necessidades e pelo processo de desenvolvimento da criança. O necessário, em vez de palavras ou punições, são ações gentis.
- Faz sentido usar gentileza e firmeza, bem como habilidades de resolução de problemas, para encontrar soluções adequadas (como fizeram os pais de Jeremy) em vez de punições ou sermões inúteis ("Quantas vezes eu tenho que te falar?") quando você compreende as fases de desenvolvimento apropriadas à idade. Gentileza demonstra amor e respeito pelas necessidades e limitações do seu filho. Firmeza proporciona estrutura, ensino e segurança. Focar em soluções que abordam o desenvolvimento de habilidades subjacentes é consistente com a compreensão atual do desenvolvimento do cérebro e é baseado em manter a dignidade e o respeito por todos.

Os adultos também podem precisar de um pequeno ajuste de atitude. Os pais muitas vezes ficam desapontados ou com raiva quando as crianças pequenas não correspondem às suas expectativas. Crianças de 2 ou 3 anos de idade são muito novas para fazer as coisas com perfeição (como descobriram os pais de Marcus). É certamente mais simples e rápido para você fazer coisas *para* seu filho (ou sem ele) em vez de gastar seu tempo e ter paciência para ajudá-lo a fazer as coisas por ele mesmo (ou, pelo menos, com você). Contudo, o que é mais importante: facilidade, velocidade e perfeição, ou ajudar as crianças a desenvolver confiança, percepções de capacidade e habilidades de vida fortalecidas? É disso que se trata uma autonomia saudável.

Criar filhos raramente é um processo rápido, organizado ou eficiente. Muitos pais querem filhos confiantes, corajosos, cooperativos, respeitosos, engenhosos e responsáveis, mas não entendem o que as crianças precisam para desenvolver essas características. Com treinamento, crianças de 2 anos de idade podem vestir-se sozinhas, servir seu próprio cereal e leite (em recipientes de tamanho apropriado para crianças) e ajudar a arrumar a mesa. Elas podem aprender a ajudar no supermercado, a distribuir panfletos de oração na igreja ou a pegar lixo no parque. Aprender essas habilidades é uma parte importante no desenvolvimento de um senso de autonomia e de uma contribuição positiva.

Habilidades são aprendidas, não inatas

Ninguém nasce com a capacidade de comer utilizando uma colher. Não há códigos genéticos que permitam que uma criança enfie seus braços nas mangas estreitas do casaco. Mesmo crianças prodígio não conseguem carregar um copo cheio de suco sem deixar cair uma ou duas gotas. As habilidades são aprendidas, não inatas. Quando você entende que *todas* as habilidades exigem treinamento, você pode começar a ver seu filho como um aprendiz competente com potencial ilimitado, em vez de um peso desajeitado.

Uma das ideias mais estimulantes sobre estudos neurológicos diz que as conexões cerebrais se fortalecem com a repetição. Isso se aplica diretamente ao desenvolvimento de habilidades. Seu filho não aperfeiçoará a arte de colocar os pés nos sapatos na primeira tentativa. Isso requer repetição regular desse ato para alcançar a proficiência. O cérebro dele está fazendo novas conexões ao passo que ele ganha domínio sobre seus dedos da mão e do pé. Estudos mostram que conhecimento e experiência estão inseparavelmente entrelaçados: um aumenta o outro. Quando você ensina seu filho a dominar as tarefas passo a passo e oferece muitas oportunidades para praticar, você criará uma criança competente e confiante.

Habilidades *versus* derramamentos

O longo processo de aprender habilidades fornece muitas oportunidades para derramar, escorrer e despejar. Pense em uma atividade típica, como servir cereais matinais e leite. Ensinar uma habilidade é mais fácil quando você modifica a tarefa para ajudar seu filho a vivenciar o sucesso.

A caixa de cereais é grande e desajeitada, assim como a jarra de leite. No entanto, você pode ajustar os dois para que seu filho possa praticar autonomia e aprender novas habilidades. Sirva leite em uma pequena jarra ou copo de medição, disponha o cereal em pequenos recipientes e coloque tudo a uma altura conveniente. Demonstre como servir o cereal e depois adicionar o leite. Em primeiro lugar, deixe o seu filho segurar as suas mãos (para ter uma ideia da tarefa), então repouse sua mão em cima da dele enquanto ele repete os movimentos. Finalmente, fique perto e encoraje seus esforços. Comemore conforme ele gradualmente adquire essas novas habilidades.

COMPREENDER AS FASES DE DESENVOLVIMENTO APROPRIADO À IDADE

Essas "fantasias parentais" prosperam quando os pais não compreendem qual é a etapa de desenvolvimento adequada para cada fase. Você reconhece alguma delas?

1. Acreditar que seu filho deve ouvi-lo e fazer o que você diz.
2. Acreditar que seu filho deve ser obediente e entender quando você diz "não".
3. Acreditar que seu filho será "bonzinho" porque você está cansado e não quer ser incomodado.

A verdade é...

1. As crianças pequenas geralmente estão muito ocupadas seguindo seu próprio plano de desenvolvimento para prestar atenção e fazer o que você diz.
2. "Não" é um conceito abstrato que não pode ser entendido pelas crianças no mesmo nível avançado que os pais pensam que elas são capazes de entender.
3. As crianças são sempre "boas", mas nem sempre são obedientes, especialmente durante o desenvolvimento da autonomia.

CINCO FORMAS DE ENSINAR HABILIDADES AO SEU FILHO

1. Planeje com antecedência ou espere resistência mais à frente.
2. Envolva as crianças no processo de planejamento.
3. Ofereça escolhas limitadas.
4. Faça perguntas que estimulam a curiosidade para encorajar raciocínio.
5. Faça o acompanhamento com dignidade e respeito.

Ir a lugares públicos

Com tempo dedicado ao ensino, as crianças podem aprender a se comportar naqueles laboratórios de desenvolvimento infantil famosos: os lugares públicos. Investir tempo em ensinar pode envolver muitas estratégias. Considere as seguintes ferramentas para ajudar seu filho a se comportar em lugares públicos.

Planejar com antecedência – ou esperar resistência mais à frente

Crianças pequenas vivem o momento presente. E, como muitos adultos, elas costumam ter dificuldade em lidar com transições e mudanças. Mudar de uma brincadeira com blocos na sala de estar para uma volta no carrinho do supermercado requer uma adaptação considerável, e algumas crianças têm mais facilidade do que outras.

Para mudar de uma atividade ou local para outro, o planejamento feito com antecedência é fundamental. Seu pequeno explorador pode querer escalar as araras das roupas, olhar o mundo do alto da cadeira no cabeleireiro ou começar uma expedição para explorar o que tem virando a esquina – qualquer esquina. Faça o seu melhor para imaginar todos os potenciais problemas e se planeje *antes* de levar seu filho pequeno em lugares públicos. Certifique-se de levar brinquedos e lanches para garantir entretenimento e estímulo também.

Envolver as crianças no processo de planejamento

Você pode descrever a cena mais ou menos assim: "Vamos jantar com a titia Ana e o primo Jamie no restaurante. Antes de chegar lá, o que você vai fazer no carro?". (Se a criança é pré-verbal, use uma linguagem simples para descrever o evento. Se ela é verbal, permita que ela responda enquanto você descreve o plano.) Mencione a cadeirinha do carro, o cinto de segurança e a diversão com os brinquedos no caminho. Você pode explorar o que vai acontecer com seu filho usando perguntas simples e descrições.

Convide seu filho a imaginar a cena ou descreva-a para ele: sentado na cadeirinha do carro, desenhando com giz de cera e na hora do almoço. O que ele vai poder pedir? Ele vai ter que comer coisas que não gosta? Aos poucos, a imagem fica mais clara. Use linguagem simples e clara para explicar suas expectativas – e mantenha-as realistas.

É mais eficaz fazer perguntas à criança (fazê-la pensar por si mesma) do que falar o que ela tem que fazer (isso é um convite a resistência e disputas de poder). Você pode perguntar com genuína curiosidade: "Quando saímos para comer fora, está certo jogar a comida? E correr pelo restaurante? Pode pegar o açúcar do açucareiro?". Se ela achar que esses comportamentos são aceitáveis, você pode aproveitar a oportunidade para ensiná-la sobre comportamento apropriado em lugares públicos. Foque mais no que *pode* ser feito e/ou nas *escolhas* do que naquilo que *não pode* ser feito. "Comida é para se comer." "Você quer se sentar quietinha na mesa com todo mundo e comer seu almoço ou sentar no carro comigo por um tempo?" Inconveniente? Sim. Bom ensinamento? Sim. Gentileza e firmeza ao mesmo tempo ajudam as crianças a compreender que você realmente vai fazer o que prometeu e que vai acompanhar com uma ação. (Lembre-se de que o "faz de conta" geralmente é uma maneira mais indolor e agradável de estabelecer limites e expectativas.)

Certifique-se de que seus planos levam em conta o temperamento individual do seu filho tal como a situação social. Quanto tempo ele consegue ficar sentado durante uma refeição? Quais atividades estarão disponíveis? Vai dar tempo de brincar com os primos? Talvez esse encontro combinasse mais com uma pizzaria do que com um restaurante requintado. Lembre-se de planejar para obter sucesso e reconheça que seu pequeno precisará de mais de uma sessão de prática antes de dominar essas habilidades.

Oferecer escolhas limitadas

As escolhas podem apoiar a crescente sensação de autonomia da criança, mas elas precisam ser adequadas e definidas com clareza, e todas as opções devem ser escolhas com as quais você concorda. Por exemplo, as seguintes escolhas podem causar problemas:

- "Você quer ir à escola hoje?" (Essa é uma responsabilidade do adulto e geralmente não é uma escolha, mas uma necessidade.)
- "O que você quer fazer hoje?" (A criança precisa de algumas dicas aqui. Estamos falando de colorir, assar biscoitos, assistir TV o dia todo ou ir para a Disney?)
- "Você pode escolher os brinquedos que quiser – você decide." (Isso inclui o carrinho motorizado de R$1.000,00 ou uma pistola de água? Certifique-se de manter as promessas que você faz. Geralmente é mais sábio pensar cuidadosamente antes de falar.)

Fazer perguntas que estimulem a curiosidade para encorajar o raciocínio

As crianças não desenvolvem um forte senso de autonomia quando pais e professores gastam muito tempo falando – dizendo às crianças o que aconteceu, o que causou determinado fato, como elas devem se sentir sobre isso e o que devem fazer a respeito disso. "Mandar" pode impedir que as crianças vejam os erros como oportunidades de aprendizagem ou podem enviar a mensagem desencorajadora de que elas não estão atendendo as expectativas dos adultos. Sermões costumam entrar por um ouvido e sair pelo outro porque as crianças não estão prontas para compreender os conceitos que os adultos estão tentando estabelecer – e, em geral, elas descobrem que podem simplesmente se desligar dos adultos (treinamento não intencional na arte de não ouvir).

Por fim, mas não menos importante: **Dizer às crianças o que, como e por que ensina o que pensar, e não como pensar.** Pais costumam ficar desapontados quando seus filhos não desenvolvem mais autocontrole, mas eles não percebem que não estão usando habilidades parentais que encorajem o autocontrole. Se você assume a responsabilidade pelas ações do seu filho, ele nunca aprenderá a assumir as responsabilidades por si mesmo.

Uma maneira poderosa de ajudar as crianças a desenvolverem habilidades de raciocínio, julgamento, resolução de problemas e autonomia é perguntar a elas: "O que aconteceu? O que você estava tentando fazer? Por que você acha que isso aconteceu? Como você se sente sobre isso? Como você pode consertar isso? O que mais você pode fazer se não quer que isso aconteça de novo?". (Lembre-se de que essas habilidades dependem de linguagem – e se leva tempo para aprender a linguagem. Você pode e deve falar com seu filho sobre essas ideias, mas a resposta dele será limitada por um tempo.)

Quando as crianças são mais novas, elas precisam de mais pistas como parte das perguntas para estimular a curiosidade. Por exemplo, se uma criança de 2 anos fica presa em seu triciclo, ela se sentirá encorajada a pensar sozinha se você perguntar: "O que acha que iria acontecer se você descesse do triciclo e puxasse ele para trás?". Isso é diferente de *dizer* a ela para descer e dar a ré. Mesmo uma pergunta que tenha uma dica leva ao raciocínio e a uma decisão.

Fazer o acompanhamento com dignidade e respeito

Novamente, é preciso pontuar que permissividade não é a maneira de ajudar a criança a desenvolver autonomia. Um dos aspectos mais importantes de ensinar seu filho é seu desejo de fazer o acompanhamento com gentileza e firmeza.

Como o acompanhamento se dá na situação do restaurante descrita anteriormente? A mãe pode explicar com antecedência para sua filha que se ela não se lembrar de como se comportar no restaurante, elas terão de sair de lá. Acompanhamento gentil e firme significa que, se ela se comportar mal, a mãe vai levá-la para o carro e esperar os outros terminarem o jantar. Não é respeitoso (ou útil) brigar ou bater enquanto a tira de lá. Você pode não dizer nada ou dizer com firmeza (e gentileza): "Que pena que você não quer se sentar quieta no restaurante hoje. Você pode tentar novamente na próxima vez".

"FORA DE CONTROLE"

Pergunta: Meu filho de 2 anos e meio está fora de controle! Ele não responde às palavras "Espere, por favor!". Se eu não atender todos os seus desejos, ele tem um ataque ou continua como se fosse um disco riscado, repetindo muitas e muitas vezes o que quer. Ultimamente, ele tem sido muito desafiador quando saímos em público. Ele me chuta, bate e berra para conseguir o que quer. A última vez foi porque eu disse a ele que tínhamos que sair do brinquedo no parquinho. Ele não queria ir embora, e fez uma cena que todo mundo ficou olhando. O que eu faço nessa situação? Não acredito que bater seja a solução, mas também não gosto de ser atingida e humilhada assim.

Resposta: Algumas pessoas chamariam seu filho de "genioso"; outros podem rotulá-lo de "criança com temperamento forte". Seja lá como você o chame (e é melhor evitar rótulos), tentar controlá-lo nunca funcionará. Existem 3 formas de aumentar a cooperação:

1. Seu filho não entende "Espere, por favor!" da maneira que você pensa que ele entende. Esse é um conceito abstrato que está em oposição direta à sua necessidade de desenvolvimento de explorar o mundo e seu crescente senso de autonomia. No entanto, não deve ser permitido que ele faça o que quiser. Diga: "Espere, por favor" e pare ocasionalmente quando você estiver em um passeio casual juntos. Faça isso de forma divertida para ajudá-lo a experimentar esse conceito. Ele ainda pode ter problemas para parar imediatamente, mas a prática o fará compreender mais facilmente e cooperar com você com mais frequência.

2. Em vez de dizer-lhe o que fazer, encontre maneiras de envolvê-lo na decisão para que ele tenha uma sensação de poder pessoal e autonomia adequados. Por exemplo:

   a. Dê-lhe um aviso: "Precisamos sair em 1 minuto. Qual é a última cor de lápis que você quer usar hoje?".

   b. Use um cronômetro para dar uma pista. Leve sempre um cronômetro com você. (As crianças pequenas adoram cronômetros baratos em forma de galinhas e maçãs, e gostam de carregá-los.) Deixe-o ajudá-lo a marcar o tempo de 1 ou 2 minutos. Pergunte o que significa quando o cronômetro dispara. Concorde quando ele disser "hora de ir embora" e faça isso.

   c. Dê-lhe uma escolha que envolva a ajuda dele. "Você quer levar o seu livro para o carro, ou quer levar as minhas chaves? Você decide."

   d. Ajude-o a visualizar a próxima atividade: "Qual é a primeira coisa que devemos fazer quando chegarmos em casa?".

3. Se essas maneiras não funcionarem, você precisará levá-lo pela mão até o carro. Toda vez que ele resistir, pare de puxar, fique parado e deixe-o puxar sua mão até que ele pare de resistir. Em seguida, continue em direção ao carro, deixando seu braço relaxado toda vez que ele resistir. Se ele tentar soltar sua mão, segure-a com cuidado, mas com firmeza, continuando a dar uma folga. Isso pode parecer uma gangorra, mas quando ele perceber que você será gentil e firme, provavelmente irá com você. Caso contrário, talvez seja necessário pegá-lo no colo e levá-lo para o carro ignorando seus chutes e gritos (e os olhares que outros adultos lhe darão). O segredo é evitar o "gancho emocional" (aquele sentimento que os pais têm de que devem "vencer", impor sua vontade ou impressionar os espectadores). Faça o que for necessário para completar a tarefa em vez de exigir total conformidade.

Dar a um filho a chance de tentar de novo é razoável e encorajador. Não é razoável dizer: "Nunca vou levá-lo para comer fora de novo – ou em qualquer outro lugar!". Não só essa declaração é irracional, mas quem realmente vai cumprir com essas ameaças? Isso não demonstra gentileza nem firmeza, e nem inspira confiança.

Sim, é inconveniente para você perder sua refeição e fazer o acompanhamento gentil e firme; e sim, seu filho não vai gostar disso. Mas você também terá uma escolha. O que é mais importante: uma refeição no restaurante ou a autoestima e confiança que seu filho desenvolverá aprendendo habilidades sociais adequadas? Ações são muito mais eficazes do que palavras com crianças pequenas. Quando você faz o acompanhamento com gentileza e firmeza, seu filho aprende que você fala o que realmente vai fazer e que você fará o que realmente disse – elementos importantes de confiança e respeito.

Supervisão

Vale a pena repetir que a segurança é uma das considerações mais importantes durante os primeiros anos de vida. Seu trabalho é manter seu filho seguro sem deixar seus medos desencorajá-lo. Por esse motivo, a supervisão é uma importante ferramenta parental para os pequenos, juntamente com a gentileza e a firmeza habituais, ao passo que orienta e ensina seu filho. As crianças não "aprendem" com reclamações e sermões. Elas aprendem com ensino e ações respeitosas e firmes. Poupe suas palavras e supervisione seu filho.

Distração e redirecionamento

O redirecionamento e a distração estão entre as ferramentas mais simples e úteis para viver com crianças pequenas.

Ellen, de 13 meses, estava engatinhando rapidamente em direção ao pote do cachorro – um dos seus "brinquedos" favoritos –, quando seu pai a viu. Ele gritou seu nome com firmeza. Ellen fez uma pausa e olhou por cima do ombro. Seu pai a pegou e a levou até a sala onde sua fazendinha de brinquedo estava montada.

"Aqui, filhinha", ele disse com um abraço. "Veja o que os porcos e as vacas estão fazendo".

Se Ellen decidir dirigir-se novamente para o pote do cachorro, seu pai pode interceptá-la e direcioná-la novamente para um brinquedo mais aceitável. Atuar sem sermão ou vergonha evita uma disputa de poder e permite que Ellen aprenda com a experiência de que papai não vai deixá-la brincar com o pote.

E se a Ellen voltar para o pote proibido? Quantas vezes o pai deve redirecionar a atenção de uma criança? Tantas vezes quanto forem necessárias – e isso, muitas vezes, é mais do que os pais gostariam. (Claro, o pai também pode mover o pote para a lavanderia, onde o cachorro pode alcançar, mas Ellen, não.) Com gentileza e firmeza, redirecionando Ellen a objetos aceitáveis, e continuar a fazê-lo até que ela entenda a mensagem, permite que você responda a esse comportamento da criança de forma a não punir, envergonhar ou estimular uma guerra de poderes.

Após ter frequentado uma aula de educação parental sobre as fases do desenvolvimento infantil, Lisa relatou aos colegas de classe: "Com certeza tenho uma casa mais feliz desde que parei de gritar com Justin. As coisas que ele fazia que me deixavam com raiva agora são fascinantes para mim. Acho que ele vai ganhar um '10' em autonomia. Eu também ganharei um '10' em distração gentil e firme porque estou praticando muito!".

Quando nada parece funcionar

Ouvimos pais gritarem de frustração: "Tentei todas essas sugestões e nada funciona!". Às vezes, nosso conselho pode parecer paternalista, especialmente quando dizemos: "Evite o gancho emocional". Cada um de nós pode dizer que foi enrolado por uma criança mais de uma vez.

Pode não parecer útil, mas às vezes você precisa sentir frustração e permitir-se ter um ataque de birra. Você pode experimentar seus sentimentos sem se sentir culpado, assim como sugerimos que deixe seu filho experimentar os próprios sentimentos também. Tomara que você também possa encontrar um ombro amigo para chorar.

Faça o seu melhor para lembrar que quem seu filho é hoje não é quem ele será para sempre. No Capítulo 21, compartilhamos sugestões sobre a importância do autocuidado. Às vezes, cuidar de si mesmo é a melhor coisa que você pode fazer para esperar a frustração passar. Enquanto isso, continuaremos incentivando você a ter fé em seu filho e em você mesmo.

ATIVIDADES PARA REFLEXÃO

1. Liste duas coisas que repetidamente levam à disputa entre você e seu filho. Como você pode mudar o ambiente para reduzir ou eliminar esses problemas?
2. O que você poderia fazer para distrair seu filho de itens proibidos ao agir de maneira gentil e firme, em vez de continuar a repetir essas disputas?
3. Quais habilidades emergentes estão implicadas nessas disputas de poder? Elas estão dentro das capacidades de desenvolvimento de seu filho? São habilidades que irão beneficiar seu filho à medida que ele cresce? Há um meio de permitir que seu filho pratique essas habilidades de forma positiva e produtiva?
4. Mantenha uma lista de coisas que você pode fazer para ajudá-lo a sobreviver naqueles momentos de completa frustração.

10

TEMPERAMENTO

O que torna o seu filho único?

A maioria dos pais cultiva a fantasia de ter um "bebê perfeito" ou uma "criança perfeita". A descrição convencional desse bebê ideal é um pequeno que não chora ou se agita frequentemente; que dorme serenamente por toda a noite, tira longas sonecas, come a sua comida sem cuspir para baixo (ou para cima), é aquele que pode alegremente se entreter sozinho, dando risadas e balbuciando de modo angelical em seu berço. "Ah", dizemos quando nos deparamos com uma dessas espécies que causam inveja, "Que bebê bonzinho!". Isso significa que os bebês que não se enquadram nessa descrição são "maus"?

O mito da criança perfeita

Claro que não existe algo como bebê "mau" ou criança "má", mesmo que a maioria não se encaixe nessa descrição irreal. Os bebês nascem com personalidades diferentes e únicas, o que pode ser comprovado por qualquer mãe ou pai com mais de um filho. Na verdade, nos preocupamos com o "bebê ideal". Enquanto cresce, essa criança pode não se sentir segura o suficiente para testar o cenário vigente e descobrir quem ela é quando separada dos seus pais e professores; ela pode estar com medo de errar ou sentir desaprovação. Ainda assim, alguns bebês se encaixam na descrição ideal, se sentem seguros e não têm medo de errar. Eles são chamados de crianças "fáceis" de lidar.

Cada criança nasce com um estilo único de processar informações sensoriais e responder ao mundo à sua volta. Stella Chess e Alexander Thomas investigaram o milagre das personalidades em seu estudo longitudinal com nove aspectos do temperamento identificados nas crianças. Esses temperamentos – as qualidades e as características que contribuem para personalidades individuais – descrevem o "estilo pessoal" da criança. Pesquisadores acreditam que muitos traços de temperamento são inatos, parte da "fiação neural" de cada criança. Entretanto, o modo como os pais interagem com seus bebês e filhos pequenos parece ter um forte efeito em como essas tendências inatas realmente se desenvolvem. É um processo complexo, ainda não totalmente compreendido.[1]

Enquanto atitudes, comportamentos e decisões podem mudar conforme o tempo e a experiência, o temperamento parece fazer parte de nós por toda a vida. Não há temperamento bom ou ruim, certo ou errado – eles são apenas diferentes. Entender o temperamento único do seu filho ajudará você a trabalhar com ele para aprender, crescer e prosperar.

O estudo do temperamento

Pesquisas científicas da teoria do temperamento começaram no fim dos anos de 1960, e continuaram nos anos de 1970, por meio de um estudo longitudinal de dois temperamentos básicos: ativo e passivo. O estudo revelou que esses temperamentos eram características para a vida toda, em outras palavras, bebês passivos tendiam a se tornar adultos passivos, enquanto bebês ativos tendiam a se tornar adultos ativos.

Chess e Thomas expandiram significativamente essa teoria, mesmo mantendo os nove temperamentos dentro dos títulos gerais – ativo e passivo. Desde que Chess e Thomas começaram o estudo, outros pesquisadores, como Jerome Kagan e Mary Rothbart, têm dedicado tempo e estudo sobre temperamento, e desenvolvido técnicas adicionais para medir traços inatos nos bebês e crianças pequenas. Hoje existem diversas maneiras de descrever e medir temperamento. Nós optamos em incluir os nove temperamentos originais do estudo de Chess e Thomas porque eles são facilmente compreendidos pelos pais e cuidadores, e são facilmente observáveis nas crianças.

---

1 Para mais informações, recomendamos *Know Your Child* (New York: Basic Books, 1987) e outros trabalhos relacionados de Chess e Thomas.

Quando os pais realmente entendem o temperamento de seus filhos, eles podem responder a eles de maneira a encorajar o desenvolvimento e o crescimento. **Com compreensão e acolhimento, pais estão equipados para ajudar as crianças a alcançarem seu potencial máximo, em vez de tentarem moldá-las como crianças ideais.** Conhecer o temperamento único do seu filho (e talvez, o seu próprio) irá habilitá-lo a ensinar e conectar-se com ele mais efetivamente. Tenha em mente, entretanto, que o temperamento do seu filho terá muitas variações, e que as suas expectativas podem se tornar profecias autorrealizadoras. Use as informações a seguir para expandir o seu próprio entendimento e construir uma conexão mais forte com seu filho – e não para prever um comportamento.

Os nove temperamentos de Chess e Thomas

Os nove temperamentos são: nível de atividade, ritmo biológico, resposta inicial (aproximar-se ou afastar-se), adaptabilidade, limiar sensorial, qualidade de humor, intensidade de reação, distração e persistência e nível de atenção. (Alguns desses temperamentos se sobrepõem um pouco, mas não se preocupe em medi-los precisamente.) Todas as crianças possuem vários graus de cada característica. A seção a seguir descreverá como cada temperamento se parece na vida real (talvez você queira considerar as crianças que conhece enquanto examina esses aspectos do temperamento).

1. *Nível de atividade*

Refere-se ao nível de atividade motora e à proporção de períodos ativos e inativos. Por exemplo, um bebê com alto nível de atividade pode bater tanto os pés e as mãos na banheira que o chão precise ser seco após o banho, enquanto um bebê com baixo nível de atividade pode sorrir alegremente enquanto curte a sensação na sua banheira. Nível de atividade influencia a interação dos pais com o filho. Pais de crianças ativas frequentemente terão que ficar mais ativos e alertas.

> *A mãe de Barry deitou-se perto do seu bebê de 6 meses na esteira de praia, suplicando pela sua cooperação. "Você poderia ficar quieto por alguns minutos?", ela perguntou, enquanto mais areia voava nela, vindo dos pés que chutavam direto para sua cara.*

Dois anos depois, o irmão de Barry, Jackson, nasceu e a mãe se viu andando nas pontas dos pés até o berço dele em horários regulares. Ela colocava seu dedo perto do nariz do bebê Jackson para assegurar-se de que ele ainda estava respirando. Depois de criar o Barry, ela não podia acreditar que um bebê poderia dormir por longos períodos. Barry e Jackson foram apresentações de temperamentos diferentes.

Se o seu pequeno tem um nível de atividade alto, você vai querer oferecer várias oportunidades para ele explorar com segurança e brincar (primeiro certifique-se de que sua casa está preparada e segura). Ele pode querer brincadeiras ativas antes de se acalmar e focar em uma tarefa. Um bebê ou uma criança menos ativa pode precisar ser convidado para explorar. Você pode usar brinquedos coloridos, sons interessantes e sorrisos para encorajá-lo a interagir com seu mundo. Quando planejar algo, considerar o nível de atividade lhe ajudará a prevenir problemas e oferecer movimento apropriado para as necessidades do seu filho.

2. Ritmo biológico

Refere-se à previsibilidade (ou imprevisibilidade) das funções biológicas, como fome, sono ou funcionamento do intestino. Um bebê pode evacuar diariamente, logo após o café da manhã, enquanto outro parece ter um horário diferente a cada dia.

Uma criança pode comer sua maior refeição no almoço, enquanto outra pode preferir o jantar – ou uma refeição diferente a cada dia.

Carla estava tão orgulhosa: ela achou que seu pequeno Jackie havia desfraldado quando completou 2 anos. Ela levava seu filho para o penico várias vezes ao dia, e ele evacuava previsivelmente todas as manhãs e urinava a cada visita ao banheiro. Mas Jackie não tinha desfraldado – e sim sua mãe. Jackie era tão regular que quando sua mãe se lembrava de levá-lo até o penico, ele fazia. Quando ela ficava ocupada e esquecia, era recompensada com uma meleca de fezes para limpar.

Se o seu pequeno espera as refeições ou sonecas em horas previsíveis a cada dia, você está se arriscando se desconsiderar seus horários. Levar em consideração o ritmo biológico assegurará que você terá comida (ou um penico) disponível quando necessário.

3. *Resposta inicial (aproximar-se ou afastar-se)*

Esse temperamento descreve a maneira que a criança reage a uma nova situação ou estímulo, como novo alimento, brinquedo, pessoa ou lugar. Respostas que aproximam são, frequentemente, demonstradas por meio da expressão de humor (dando risadas, sorrindo) ou atividade motora (engolindo o novo alimento, estendendo a mão para o novo brinquedo). Respostas que afastam parecem mais negativas e são expressas pelo humor (chorando ou se agitando) ou atividade motora (cuspindo o alimento, afastando o novo brinquedo). Aprender a criar o seu filho como único significa reconhecer essas pistas e responder de maneira encorajadora e acolhedora.

Alguns bebês estão dispostos a se abrirem para novas experiências – novas comidas, novas pessoas – enquanto outros são mais relutantes.

> *Ted viajou por várias semanas todos os meses a trabalho. Quando ele voltava para casa e tentava pegar a Isabelle no colo, sua nova filha, ela se endurecia, resistia e começava a chorar. Ted se sentiu devastado. Ele adorava sua filhinha. Quando ele aprendeu sobre os temperamentos, reconheceu que sua filha reagia às mudanças, de qualquer natureza, inicialmente alarmada. Ele tentou seguir uma abordagem mais gentil e gradual depois das suas ausências prolongadas. Enquanto sua esposa segurava Isabelle, Ted fazia cócegas nos pezinhos do bebê, passava a mão nos braços e falava com ela suavemente. Apesar de Isabelle lidar com as mudanças de maneira mais cautelosa, esse método permitiu a ela mais tempo para se adaptar. Enquanto isso, Ted não se sentiu mais rejeitado e pôde ser empático com as necessidades de sua filha.*

Se seu filho aceita novas experiências, celebre. Sem dúvida, isso facilitará a vida em conjunto. Entretanto, se seu pequeno leva mais tempo para se adaptar, você pode dar pequenos passos para ajudá-lo a se ajustar às mudanças e às novas situações sem levar a reação dele para o lado pessoal.

4. *Adaptabilidade*

Adaptabilidade se sobrepõe um pouco à aproximação e ao afastamento, e descreve como a criança reage a uma nova situação ao longo do tempo – sua habilidade de ajustar e mudar. Algumas crianças inicialmente cospem o novo alimento, mas o aceitam depois de várias outras tentativas. Outras aceitam o novo alimento, uma nova roupa ou um novo berçário bem mais lentamente, se aceitarem.

Quando o bebê de Jenna chegou, seu irmão e sua irmã mais velhos já estavam na escola e envolvidos em vários esportes, aulas de música e outras atividades. Por conta da agenda atarefada, o bebê raramente estava em casa para a sua rotineira soneca. Contudo, isso causou um problema. Esse bebê era altamente adaptativo, perfeitamente satisfeito em se aconchegar e dormir onde estivesse, seja durante o jogo de basquete ou no carrinho do supermercado.

Enquanto isso, a vizinha de Jenna, Kate, estava frequentemente procurando por uma carona para seu filho de 8 anos para levá-lo para praticar esporte na hora da soneca de seu bebê. Se eles não estivessem em casa no horário certo, o bebê Ana se agitava, chorava, choramingava e se incomodava. Ana não dormia em nenhum lugar exceto em sua própria cama. Ela ficava acordada até muito tarde se tivesse que viajar com a família. Ana tinha um nível de adaptabilidade baixo, e todos os membros da sua família sofriam quando eles não levavam em consideração o temperamento dela.

Dá vontade de tentar forçar seu filho a se adaptar aos seus compromissos – além do mais, a maioria dos pais têm mais coisas para fazer do que horas no dia. No entanto, pais sábios aprendem a programar as suas agendas levando em consideração a adaptabilidade dos seus filhos. Pode levar um dia em vez de dois para fazer tudo na sua lista, mas não seria mais importante (e bem mais agradável) ter uma criança calma e alegre nos dois dias?

5. *Limiar sensorial*

Algumas crianças acordam todas as vezes que a porta se abre, não importa o quão suave seja o movimento, enquanto outras podem dormir durante um carnaval. O nível de sensibilidade e estímulo sensorial (toque, paladar, visão, olfato e audição) varia de uma criança para a outra e afeta como elas se comportam e veem o mundo.

Quando Mallory tinha 8 meses, sua avó a levou para brincar no quintal. O dia estava quente, e a grama estava fresca e macia. Mas no momento em que os joelhos de Mallory tocaram a grama, suas costas se curvaram. Ela se equilibrou com as mãos e pés no chão, evitando contato entre seus joelhos e a grama pegajosa.

Naquela mesma tarde, a prima da Mallory, Nellie, chegou para visitá-la. A mãe de Nellie colocou-a na grama e o bebê começou a engatinhar, sem parar nem quando chegou em uma parte com pedrinhas. O limiar sensorial de Nellie permitiu que ela fosse uma exploradora audaciosa, enquanto a resposta de Mallory diante das novas texturas e experiências produziu mais cautela.

Tempo e experiência irão te ensinar sobre a sensibilidade do seu próprio filho em relação a sensação física e estimulação. Seu filho gosta de barulho e música ou ele se incomoda com isso? Ele é atraído pelas luzes brilhantes e piscantes, ou ele desvia o rosto? Será que ele devora novos alimentos ou somente dá uma mordidinha (ou os cospe por inteiro)? Ele gosta de ser tocado e abraçado, ou ele se afasta de muito contato?

Se o seu filho é mais sensível ao estímulo, você precisará ir devagar ao apresentar novos brinquedos, novas experiências e novas pessoas. Luz suave e silêncio irão ajudá-lo a se acalmar, e ele pode ficar nervoso ou irritadiço em lugares barulhentos e lotados (como festas de aniversário, parques de diversões ou *shoppings* com muito movimento). Uma criança menos sensível pode estar mais disposta a experimentar novas experiências. Ofereça várias oportunidades para explorar e experimentar.

Uma criança com um limiar sensorial baixo pode precisar de alguns momentos sozinha para chorar e liberar as tensões acumuladas durante uma tarde ocupada antes de relaxar para dormir. É respeitoso proporcionar a essa criança um ambiente calmo com livros, bichos de pelúcia ou música lenta. Não seria apropriado continuar a balbuciar, abraçar e, em geral, oferecer mais estímulos a ele. Sua irmã, com seu limite sensorial diferente, pode prosperar em canções de ninar, jogos de esconder e ao sons dos familiares conversando pela casa.

TRANSTORNO DE PROCESSAMENTO SENSORIAL

Algumas crianças são profundamente influenciadas pelo estímulo sensorial; de fato, em alguns casos, o cérebro de uma criança pode ter dificuldade para compreender informações visuais, auditivas ou outras informações sensoriais. Um filho pode achar que suas meias "estão machucando" ou sua camisa está "muito apertada", enquanto outra criança não responde fortemente a qualquer estímulo. Algumas crianças podem balançar, girar ou bater suas cabeças em um esforço para gerar impactos sensoriais, e achar esses atos confortantes. Qualquer uma dessas crianças pode apresentar o

> "transtorno de processamento sensorial" (às vezes conhecido como "disfunção de integração sensorial") e pode se beneficiar de uma variedade de terapias que irão ajudá-la a compreender a informação sensorial e se sentir mais confortável.
>
> Se você suspeita que seu filho reaja ao estímulo sensorial de forma diferente de outras crianças da mesma idade, pode ser aconselhável pedir uma avaliação ao seu pediatra. (Para mais informações, visite www.spdfoundation.net.)

6. *Qualidade do humor*

Você já reparou que algumas crianças (e adultos) reagem à vida com prazer e aceitação, enquanto outras podem encontrar falhas em tudo e em todos? Um bebê pode favorecer sua família com sorrisos e balbucios, enquanto outro se sente compelido a chorar um pouco, simplesmente "porque sim".

O bebê Brent sorria feliz quando sua mãe fazia cócegas nos seus dedos dos pés. Quando ele era uma criança pequena, seu sorriso derretia o coração da mamãe – e ele sorria em resposta a quase todas as interações. Então, o bebê Craig nasceu. Em vez de sorrir quando ela fazia cócegas nos dedos dos pés, Craig chorava. Ele achava que nada disso era divertido, e parecia estar com um humor amargo na maior parte do tempo. Como adulto, Craig ainda sorri raramente, mas ele é um pai e filho amoroso. Brent, como adulto, também é um pai amoroso e ainda gosta de dar risadas.

Os pais de crianças que veem o mundo menos ensolarado podem ajudar compartilhando a sua própria luz interior com elas. Essas pequenas caras mal-humoradas não se referem a você ou às suas habilidades parentais. Seja sensível ao humor delas, mas dedique tempo para acariciar essas crianças sérias, massagear suas bochechas e compartilhar sua própria luz interior com elas. Conforme elas crescem, ajude-as a enxergar o mundo como o lugar lindo que é.

Se o seu bebê projeta um rosto feliz para o mundo, aproveite o presente que ele traz à sua vida. Não atrapalhe a alegria dele. Reserve um tempo para aproveitar o dia por meio de sua perspectiva com lentes cor-de-rosa.

7. Intensidade das reações (com alguns aspectos similares à qualidade do humor)

Frequentemente, as crianças respondem aos eventos que acontecem ao seu redor de maneiras diferentes. Algumas sorriem silenciosamente ou apenas dão uma olhada, depois voltam para o que estavam fazendo. Outras reagem com ação e emoção. Algumas crianças agem de coração aberto. Elas riem e dão gargalhadas quando estão felizes e fazem birras impressionantes quando estão com raiva. Algumas raramente reagem a eventos externos, e podem precisar de seu incentivo para se envolver na brincadeira ou outra interação.

No parquinho, o cabelo de Maya foi puxado por um colega de classe curioso. A professora entrou em pânico, na certeza de que ela iria para a enfermaria, baseado na maneira que Maya gritou. Quando o mesmo colega puxou os cabelos de Juan, ele mal desviou seus olhos dos seus bloquinhos, empurrando a mão do colega como se não fosse mais do que um mosquito por perto.

A mãe de Maya aprendeu a sentar-se calmamente, esperando até que a reação inicial da filha diminuísse, para avaliar a seriedade da situação. A mãe de Juan fica realmente alarmada quando ele chora alto, sabendo o quanto é preciso para provocar tal resposta. Tanto as crianças como os pais aprenderam a interagir de formas diferentes com base na intensidade das reações de cada criança.

À medida que você conhece o temperamento único do seu filho, poderá moldar o ambiente dele de uma maneira que lhe permita sentir-se seguro, conectado e curioso.

8. Distração

"Se eu colocar meu filho sentado na frente de uma caixa cheia de blocos, ele não notará mais nada na sala", diz um pai. "Bem", diz uma mãe, "se alguém passa por perto enquanto meu bebê está mamando, ele não só olha, como para de mamar até que a pessoa tenha ido embora". Eles podem não perceber, mas esses pais estão falando sobre o nível de "distração" de seus filhos, a maneira pela qual um estímulo externo interfere no comportamento de uma criança e sua vontade (ou falta de vontade) de se distrair.

Joe dirige-se para o videogame toda vez que entra na sala. Sua babá o pega no colo e o leva para a caixa de brinquedos e, algumas vezes, ela até consegue distraí-lo por um momento. Mas minutos depois, ele volta seu curso em direção ao aparelho com uma precisão que qualquer piloto admiraria. A habilidade de Joe de sustentar um interesse e permanecer focado pode ser uma grande vantagem no futuro; por enquanto, sua babá cansada tem que fazer mais uma viagem para tirar os dedos dele dos botões do videogame (ou descobrir uma maneira de torná-lo inacessível às tentativas persistentes de Joe).

Ben pega o celular do seu pai, levando-o para a boca para provar. O pai intercepta o telefone, fazendo cócegas no Ben e substituindo por um pedaço de torrada. Ben balbucia, quase nem percebendo que o objeto em sua mão mudou. A distração de Ben faz dele uma criança fácil de cuidar, enquanto a babá de Joe está criando coragem para pedir um aumento no salário.

Distração e redirecionamento são ótimas ferramentas para usar com uma criança pequena – se essa criança é facilmente distraída e redirecionada. Em vez de se tornar frustrado com a distração de seu filho (ou falta dela), procure por maneiras de tornar seu ambiente seguro e fácil de explorar, foque em soluções para os problemas que você encontrar e reconheça e aceite o temperamento inerente dele.

9. *Persistência e nível de atenção (com alguns aspectos similares à distração)*

"Persistência" refere-se à vontade de uma criança de prosseguir com uma atividade diante dos obstáculos ou dificuldades. "Nível de atenção" descreve o período que ela irá focar em uma atividade sem interrupção. As duas características geralmente estão relacionadas. Uma criança pequena que se contenta em rasgar uma revista velha por meia hora tem um período de atenção bastante longo, enquanto outra criança que brinca com dez brinquedos diferentes em dez minutos (ou menos) tem um curto período de atenção. Reforçamos que nenhuma combinação é necessariamente melhor que a outra. Elas são simplesmente diferentes e apresentam diferentes desafios na criação dos filhos e no modo de ensiná-los.

O bebê Edith passou a última meia hora sentado no cadeirão, alinhando o cereal Cheerios. Às vezes, ela encontra um cereal grande o suficiente para caber no seu dedo. Sua irmã gêmea, Emma, nem conseguiu passar o café da manhã antes que o cereal, a tigela e o copo caíssem no chão. Emma revirou o armário onde os potes e as panelas ficam guardados, explorou o aquecedor de ar e teve que ser resgatada da expedição ao banheiro – tudo isso enquanto Edith pacientemente enfileirava os Cheerios. Emma pode se tornar uma brilhante repórter de esportes, sua destreza lhe permite acompanhar as configurações de jogo em rápida mudança e os movimentos que acontecem repentinamente. Edith poderia ter um futuro como pesquisadora, atividade cujo tempo de atenção, que se estende por longos períodos, é um valioso recurso ao monitorar as placas nos laboratórios de ciência. É importante entender que ambos os temperamentos das meninas podem ser pontos fortes no momento certo. Pais e cuidadores sábios ajudarão Emma e Edith a maximizar o potencial de seus temperamentos inatos, ao fornecer ensinamento, estímulos e muita supervisão.

DESENVOLVIMENTO? OU TRANSTORNO?

Pergunta: Meu filho tem 3 anos. Ele é incrivelmente ativo; ele não gosta de sonecas, odeia sentar e olhar para um livro e está sempre em movimento. Tento mantê-lo ocupado, mas ele passa por todos os seus brinquedos em cerca de 5 minutos. Minha irmã diz que ele provavelmente tem transtorno de déficit de atenção porque ele é "hiper" e tem uma capacidade de atenção curta demais. Ela diz que eu deveria dar remédios para ele. O que devo fazer?

Resposta: Nesta idade, é mais provável que o comportamento do seu filho se deva ao temperamento inato e às habilidades de desenvolvimento inatas dele do que a um distúrbio como transtorno de déficit de atenção (TDA) ou transtorno de déficit de atenção e hiperatividade (TDAH). Seu filho parece ter um alto nível de atividade, menos persistência e um curto nível de atenção. Embora isso certamente crie desafios para você como mãe, você o ajudará mais aceitando o temperamento dele e encontrando maneiras de criar estrutura e rotina, usando ensinamentos gentis e firmes, e mantendo-o ativo e comprometido. O TDAH não pode ser diagnosticado de forma confiável até que uma criança tenha pelo menos 6 anos de idade. Muitas das ferramentas da Disciplina Positiva ajudarão o seu filho a lidar com as responsabilidades da casa e da escola, quer ele tenha TDAH ou não.

Se o seu filho é menos paciente e persistente, existem maneiras de você ajudá-lo a se dar bem em um mundo, às vezes, frustrante. Quando vocês precisarem esperar silenciosamente na sala de espera de um consultório médico, certifique-se de levar algo para envolver a atenção dele. Ofereça tarefas desafiadoras em etapas curtas e alcançáveis. Quando ele fica frustrado, mostre a ele que você entende os seus sentimentos. E certifique-se de encorajar seu filho persistente e menos distraído para buscar coisas novas. Quando puder, dê tempo para satisfazer sua curiosidade sem apressá-lo.

"Bom ajuste"

Chess e Thomas (e outros pesquisadores) enfatizam a importância do "bom ajuste" – encontrar o equilíbrio entre as necessidades de uma criança e as das pessoas que vivem com ela ou cuidam dela. É menos frustrante para ambos (e mais fácil de lidar com um "bom ajuste") quando você entende o temperamento do seu filho. Crianças passam por bastante estresse na vida enquanto lutam para desenvolverem competência e aceitação. Não ajuda em nada agravar o estresse ao esperar que uma criança seja alguém que ela não é.

Compreender o temperamento de uma criança não significa encolher os ombros e dizer: "Ah, bem, este é apenas o jeito dela." Trata-se de um convite para ajudar a criança a desenvolver um comportamento aceitável e habilidades por meio da paciência, encorajamento e ensinamento gentil e firme, ao mesmo tempo em que se tem em mente as necessidades únicas de temperamento de cada um. Por exemplo, uma criança com um curto período de atenção ainda precisará aprender a aceitar certa estrutura. Oferecer escolhas limitadas é uma maneira de respeitar as necessidades da criança e as "necessidades da situação" (comportamento apropriado para o ambiente presente).

Do mesmo modo, é importante entender seu próprio "estilo pessoal" e reconhecer que não importa o quanto você ame seu filho, seu temperamento e o dele podem não sintonizar facilmente. Focar em uma combinação entre o seu temperamento, as suas necessidades e as necessidades do seu filho é essencial para um bom ajuste. Se o seu filho tem um padrão de sono irregular e você dificilmente consegue manter os olhos abertos depois das 10 horas da noite, vocês têm um ajuste fraco. A compreensão sobre o temperamento pode ajudá-lo a se adaptar e criar um ajuste melhor. A chave é encontrar o *equilíbrio*. Seu bebê pode não dormir durante a noite toda por causa do temperamento dele, mas ele pode aprender a se divertir quando acorda. Você talvez precise aprender a se debruçar na direção dele e oferecer um leve carinho ou tapinha nas costas, sussurrar algumas palavras amorosas e, em seguida, permitir que ele volte a dormir sozinho.

O primeiro passo é determinar o que funcionará para todos os membros da família, sem que as necessidades de ninguém sejam ignoradas. (Isso inclui as suas necessidades. Não é do melhor interesse de uma criança ter pais exaustos e irritadiços.) Gritar, ameaçar ou ignorar totalmente uma criança acordada também não é útil.

Uma criança com baixo nível de distração precisará de suporte e paciência para mudar de uma atividade para outra. Planejar com antecedência torna-se uma ferramenta vital para facilitar o caminho das transições. Pais com baixa regularidade convivendo com uma criança de alta regularidade devem aprender a planejar as refeições de forma previsível, desenvolver rotinas para atividades diárias e estabelecer um ritmo mais definido para seu dia. Seu filho deve aprender a lidar com planos ocasionais alterados, sobreviver com um biscoito ou dois quando uma refeição é adiada e desenvolver flexibilidade pessoal.

A boa notícia é que pais e filhos *podem* se adaptar uns aos outros. Nossos cérebros são projetados para responder e se adaptar ao mundo que nos cerca; e paciência, sensibilidade e amor podem ajudar a todos nós a aprender a conviver em paz. Encontrar o equilíbrio leva tempo e prática, mas aprender a aceitar e trabalhar com o temperamento especial e único do seu filho irá beneficiar tanto você como ele ao longo dos anos.

As habilidades da Disciplina Positiva são apropriadas para crianças de todos os temperamentos, porque elas são respeitosas e convidam as crianças a aprenderem cooperação, responsabilidade e habilidades de vida. O entendimento sobre temperamento também irá ajudá-lo a compreender por que diferentes métodos podem ser mais ou menos efetivos, dependendo do temperamento e das necessidades de seu filho.

Individualidade e criatividade

Pais e cuidadores podem não estar cientes de como eles anulam a individualidade e a criatividade quando (muitas vezes, de forma subconsciente) acreditam no mito da criança perfeita. É tentador para os adultos preferirem a criança "fácil" ou querer que as crianças se adaptem às normas da sociedade.

Egos geralmente são envolvidos. Você pode se preocupar com o que os outros pensam e temer que sua competência possa ser questionada se seus filhos não são "bons" aos olhos dos outros.

Um dos principais motivadores para os estudos de Chess e Thomas foi seu desejo de impedir a tendência da sociedade de culpar as mães pelas características de seus filhos. Chess e Thomas acreditam: "O temperamento de uma criança pode influenciar ativamente as atitudes e o comportamento de seus pais, dos outros membros da família, colegas e professores e, em troca, ajudar a moldar seu efeito sobre o seu desenvolvimento comportamental". Dessa forma, a relação entre criança e pais é uma via de mão dupla, cada uma influenciando continuamente a outra.

E se a mãe das gêmeas tivesse se comportado de maneira tão diferente como se fosse duas mães diferentes? Teria sido fácil decidir que a mãe de Edith, silenciosa e concentrada, era muito eficaz, enquanto a mãe de Emma, ativa e ocupada, "simplesmente não poderia controlar essa criança!". Pode ser sábio perguntar-se de vez em quando: "Você está à procura de culpados, ou você está procurando soluções?". Não é razoável ou respeitoso (nem é efetivo) culpar seu filho pelo comportamento causado pelo temperamento dele. Quanto mais você estuda sobre temperamento e habilidades parentais efetivas, melhor você ficará em encontrar soluções que ajudem seu filho a se tornar um indivíduo capaz, apesar de suas diferenças e singularidade.

Trabalhar para melhorar, não para ser perfeito

Mesmo com a compreensão e as melhores intenções, a maioria dos pais, ocasionalmente, passa por dificuldades com o temperamento e comportamento de seus filhos. Você pode não ter muita paciência, ou ficar acostumado em *reagir* ao comportamento em vez de *agir* cuidadosamente. Consciência e compreensão não significam que nos tornamos perfeitos; os erros são inevitáveis. No entanto, uma vez que teve tempo de se acalmar após ter cometido um erro, você precisa se desculpar e depois resolvê-lo com seu filho. Ele geralmente está mais do que disposto a abraçar e oferecer perdão, principalmente quando ele ouve que você fará o mesmo. É importante ajudar o seu filho a focar em melhora, não em perfeição. Você também pode se dar esse presente.

Gentileza e firmeza

Rudolf Dreikurs continuamente fez um apelo para que pais e cuidadores usassem de gentileza e firmeza com crianças. (Você deve ter percebido que mencionamos isso com frequência também.) Compreender o temperamento reforça sua importância. Gentileza mostra respeito pela criança e sua singularidade. A firmeza mostra respeito pelas necessidades da situação, incluindo a necessidade da criança de aprender habilidades sociais durante o seu desenvolvimento. Ao compreender e respeitar o temperamento do seu filho, você poderá ajudá-lo a alcançar seu potencial máximo como uma pessoa capaz, confiante e contente. E há um bônus: você provavelmente terá muito mais descanso, rirá mais e aprenderá muito sobre você e seu filho no processo.

ATIVIDADES PARA REFLEXÃO

1. A seguir, estão os nove aspectos do temperamento. Em cada linha, coloque um ponto no lugar que melhor representa o temperamento do seu filho. Então, com uma caneta de outra cor, coloque um ponto em cada linha para representar o seu próprio temperamento. Quão bem o seu temperamento corresponde ao do seu filho? Como isso pode afetar sua interação? Você também pode colocar pontos para representar seu parceiro ou outras crianças.

1. Nível de atividade
Alta atividade _____ Baixa atividade
2. Ritmo biológico (previsibilidade das funções físicas)
Previsível _____ Imprevisível
3. Resposta inicial (reação a algo novo)
Aproxima-se _____ Afasta-se
4. Adaptabilidade (capacidade de se ajustar a mudança ao longo do tempo)
Adapta-se rapidamente _____ Adapta-se lentamente
5. Limite sensorial (sensibilidade ao estímulo sensorial)
Muito sensível _____ Menos sensível

6. Qualidade do humor

Otimista _____ Pessimista

7. Intensidade de reações (resposta a eventos)

Reações intensas _____ Reações leves

8. Distração (disposição de uma criança a ser distraída)

Altamente concentrada _____ Facilmente distraída

9. Persistência e nível de atenção (capacidade de manter o foco em uma atividade por um período)

Persistente/alto nível de atenção _____ Desiste/baixo nível

2. Ao compreender o temperamento do seu filho, que ideias lhe inspiram a criar rotinas úteis? Como ajudar seu filho a se adaptar à mudança? Como ele pode solucionar problemas em casa?

3. Se o seu temperamento não "combina" com o do seu filho, como você pode cuidar de si mesmo para que possa permanecer o mais flexível e paciente possível? (Lembre-se, cuidar de si mesmo é uma parte importante de cuidar de seu filho.) Quais mudanças podem melhorar o bom ajuste entre temperamentos diferentes?

4. Escreva sobre as mudanças que você pode fazer em sua rotina diária para melhorar o convívio com o seu filho, individualmente e com os outros. Escolha um ou dois pequenos passos para tentar esta semana.

Parte III

O mundo do seu filho

11

A ARTE DO ENCORAJAMENTO

Fortalecendo o autovalor, a confiança e a resiliência em seu filho

Rudolf Dreikurs disse certa vez: "Nunca faça nada por uma criança que a criança possa fazer por si mesma". As crianças desenvolvem um senso saudável de autoconfiança e a crença em suas próprias capacidades por meio da experiência e da prática. É apropriado ao desenvolvimento atender às necessidades de um bebê que chora confortando-o e acalmando-o, mas uma criança (pequena ou mais velha) que está frustrada, desenvolverá fortes habilidades quando você a ajudar a aprender a se ajudar em vez de fazer tudo por ela.

Glenda dá a Casey um copo de suco na hora do almoço. Ele olha para o copo e faz uma expressão mal-humorada. "Não quero esse copo", ele avisa.

Glenda suspira irritada; então ela reconhece a oportunidade de ensinar seu filho pequeno. "Se você quer outro copo", diz com delicadeza, "o que você precisa fazer para ter o copo?"

Casey não está particularmente interessado em aprender no momento. "Não consigo pegar!", ele reclama.

Glenda diz: "Hmm. Como podemos resolver esse problema?"

Essa nova perspectiva captura a imaginação de Casey. Ele para de lamentar e pensa sobre isso. "Subo e pego?", ele pergunta.

"Isso pode ser perigoso", diz Glenda. "E se eu colocar os copos nesta prateleira mais baixa?"

"Sim!", diz Casey com um grande sorriso no rosto. Depois de alguns minutos eles reorganizam a prateleira mais baixa com os três copos que Casey ajudou a esco-

lher. Ele escolhe um, leva-o à mesa e, com um orgulho evidente, serve seu suco do copo antigo para o novo (derramando um pouco no processo).

Em vez de ficar irritada, Glenda reconhece outra oportunidade para ensinar. Depois que Casey toma alguns goles do suco, ela diz: "Percebi que derramou um pouco na mesa. O que você precisa fazer agora para limpar o suco derramado?"

Até agora, Casey está se sentindo muito capaz. Ele pula da mesa, tira uma esponja debaixo da pia e limpa o suco derramado. Ele deixa a esponja sobre a mesa.

Agora, Glenda analisa o envolvimento do Casey com o processo. Talvez fosse melhor deixar uma lição sobre esponjas para outro dia, mas ele parece feliz e interessado hoje. Então, ela pergunta: "Você sabe o que acontece com uma esponja quando deixamos suco nela?".

Casey olha atentamente para a esponja, mas não vê nada acontecer. Ele está curioso. "O quê?" ele pergunta à mãe.

Glenda explica: "O suco fica azedo e deixa a esponja fedida". Essa é uma palavra que Casey gosta! Ela tem toda a atenção dele. "Precisamos enxaguar a esponja na pia muito bem antes de colocá-la de volta debaixo da pia. Gostaria de praticar enxaguando a esponja?"

Casey nunca recusa uma oportunidade de brincar com água. Glenda mostra para ele como espremer a esponja torcendo-a, e Casey passa os próximos quinze minutos de pé em seu pequeno banquinho enxaguando a esponja todo feliz.

Demorado? Sim! Vale a pena? Com certeza. Casey aprendeu que suas necessidades e desejos são válidos e que ele é capaz de cuidar de si mesmo. É **preciso mais do que palavras gentis para desenvolver autovalor; é preciso "experiências para exercitar a competência", momentos em que você e seu filho aceitam um desafio e conseguem superá-lo.** A mãe de Casey aproveitou esse tempo para ensinar-lhe as habilidades que ele precisava para se sentir capaz em vez de ceder ou discutir com ele. Ela encorajou seu senso de competência e acreditou na sua capacidade de dominar a tarefa – ainda que com algum suco derramado no processo. Essa é uma atitude disciplinar gentil e firme, adequada ao desenvolvimento. É também uma demonstração de conexão e encorajamento genuínos.

Vivendo (e aprendendo) com os erros

Os pais e os filhos são iguais em um aspecto importante: eles nunca param de cometer erros. Não importa o quanto você aprenda ou o quanto você saiba. Como seres humanos, todos nós, às vezes, esquecemos o que sabemos e ficamos engajados em respostas emocionais – também conhecidas como "perder a cabeça". Uma vez que você aceita isso, você pode ver os erros como os processos de vida importantes que são: oportunidades interessantes para aprender.

Não seria maravilhoso se você pudesse incutir essa atitude em seu filho, de modo que ele não ficasse sobrecarregado com a bagagem que você possa estar carregando em relação aos erros e "falhas"? Muitas crianças (e adultos) boicotam esse longo processo de desenvolver um senso saudável de autonomia (e não conseguem desenvolver a coragem necessária para assumir riscos e experimentar coisas novas) porque têm medo de cometer erros. Fazer perguntas curiosas (que geralmente começam com "o que" ou "como") para ajudar seu filho a aprender com seus erros farão uma enorme diferença à medida que ele percorre seu caminho por meio do processo de aprendizagem.

"Como uma planta precisa de água..."

Rudolf Dreikurs nos lembra que as crianças precisam de encorajamento tal como uma planta precisa de água. (Isso não vale para todos nós?) Aprender a refinada arte do encorajamento é uma das habilidades mais importantes de educar com eficácia. Os especialistas que estudam o comportamento e o desenvolvimento humano nos dizem que um senso saudável de autovalor é um dos maiores dons que uma criança pode desenvolver. Os pais que sabem como encorajar, confiar e ensinar habilidades são mais capazes de ajudar seus filhos a desenvolverem um senso de autovalor.

Autovalor e resiliência: de onde eles vêm?

Autovalor é simplesmente a confiança e o senso de capacidade que cada pessoa tem em si mesma. O autovalor vem de um sentimento de aceitação, acreditando que você é capaz (porque você já experimentou a sua capacidade, e não porque alguém lhe disse que você é capaz), e sabendo que suas contribuições são valorizadas e relevantes. **Os pais não podem dar a seus filhos um senso de autovalor. Cada criança deve desenvolvê-lo por conta própria.**

O autovalor dá às crianças a coragem de correr riscos na vida e acolher novas experiências – incluindo subir as escadas com passos inseguros, fazer amigos na escola, tentar entrar na equipe de basquete ou, mais tarde, em uma orquestra. Crianças com um senso saudável de autovalor aprenderam que é aceitável cometer erros e aprender com eles, em vez de pensar que um erro significa que eles são inadequados. Crianças que não têm autovalor temem o erro e muitas vezes não acreditam em si mesmas, mesmo quando possuem talentos e habilidades maravilhosas.

Uma parte importante do autovalor e da confiança é uma qualidade conhecida como resiliência. A "resiliência" é definida no dicionário como "a capacidade de voltar a tornar-se forte, saudável ou bem-sucedido depois que algo ruim acontece". É improvável que qualquer um de nós passe a vida sem que "algo ruim" aconteça e a capacidade de se recuperar, tentar novamente e perseverar diante dos desafios é uma parte crítica da saúde mental e emocional. Como você pode nutrir a resiliência em seu filho?

Me conte uma história...

Há um aspecto da resiliência que merece uma menção especial. É uma coisa simples que a maioria dos adultos faz naturalmente: contar histórias. Todas as crianças adoram ouvir histórias, especialmente as suas próprias! Histórias como "No dia em que você nasceu...", "Quando você costumava dormir na casa da vovó enquanto mamãe trabalhava à noite..." ou "Lembro da vez em que o tio Peter levou você ao zoológico..." reforçam os vínculos de uma criança. As crianças não apenas adoram essas histórias e querem ouvi-las toda hora como essas histórias incentivam o desenvolvimento de superação e resiliência, mesmo quando as crianças vivenciam eventos perturbadores ou traumáticos. Na verdade, uma criança que ouviu essas histórias familiares provavelmente demonstra mais resiliência para lidar com um trauma do que aquela que não ouviu. As histórias ancoram uma criança de uma maneira que torna o estresse de eventos externos mais fácil de gerenciar. Você não tem como proteger seu filho de todas as eventualidades, mas é encorajador saber que você *tem como* fornecer uma base de resiliência por meio de um forte senso de si mesmo e de família – e as histórias podem fazer isso.

Os erros que os pais cometem em nome da "autoestima"

Os pais (e os professores) podem tentar nutrir "autoestima" por meio de elogios ou ensinando as crianças a repetir como papagaios: "Eu sou especial". No entanto, lembre-se de que as crianças, mesmo as mais jovens, estão tomando decisões sobre si mesmas e sobre o mundo à sua volta. Com muita frequência, esses esforços causam o efeito contrário, levando as crianças a desenvolver crenças que não a favorecem em longo prazo. Antes de analisarmos maneiras eficazes de desenvolver autovalor, vejamos alguns métodos que não funcionam.

MÉTODOS INEFICAZES PARA DESENVOLVER AUTOVALOR

- Tentar incutir autovalor nas crianças por meio de elogios excessivos e bajulações.
- Superproteger ou resgatar as crianças.
- Dizer às crianças que são "inteligentes".
- Querer que as crianças sejam "melhores" (ou simplesmente diferentes).

Tentar incutir autovalor nas crianças por meio de elogios excessivos

Elogios podem realmente ser desencorajadores em vez de encorajadores. Quando os pais dizem constantemente ao filho: "Você é um garoto tão bonzinho. Estou tão orgulhoso de você!", essa criança pode decidir: "Me saio bem apenas se alguém me disser que me saí bem". Ela pode se sentir pressionada a ser perfeita para evitar decepcionar seus pais. Ou ela pode desistir porque acredita que não pode estar à altura dos elogios e das altas expectativas que geralmente os acompanham. Em longo prazo, o elogio não tem o efeito positivo que a maioria das pessoas pensa que tem. Um pequeno elogio pode não doer, mas provavelmente não ajudará tanto quanto os pais esperam.

Superproteção ou resgate

Uma das razões mais comuns pelas quais as crianças visitam o consultório de um terapeuta nos dias de hoje é a ansiedade. Existem muitos motivos válidos para se preocupar com a segurança e a saúde de uma criança neste mundo perigoso, mas muitos pais se preocupam *tanto* que as crianças não se arriscam, mesmo quando o risco é aceitável (como brincar na casa de um amigo ou caminhar até a caixa de correio). Lembre-se de que seu filho possui neurônios--espelho; se você acredita que o mundo é um lugar assustador, seu filho provavelmente concordará com você e evitará novas experiências, o que não é uma boa receita para desenvolver a confiança e a resiliência.

Muitos pais temem que seus filhos sofrerão se tiverem que lidar com desconforto ou desapontamento, mas o contrário é verdadeiro. Crianças excessivamente protegidas podem decidir o seguinte: "Não consigo lidar com problemas. Não posso sobreviver a decepções. Preciso que os outros cuidem de mim e me resgatem". Ou eles podem decidir que é mais fácil deixar os outros assumirem a responsabilidade por eles. De qualquer forma, as crianças superprotegidas e "supermimadas" raramente desenvolvem a competência e a autoconfiança que podem ajudá-las a lidar com os desafios da vida à medida que crescem.

Dizer às crianças que elas são "inteligentes"

É maravilhoso celebrar os talentos e as conquistas do seu filho e celebrar o seu progresso ao longo da vida. Mas alguns pais, em um esforço para encorajá-los, bombardeiam os filhos com um fluxo constante de "Você é tão inteligente!". Parece que esse elogio em particular pode ter consequências inesperadas.

Carol Dweck, autora de *Mindset – a nova psicologia do sucesso*, realizou extensas pesquisas sobre esse assunto. Recompensar uma criança por uma característica como inteligência pode criar uma mentalidade "fixa" e enfraquecer a capacidade de uma criança de enfrentar desafios. Nas palavras de Dweck,

Após sete experiências com centenas de crianças, fizemos as descobertas mais nítidas que já vi: elogiar a inteligência das crianças prejudica sua motivação e seu desempenho. Como isso é possível, se as crianças adoram ser elogiadas? Claro, as crianças adoram elogios. E gostam especialmente de ser elogiadas por sua inteligência e seu talento. Sem dúvida, isso as estimula, as faz resplandecer – porém, apenas momentaneamente. No instante em que encontram uma dificuldade, a confiança desaparece e a motivação atinge o fundo do poço. Se o sucesso significa que são inteligentes, nesse caso o fracasso significa que são burras. Eis o mindset fixo.

Em vez de valorizar ser "inteligente", encoraje seu filho a aprender com os erros, a curtir os desafios e amar o processo de aprendizagem independentemente do resultado.

Querer que as crianças sejam "as melhores" (ou apenas diferentes)

Uma vez que o objetivo principal de toda criança é se sentir conectada e aceita, pode ser devastador quando uma criança acredita que seus pais não a amam incondicionalmente. Quando a mãe de Travis, uma criança ativa e com muita energia, diz repetidamente: "Eu queria que você fosse calmo e bem-comportado como o Johnny", Travis pode concluir o seguinte: "Eu não sou bom o suficiente. Na verdade, não importa o que eu faça, a minha mãe não gosta de mim". Lembre-se, **uma criança malcomportada é uma criança desencorajada. Não há nada tão encorajador e eficaz quanto ser aceito de maneira amorosa e incondicional.** Isso não significa que os pais devem aplaudir o mau comportamento e a fraqueza de seus filhos; isso significa que os pais podem melhor ajudar seus filhos quando os aceitam por quem eles são, com todas as suas forças e fraquezas únicas.

A arte do encorajamento

O elogio é como o doce industrializado. É doce, produzido em massa e, muitas vezes, nem é personalizado ou significativo. Carinhas felizes que dizem "excelente" ou "bom trabalho" podem ser carimbadas na mão de qualquer criança. O encorajamento real é mais seletivo, observa e valida a singularidade de cada indivíduo.

A pequena Amy esperou até o décimo segundo mês para fazer sua estreia andando. Sua família atravessou o país para visitar os avós. Em uma tarde em que seus pais, avós e irmãos se reuniram, Amy decidiu que a hora de mostrar suas habilidades havia chegado. Ela sorriu para a família, depois tirou a mão do sofá e, com o coração acelerado, deu seus primeiros passinhos, diretamente para os braços ansiosos da vovó. Sua família estava em êxtase. "Você consegue!", eles falaram com sorrisos estampados no rosto. "É isso aí. Vai devagar. Apenas um pouquinho mais. Vai, Amy! Você conseguiu! Eeee!" O sorriso de Amy quase dividiu seu rosto em dois quando ela se rendeu ao amor da sua família. Isso é encorajador!

A versão com elogios teria soado mais assim: "Boa menina! Que inteligente! Você não é linda?".

Muitos pais não entendem a diferença entre elogio e encorajamento, então vamos dar uma olhada nisso. Na cena descrita acima, o encorajamento concentra-se na tarefa, enquanto o elogio se concentra na pessoa. Muitas crianças, quando elogiadas, desenvolvem a crença de que são "boas" apenas se realizarem uma tarefa. O elogio geralmente exige uma tarefa bem-sucedida, enquanto o encorajamento foca no esforço. Em outras palavras, o elogio é muitas vezes condicional, enquanto o encorajamento é incondicional.

Curiosamente, coisas boas em excesso podem ser desencorajadoras. Quando as crianças recebem parabéns por cada coisa que fazem, é fácil para elas desenvolverem a crença de que são amadas e aceitas somente quando os outros estão torcendo, aplaudindo e dando atenção infinita.

O que seu filho está decidindo?

Uma maneira importante de entender a diferença entre elogio e encorajamento é entrar no mundo da criança. Observe se o seu filho depende muito da opinião dos outros, um resultado perigoso do elogio. Por outro lado, os pequeninos adoram uma plateia e muitas vezes pedem com entusiasmo: "Olha pra mim! Olha pra mim!". Não é necessário ficar obcecado com a diferença entre elogio e encorajamento. Apenas esteja ciente das decisões que seu filho pode estar tomando. Será que suas frases transmitem amor e apoio condicionais ou incondicionais?

Uma abordagem é se questionar se suas palavras só podem ser ditas a determinada pessoa em determinado momento. Você pode dizer "Ótimo trabalho" tanto para o barbeiro como para o cachorro, como para seu parceiro ou parceira, sem distinção. Mas frases como "Obrigado, o corte de cabelo ficou ótimo!", "Você encontrou o seu osso – que gostoso!", ou "Esse tom de azul fica muito bem em você – é diferente da cor que você costuma usar" não são intercambiáveis. Se suas palavras são únicas para a pessoa, o lugar ou a situação, é provável que elas sejam encorajamento.

Demonstrar confiança

A família de Amy ofereceu encorajamento eficaz ao permitir que ela experimentasse o processo de caminhar – e não intervindo desnecessariamente. A família de Amy poderia ter escolhido resgatar seu bebê frágil. A avó poderia ter gritado: "Tenha cuidado. Rápido, alguém, pegue o bebê". A mamãe ou o papai poderiam ter corrido para segurá-la, bloqueado seu caminho ou ter pego ela no colo. Um irmão mais velho poderia ter agarrado Amy por trás para estabilizá-la.

Havia o risco da Amy cair, mas a família dela deu-lhe a chance de correr esse risco. **Os riscos implicam a possibilidade de fracasso, mas sem risco, nunca pode haver sucesso.** Amy correu um risco e conseguiu dar seus primeiros passos. Nenhum elogio poderia substituir seu sentimento de realização naquele momento. O autovalor é essa experiência de pensar "Eu consigo!". Você ajuda seus filhos a desenvolverem o autovalor quando equilibra a sua necessidade de protegê-los com a necessidade deles de se arriscarem, de enfrentarem novos desafios e explorarem suas capacidades.

O equilíbrio, no entanto, é essencial. Imagine um pai ou uma mãe acreditando que seu filho nunca deve ser desencorajado de explorar seu ambiente. Talvez ele sinta que limitar suas atividades irá frustrar sua curiosidade. Então, quando a pequena Michelle se dirige para a rua, papai corre para o cruzamento e sinaliza para os carros pararem, permitindo que Michelle passeie satisfeita entre os carros. Isso não é encorajamento. O que Michelle precisa é de supervisão e muitos ensinamentos sobre os perigos dos cruzamentos, para que ela não decida tentar atravessar a rua quando o papai não estiver lá para brincar de policial de trânsito.

Encorajamento não significa refazer o mundo para se adequar a cada capricho do seu filho. Com gentileza e firmeza, remover uma criança da rua limita sua exploração e também a protege do perigo, e não permite que ela acredite que andar pela rua é seguro. Os pais sábios pesam as escolhas dos seus filhos e o ambiente para determinar quais experiências oferecem oportunidades de crescimento e quais são simplesmente muito perigosas. Permitir que uma criança tome riscos razoáveis (como escalar no trepa-trepa do parquinho) e aprender novas habilidades (como fazer ovos mexidos com a sua supervisão, é claro) é encorajador. Enfrentar os desafios e experimentar o sucesso são coisas que constroem uma forte sensação de autovalor.

Amando o filho que você tem

A maioria de nós sonha sobre o que os filhos serão. Você pode torcer por uma criança quieta e pensativa ou enérgica e extrovertida, ou que possua alguma outra combinação de qualidades e talentos. Você pode querer um filho exatamente como você. (Pais e filhos não vêm necessariamente combinando!)

Janice tinha sonhado com a infância da sua filha. Ela estava encantada por ter tido uma menina e cuidadosamente decorou o quarto do bebê com rendas de cor pastel e babados. Ela comprou fitas e tiaras para o cabelo quase invisível da sua filha; ela encheu gavetas com adoráveis vestidinhos. Ela limpou suas próprias bonecas favoritas e comprou muitas mais, preparando-se para compartilhar todos os momentos de alegria com sua filha.

No entanto, a menina em questão tinha outras ideias. Ela não era uma criança fofinha, e se contorcia e se mexia constantemente. Ela engatinhou e caminhou mais cedo e sempre estava ocupada com alguma coisa – para o desânimo da sua mãe. Ela adorava separar as partes do aspirador e esvaziar os armários da cozinha o tempo todo. Os vestidos delicados eram um incômodo e o bebê parecia ter o dom de rasgá-los ou manchá-los.

As coisas ficaram ainda mais difíceis à medida que ela crescia. Ela preferia ser chamada de Casey em vez de Katy; ela achava que os vestidos eram ridículos. Ela não tinha paciência com bonecas e as jogava no canto mais escuro do seu armário ou as despia e rabiscava com tinta. Ela insistia em "pegar emprestado" os caminhões e o skate do seu irmão mais velho, e assim que conseguiu, ela se juntou às brincadeiras dos meninos mais velhos (apesar dos protestos deles), mostrando um talento surpreendente para jogar bola e escalar árvores. Ela gostava até mesmo de lagartos e cobras. Janice tentou oferecer aulas de ballet e até ginástica, mas sem sucesso: Casey se recusou a ser Katy. (É interessante notar que quando Casey teve sua filha, ela também não seguiu os passos da mãe. A pequena Diana deleitou sua vó Janice, adorando bonecas, vestidos e maquiagem, desde quando ainda era uma criança pequena).

Janice ama sua filha? Sem dúvida que sim. Mas uma das maneiras mais bonitas de expressar o amor por uma criança é aprender a amar essa criança – e não a criança que você gostaria de ter tido.

O poder do amor incondicional e da aceitação

Todos os pais têm sonhos para seus filhos e sonhar não é algo ruim. Mas devemos amar nossos filhos incondicionalmente para que eles sintam a aceitação e o autovalor que levam à resiliência e confiança. Se você quiser encorajar seu filho e ajudá-lo a desenvolver um senso de aceitação e autovalor, você deve manter várias ideias em mente.

MÉTODOS EFICAZES PARA DESENVOLVER AUTOVALOR

- Aceitar seu filho como ele é.
- Ser paciente com o desenvolvimento do seu filho.
- Oferecer oportunidades para ter sucesso.
- Ensinar habilidades para seu filho.
- Estar ciente das profecias autorrealizáveis.

Aceitar seu filho como ele é
Crianças têm seus próprios temperamentos únicos. Eles têm habilidades que você não imaginava e sonhos próprios que não combinam com os seus e às vezes o seu comportamento é uma verdadeira decepção. É muito fácil compa-

rar seu filho com outras crianças, com os primos ou até mesmo com os próprios irmãos e achar que está faltando algo.

Nós, seres humanos, não somos bons para o amor incondicional, mas as crianças precisam ser amadas incondicionalmente. Você deve se lembrar que mesmo a criança mais nova tem uma habilidade incrível de perceber os verdadeiros sentimentos e atitudes de seus pais. Se ela sabe que é amada e aceita – se ela tem o senso de valor e aceitação que almeja – ela vai prosperar. Se ela não tem uma sensação de pertencimento, ou sente que é uma decepção ou um incômodo, seu senso de si mesma enfraquecerá, e talvez nunca conheça a pessoa que poderia ter sido. Encoraje seu filho a ser a melhor pessoa que ele pode ser, para não ser alguém que ele não é.

Ser paciente com o desenvolvimento do seu filho

As tabelas de desenvolvimento são uma ótima maneira de acompanhar o período-padrão durante o qual as crianças fazem certas coisas. O problema é que não há filhos-padrão. Cada ser humano é uma obra de arte. Olhe para a variedade que vemos apenas em relação à aparência: cor da pele, cor e textura do cabelo, forma do nariz, cor dos olhos, altura, peso, corpo, cada um de nós é único. E as características físicas são apenas o começo da nossa singularidade. O temperamento, como descobrimos, é tão individual como uma impressão digital. É assim também com o ritmo com que nos desenvolvemos e crescemos.

As crianças se desenvolvem – engatinham, andam, falam – no seu próprio ritmo, e muitos conflitos da primeira infância são decorrentes da impaciência dos pais. Seu filho andará e usará o banheiro quando estiver pronto. Afinal, você já viu uma criança engatinhar para o primeiro ano escolar de fralda? Se você tem preocupações mais sérias sobre o desenvolvimento do seu filho, uma conversa com o seu pediatra pode te acalmar e evitar desencorajamento tanto seu como do seu filho.

Oferecer oportunidades para ter sucesso

Muito mais poderosas do que até mesmo as palavras mais amorosas e apreciativas são as experiências que ensinam as crianças que elas são pessoas capazes e competentes.

Comece cedo a observar os dons e talentos do seu filho, suas habilidades e pontos fortes, as coisas que o fazem vibrar. Então, dê-lhe oportunidades para exercitar essas características.

Dê oportunidades também para que ele te ajude e fique responsável por pequenas tarefas que ele consiga dar conta. Os primeiros êxitos e experiências que dizem "Eu consigo fazer isso!" são poderosos desenvolvedores de autovalor.

Ensinar habilidades ao seu filho

O verdadeiro autovalor cresce quando as crianças têm "experiências para exercitar a competência" – isto é, quando elas aprendem habilidades e desenvolvem confiança na sua capacidade de realizar uma tarefa "por conta própria". Sim, seu filho é novinho, mas você pode se surpreender com o quanto seu pequeno pode fazer. Seu filho pode colocar guardanapos sobre a mesa, enxaguar folhas de alface na pia e limpar respingos com uma esponja. Ele pode colocar fatias de queijo em pães de hambúrguer, aprender a vestir-se e a servir o próprio suco. Será que ele fará essas tarefas perfeitamente? Claro que não – que é uma boa razão para você ter expectativas realistas, muita paciência e a vontade de ensinar essas habilidades mais de uma vez. Ainda assim, as habilidades são a base do autovalor e da autoconfiança saudáveis. Quando você ensina seu pequeno, você o ajuda a se tornar uma pessoa mais responsável e autossuficiente.

Estar ciente das profecias autorrealizáveis

É interessante perguntar-se quão terríveis seriam os 2 anos de idade se os pais não ficassem repetindo o tempo todo para si mesmos e para seus filhos, o quão terríveis eles são. As crianças têm uma estranha habilidade para superar (ou não) as expectativas dos pais. Se você chamar seu filho pequeno de "monstrinho", não se surpreenda se ele fizer o seu melhor para ser o que você espera. Da mesma forma, você pode criar autoconfiança em seu filho, garantindo que ele saiba que você o ama e o aceita e acredita em sua capacidade de sucesso.

Seu filho vai cumprir suas previsões e superar suas expectativas? Não, claro que não. Mas lembre-se do quanto suas palavras e opiniões são poderosas para o seu filho. Se você lhe diz que ele é ruim, ou preguiçoso, ou burro, ou desajeitado, não se surpreenda se você reforçar o tal comportamento de que você não gosta. Do mesmo jeito, se você procurar pelo que é positivo em seus filhos, você pode escolher encorajar esses pontos positivos. Uma das ferramentas mais poderosas que um pai ou uma mãe tem para ajudar seus filhos a desenvolver um senso saudável de autovalor é procurar pelos aspectos positivos.

Quando você se concentra no que é positivo, o comportamento positivo aumenta. Encorajamento significa perceber o progresso, não apenas a realização. Isso significa agradecer seu filho porque ele guardou a maioria dos carrinhos, mesmo que ele tenha deixado alguns fora da caixa. Isso significa dar um abraço por uma tentativa de usar o penico, com ou sem resultado. Significa sorrir para a criança que colocou os próprios sapatos, apesar de estarem nos pés errados. Encorajamento transmite à criança: "Estou vendo que você está tentando e confio em você. Continue assim!".

Procurar o positivo em seu filho e encorajá-lo é uma habilidade que irá ajudá-lo durante toda a infância e adolescência, e isso irá ajudá-lo a se autovalorizar. (Você pode usar a atividade no final deste capítulo para explorar ainda mais esse conceito.)

Primeiros passos

As crianças dão muitos primeiros passos – e apenas alguns deles envolve andar. Seu filho precisa do seu apoio incondicional, ele precisa saber que você confia nele. Ele precisa de oportunidades para praticar novas habilidades e dar todos os seus primeiros passos, não importa quão bambos. Ele precisa saber que pode cometer erros sem correr o risco de perder o seu amor. Quando as crianças vivem em um ambiente rico de encorajamento, têm permissão para aprender com seus erros e recebem apoio gentil e firme, elas aprenderão a acreditar em si mesmas e a se recuperar quando experimentarem frustração ou derrota. Autovalor é inerente a cada alma humana e, como qualquer sementinha, precisa ser nutrida, aquecida e encorajada a prosperar.

ATIVIDADES PARA REFLEXÃO

1. Reserve um momento para fazer uma lista de tudo o que você gosta muito no seu filho.

2. Pendure a lista em algum lugar onde você possa vê-la (a geladeira ou o espelho do banheiro funcionam bem) e acrescente à lista quando lembrar de algo novo.

3. Encontre uma oportunidade a cada dia para reconhecer o seu filho por algo na lista. As crianças muitas vezes florescem incrivelmente com a luz constante do amor e encorajamento. (Dica: coloque um punhado de centavos em um bolso. Toda vez que você se pegar nomeando algo positivo no seu filho, transfira um centavo para o outro bolso. Tenha como objetivo esvaziar um bolso e encher o outro todos os dias.)

12

PERSPECTIVA E PLANEJAMENTO PRÉVIO

Confiança para você e seu filho

A maioria dos pais quer que seus filhos desenvolvam confiança, crença nas próprias habilidades e vontade de cooperar. O encorajamento é um passo importante, mas há mais coisas que você pode fazer para nutrir esses traços importantes em seu pequeno. Quando você permite que seu filho saiba como lidar com situações novas ao prepará-lo para o que está por vir e ao ensiná-lo o que ele precisa saber, não só torna a experiência mais agradável para todos os envolvidos, mas também dá a ele a oportunidade para aprender habilidades e crenças valiosas.

Patsy estava a caminho de casa, depois de ter buscado seu filho Eric, de 2 anos, na escola, quando decidiu parar na joalheria para buscar seu relógio, que estava no conserto. Ela correu para o balcão, com Eric ao seu lado, para apresentar seu recibo.

Eric ficou agarrado ao casaco da mãe. Ele nunca tinha estado em uma loja como aquela antes, e havia muitas coisas novas para olhar. Ele estava olhando ao seu redor quando de repente um display em uma prateleira perto de uma janela chamou sua atenção e o deslumbrou completamente.

A luz do sol da tarde fazia brilhar a coleção de objetos mais fascinantes que Eric já havia visto. Eles eram pequenas figuras de cristal – animais e pessoas, e até mesmo um perfeito castelo pequeno no topo da sua própria montanha de cristal, exatamente como o do seu livro favorito de histórias – e cada movimento da cabeça de Eric criava luzes brilhantes como o arco-íris.

Antes mesmo que Patsy tivesse tempo para perceber o que estava acontecendo, Eric estava indo em direção à prateleira tão rápido quanto suas pernas curtas e roliças poderiam levá-lo. Ele esticou o braço para tocar o castelo maravilhoso, mas seus pequenos dedos tinham força apenas para arrastar o castelo da prateleira para o chão de cerâmica, onde se estilhaçou.

Eric gritou de susto. Patsy estava envergonhada, apologética e irritada – o castelo de cristal era absurdamente caro.

Quais eram as opções da Patsy? Infelizmente, neste momento, ela não tinha muitas. Ela podia pagar pelo castelo quebrado e levar seu pequeno filho para o carro, jurando nunca mais levá-lo a qualquer lugar novamente. Ela podia explorar com Eric o que aconteceu e torcer para que ele se lembrasse da próxima vez. (Observe que não mencionamos punir Eric, é duvidoso que uma palmada ou um castigo punitivo tornassem as coisas melhores, especialmente porque Eric não recebeu nenhuma orientação prévia.)

No entanto, Patsy poderia ter pensado nisso antes de entrar na loja e poderia ter investido um tempo para ensinar. Ela poderia ter se ajoelhado na altura de Eric, talvez colocando as mãos suavemente sobre seus ombros ou pegando as mãos dele, e explicado que haveriam muitas coisas bonitas na loja, mas que poderiam se quebrar se tocadas. Eric poderia olhar, mas não tocar. De qualquer maneira, ela provavelmente deveria ter planejado segurar as mãos dele, porque é demais esperar que uma criança naquela idade não queira explorar, ou que ele conseguiria controlar sua impulsividade, não importa o quanto tenha sido ensinado. Patsy também poderia ter se assegurado de que Eric tivesse algo para se distrair enquanto ela estivesse ocupada com o funcionário da loja. Ou ela poderia ter decidido ser cautelosa e ter pego o relógio em um momento em que Eric não estivesse junto.

No entanto, como evitar algo nem sempre é uma opção, seu filho precisará saber como se comportar em locais públicos. **Investir um tempo para ensinar, falar calmamente sobre o comportamento esperado e preparar uma bolsa com alguns brinquedos silenciosos ajudarão seu filho a desenvolver habilidades de vida e confiança** – e você vai conquistar a gratidão dos outros clientes que estão almoçando, comprando e viajando.

Mantendo dignidade e respeito

"Espere um minuto", você pode estar pensando. "Isso parece ótimo, mas como posso planejar com antecedência e incentivar a confiança e a resiliência em uma criança que está constantemente me dizendo não?" Há duas crenças que a maioria dos pais compartilha – crenças que devem ser alteradas antes de poder trabalhar de modo eficaz com seu pequeno. Você reconhece alguma delas?

- A crença de que você pode controlar crianças pequenas e mandá-las fazerem o que lhes dizem para fazer.
- A crença de que as crianças estão intencionalmente tentando derrotá-lo.

Como crianças e bebês são pequenos e os adultos podem facilmente carregá-los e levá-los para todos os cantos, você pode ser levado a acreditar que pode controlar o comportamento deles. Então, pense nisso por um momento: algum de nós pode realmente controlar o comportamento de outra pessoa? Sentimentos? Crenças? Muitas vezes, é difícil controlarmos o nosso próprio! Em vez de querer controlar crianças pequenas, considere aprender a pedir a cooperação delas. Abandonar a noção equivocada de controle e focar em cooperação pode salvar sua dignidade e sanidade – e as do seu filho.

A criança cooperativa com a qual gostaria de conviver daqui a cinco anos está sendo moldada e encorajada a cada momento de todos os dias. Ao contrário, a criança pequena na qual você bate e repreende quando tira os livros da estante provavelmente se tornará uma criança de 6 anos que se recusa a fazer qualquer coisa que você pede – ou um adolescente que escapa pela janela do quarto depois que você o botou de castigo por um mês. A criança que é gentilmente redirecionada para o armário de potes e panelas sem punição está aprendendo a cooperar. Provavelmente, ela também se tornará a criança de 6 anos de idade disposta a ajudar a guardar a louça, ou o adolescente que consegue negociar um horário razoável para voltar para casa e depois honrá-lo.

Você saberá que as crianças não estão tentando derrotá-lo quando você entender as fases de desenvolvimento e o comportamento apropriado à idade. Uma criança de 18 meses que caminha em direção ao seu novo *smartphone* não tem a intenção de desafiar você. Ela vê algo novo, colorido e convidativo, algo em que você obviamente também está interessado. Ela quer tocar e explorar. Uma experiência prévia pode tê-la ensinado a olhar para você enquanto ela se aproxima do objeto, mas a sua necessidade neural de explorar é muito mais forte do que os seus avisos. Seu comportamento não é desafiador – é curiosidade. Uma vez que você entende isso, torna-se muito mais fácil responder sem raiva ou castigo. Vamos dar uma olhada nisso enquanto exploramos a palavra favorita de todas as crianças pequenas: "Não".

O que seu filho realmente "sabe" sobre o "não"?

Crianças menores de 3 anos não entendem "não" da mesma maneira como a maioria dos pais pensa que elas entendem (e um completo entendimento do "não" não acontece magicamente quando a criança completa 3 ou 4 anos; esse é um processo do desenvolvimento). "Não" é um conceito abstrato diretamente oposto à necessidade de desenvolvimento das crianças pequenas de explorar seu mundo e desenvolver seu senso de autonomia e iniciativa. Ah, seu filho pode "saber" que você não quer que ele faça alguma coisa. Ele pode até saber que você reagirá de maneira irritada se ele fizer algo. No entanto, o comportamento dele ainda não é totalmente intencional.

Conhecer o mundo na visão de uma criança significa algo muito diferente de internalizar esse conhecimento como adulto. O conhecimento, na perspectiva da criança, não possui os controles internos necessários para inibir seus dedinhos inquietos. Pesquisadores, incluindo Jean Piaget, descobriram há muito tempo que as crianças não possuem a capacidade de compreender o conceito de causa e efeito da mesma forma que os adultos (uma excelente razão para não tentar dar um sermão ou convencer uma criança a fazer o que você está pedindo). Na verdade, o pensamento de nível superior como, por exemplo, a ética e a compreensão das consequências, pode não se desenvolver completamente até que as crianças completem 10 anos. Enquanto isso, as crianças precisam: de limites gentis e firmes, ser ensinadas com paciência e de supervisão.

DESENVOLVIMENTO COGNITIVO E POR QUE AS CRIANÇAS NÃO ENTENDEM "NÃO" DA MANEIRA QUE VOCÊ ACHA QUE DEVERIAM

- Pegue duas bolas de argila do mesmo tamanho. Pergunte a uma criança de 3 anos se as bolas são do mesmo tamanho. Ela provavelmente dirá que "sim". Então, bem na frente dela, esmague uma bola de argila e pergunte se elas ainda são do mesmo tamanho. Ela responderá "não" e dirá qual delas ela acha que é maior. Uma criança de 5 anos de idade vai dizer que elas são do mesmo tamanho e pode lhe dizer o porquê.

- Pegue quatro copos: dois do mesmo tamanho, um mais alto e estreito, e um que seja mais baixo e largo. Encha os dois copos idênticos com água e peça a uma criança de 3 anos para dizer se os copos têm a mesma quantidade de água. Ela provavelmente dirá que sim. Então, bem na frente dela, despeje a água de um dos copos para o recipiente baixo e largo, e depois no outro recipiente alto e estreito. Em seguida, pergunte se os recipientes ainda mantêm a mesma quantidade de água. Mais uma vez, ela vai dizer que "não" e lhe dirá qual copo ela acha que contém mais água. Uma criança de 5 anos irá lhe dizer que os recipientes contêm a mesma quantidade de água, e irá dizer o porquê.

Ambos os exemplos demonstram habilidades identificadas por Piaget. Quando você entende que perceber, interpretar e compreender um evento são diferentes na ótica das crianças pequenas, suas expectativas vão mudar.

Em outro nível: o "poder infantil" do "não"

As crianças pequenas estão aprendendo a se enxergarem como seres únicos e independentes. (Esse "processo de individuação" se acentua quando se tornam adolescentes.) É uma parte natural e saudável do desenvolvimento, mas que é frequentemente difícil para pais e professores. Não demora muito para que uma criança pequena aprenda o poder da palavra "não" ou que, ao usá-lo, pode provocar todos os tipos de reações interessantes. Os adultos nem sempre podem evitar esses confrontos, mas alterar seu próprio comportamento e expectativas pode diminuir seu impacto. Na verdade, existem três tipos de "não": os que você pode evitar dizer, aqueles que você pode evitar ouvir e os que você apenas aprende a conviver.

Como não dizer "não"

"Às vezes, me escuto falando com meu filho de 2 anos", uma mãe desabafou com um grupo de amigos, "e tudo o que ouço é 'não' e 'não'. Parece tão negativo, mas não sei mais o que fazer." Na verdade, existem várias maneiras pelas quais os próprios adultos podem evitar dizer a palavra "não":

- **Diga o que você** *quer.* Hannah, com 3 anos de idade, está contente atirando blocos para o outro lado da sala. Sua professora entra e imediatamente fala: "Não jogue os blocos!". Hannah ouve o que não fazer, mas ela pode ter dificuldade em descobrir o que ela *pode* fazer. Pode ser mais eficaz se a professora disser: "Os blocos são para brincar no chão" ou "Parece que você quer arremessar algo. Você gostaria que eu te ajudasse a encontrar uma bola que você pudesse jogar?" **Na próxima vez que você começar a dizer "não" para o seu filho, pergunte a si mesma o que você quer que aconteça. Então diga ao seu filho o que você deseja.**
- **Em vez disso, diga "sim".** Muitos pais estão programados para responder com a resposta automática "não". Quando você está prestes a dizer não, tente se questionar: "Por que não?". Dê uma olhada no caso da Cindy, com 16 meses. Ela está brincando na pia do banheiro, espirrando água por todos os lados e aproveitando esse momento maravilhoso. Quando a mãe entra no banheiro, sua primeira resposta é agarrar a Cindy e dizer: "Pare com isso!" Mas por quê? Os olhos da Cindy estão brilhando. Ela está imersa sentindo a sensação da água e com a magia das gotículas que voam ao seu redor. Suas roupas podem ser trocadas, e ela provavelmente pensará que é uma ótima brincadeira ajudar a mãe a secar o chão depois. Em outras palavras, pode não haver motivos para dizer não dessa vez. Mamãe e Cindy podem se sentir melhor se esquecerem o "não" e simplesmente se divertirem.
- **Tente distração e redirecionamento.** De maneira firme e calma afaste a criança do objeto proibido. Em vez de repreendê-la sobre o que ela não deveria fazer, canalize a atenção: "Vamos ver quantos pássaros estão no bebedouro nessa manhã".
- **Ofereça escolhas limitadas.** Quando seu filho exige suco de maçã em vez de suco de laranja, segure o copo de suco de maçã que você havia servido ou ofereça para guardar o suco para mais tarde. (Lembre-se, crianças pequenas podem usar seu corpo inteiro como objeção, como um ataque de birra. Só porque a pequena Sophie tem um ataque de birra, não significa que o seu comportamento em relação à situação não foi apropriado.) Na próxima vez, fale as opções dos sucos antes de servir no copo, dando-

-lhe a oportunidade de exercer o poder de maneira apropriada, em vez de ensinar a ser excessivamente exigente e inflexível ou se envolver em uma disputa de poder.

Quando você deve dizer "não"

Onde as crianças aprendem a palavra "não"? Bem, provavelmente ao ouvir seus pais e cuidadores dizerem isso com tanta frequência. Tente dizer "não" somente quando for necessário durante esses três primeiros anos de vida. Se você disser "não" com muita frequência, pode estar prejudicando o desenvolvimento normal e criando disputas de poder desnecessárias.

Lembre-se, você deve estar disposto a *ensinar* muitas vezes antes que a criança compreenda. Nós falamos com as crianças antes que elas compreendam as palavras, nós as afastamos das coisas que não podem tocar antes que elas compreendam o porquê, nós as abraçamos e acariciamos antes que elas sejam capazes de abraçar de volta.

O entendimento real – a capacidade de usar uma habilidade sem pensar conscientemente nisso – leva tempo. Os objetivos são oferecer uma disciplina gentil e firme, e ensinar os limites adequados ao desenvolvimento, mas você cometerá muitos erros ao longo do caminho. Como as crianças e os bebês nem sempre compreendem, dizer não é eficaz somente quando usado com outros métodos, tais como uma ação gentil e firme.

Ensinar por meio de seus atos

Para crianças de 0 a 3 anos, é melhor dizer "não" por meio das atitudes do que usando palavras. Como Rudolf Dreikurs costumava dizer: "Fique em silêncio e aja".

> *Oliver, com 2 anos, adorava livros, mas quando Cynthia, sua professora, o encontrou rasgando as páginas do livro que ela acabara de ler, ela gentilmente retirava o livro e levava o Oliver para a estante de livros. Lá, ela o ajudava a escolher um livro com páginas duras. Oliver ficava satisfeito com esse novo livro, e os danos ao livro da biblioteca escolar foram impedidos.*

Quando Michael, de 2 anos e meio de idade, começou um ataque de birra no supermercado, sua mãe o pegou no colo e o levou para o carro. Ela calmamente o segurou em seu colo até ele parar de gritar e se contorcer. Então, eles voltaram para a loja e tentaram novamente. Eles tiveram que voltar para o carro três vezes naquele dia. Felizmente, a mãe de Michael teve o cuidado de não colocar produtos perecíveis como ervilhas congeladas ou leite no carrinho até pouco antes de terem que ir para a fila. Poucos dias depois, eles voltaram para o supermercado e tiveram que voltar apenas uma vez para o carro. Na semana seguinte, Michael parou de chorar assim que sua mãe o pegou e começou a andar em direção ao carro. Isso é planejar com antecedência (e um acompanhamento gentil e firme) na prática!

Foi mais fácil para esses adultos agirem de forma gentil e firme porque sabiam que era normal que as crianças testassem sua autonomia e iniciativa, por vezes, de maneiras socialmente inaceitáveis ou perigosas. Será que a mãe de Michael estava envergonhada quando os outros clientes os encaravam ou diziam a ela que seu filho precisava de "uma boa palmada"? Talvez. Ela também sabia que é responsabilidade dos pais construir o senso de capacidade e resiliência, oferecer uma supervisão constante e redirecionar o mau comportamento por meio de uma ação gentil e firme. Criar os filhos exige tanto paciência como coragem, e criar crianças ativas, curiosas e vibrantes merece uma medalha de honra especial. É uma tarefa incrível.

Em vez de esperar que seu filho compreenda e obedeça quando diz não, faça o acompanhamento por meio da atitude. Você pode dizer "não morda", enquanto gentilmente coloca a mão sobre a boca da criança, afastando-a de onde quer morder. Você pode dizer "não bata", enquanto a afasta e demonstra o que ela pode fazer: "Faça carinho...". O "não" pode servir mais para o seu benefício do que para a criança – isso ajuda a criar a energia que você precisa para uma ação gentil e firme.

UM "NÃO" COM ABRAÇO

Há uma tirinha de quadrinho encantadora que descreve uma mãe gritando "Não!" para o filho. A criança retruca: "Sim!". A mãe grita mais alto: "Não!". A criança grita: "Sim!". Então a mãe se lembra da importância de ser

> gentil e firme ao mesmo tempo. Ela se ajoelha, dá um abraço na criança e diz suavemente: "Não". O menino diz: "Tudo bem".
>
> É correto dizer "não" quando você está ciente do que seu filho pode ou não entender. A frustração acontece quando os pais pensam que a palavra "não", por si só, é suficiente para criar obediência.

O "não" que você quer que as crianças digam

Acredite ou não, as crianças precisam aprender a dizer não. Dizer não é uma habilidade de vida valiosa. Um dia, as crianças se tornarão adolescentes expostos a drogas, álcool e outras opções perigosas. Quando essas escolhas aparecerem, você, sem dúvida, vai querer que seu jovem adulto diga não. Mas agora, que todo o vocabulário da criança parece consistir nessa única palavra, você pode não estar tão animado.

Dê às crianças chances de dizer não de maneira apropriada. "Você quer um pouco de suco?" A resposta "não" ao suco é perfeitamente aceitável. Ou você pode perguntar: "A titia pode te dar um abraço antes de ir embora?". Como as crianças precisam ter certo controle sobre seus corpos, a resposta "não" deve ser uma opção, que espera-se que a tia possa aceitar sem ofensa.

Gentil e firme

Outra possibilidade é usar frases gentis e firmes que não incluam a palavra "não". Observe como o "e" adiciona gentileza e firmeza ao mesmo tempo. Aqui estão alguns exemplos:

- **Valide os sentimentos:** "Eu sei que é difícil parar de brincar, *e* é hora do jantar".
- **Demonstre compreensão:** "Eu entendo por que você prefere brincar do que ir para a cama, *e* é hora de dormir".
- **Redirecione o comportamento:** "Você não quer escovar os dentes *e* eu não quero que seus dentes fiquem sujos. Aposto uma corrida até o banheiro".

- **Ofereça uma escolha:** "Você não quer tirar uma soneca, *e* é hora de dormir. É a sua vez de escolher um livro, ou a minha?".
- **Ofereça uma escolha e em seguida faça o acompanhamento ao decidir o que você vai fazer:** "Eu sei que você quer correr pela loja, *e* isso não é aceitável. Você pode ficar perto de mim ou podemos sentar no carro até que esteja pronto para tentar novamente".

Processo *versus* produto

Poucos aspectos no mundo da criação dos filhos são apenas 8 ou 80. Este livro está cheio de escolhas e possibilidades. Compreender o progresso individual do seu filho – seu desenvolvimento da confiança, autonomia e iniciativa, seu temperamento, seu desenvolvimento físico e cognitivo – o ajudará a fazer melhores escolhas para ele e para você. Vamos dar uma olhada em uma das maneiras pelas quais as fases do desenvolvimento influenciam as percepções e comportamentos do seu filho.

É uma noite agitada de sexta-feira e você vai dar uma rápida passada no supermercado com seu filho. Você tem um objetivo definido em mente, ou seja, pegar os ingredientes necessários para o jantar a tempo de chegar em casa, prepará-lo e comê-lo, e ainda chegar a tempo para o jogo de futebol do seu filho mais velho. Para você, ir até a loja significa obter o produto desejado. Para o seu filho, no entanto, o produto não é o objetivo. **As crianças estão firmemente enraizadas no aqui e agora. Eles pensam e experimentam a vida de forma diferente dos adultos.** A passada no supermercado é toda voltada para o processo – os cheiros, as cores, os sentidos, a experiência. Estar aprisionado em uma agenda ocupada simplesmente não permite tempo para aproveitar o processo.

As crianças não compartilham nossas expectativas orientadas para o objetivo. Nem sempre é possível acompanhar a abordagem descontraída de uma criança. Às vezes você realmente precisa correr, pegar o frango e correr de volta para casa. Mas estar ciente da tendência do seu filho em se concentrar no processo em vez do produto, pode ajudá-lo a atingir um equilíbrio. Há momentos em que você pode caminhar lentamente pelo mercado, apreciando as flores no estande das plantas e as revistas na prateleira, ou cheirar os pêssegos perfumados e nomear as cores juntos. As crianças são monges zen em miniatura, capazes de se concentrar no momento e aproveitá-lo – uma habilidade que muitos adultos se beneficiariam em aprender.

Quando você deve se apressar, dedique um tempo para explicar ao seu filho porque você deve fazer compras rapidamente desta vez. Você pode explicar que quer que ele segure sua mão e que você terá que passar pelos brinquedos e por outras coisas interessantes. Você pode pedir a ajuda dele para encontrar o frango e levá-lo para o carrinho de compras. E então, você vai voltar para o carro e dirigir para casa. Ajudar uma criança a entender claramente o que se espera e o que acontecerá, aumenta as chances de que ela coopere com você.

A importância do humor e da esperança

A capacidade de rir e a capacidade de ter esperança e sonhar estão entre os maiores dons com os quais os pais podem presentear os seus filhos. Não há melhor maneira de evitar problemas (ou lidar com os que já aconteceram) do que mudar sua perspectiva e ver o humor em uma situação. Desde os primeiros jogos de esconde-esconde com seu bebê, o riso cria um dos laços de maior aproximação entre você e seu filho. Quando a tentativa da criança de encher o pote de água do cachorro resulta em um riacho desde a pia até a porta dos fundos, tente sorrir e aprecie o esforço (prometemos que essa será uma ótima história para compartilhar com os filhos dele algum dia!). Aprender a compartilhar um sorriso, a fazer caras engraçadas ou a encontrar o humor nas situações, pode dar leveza à sua família durante vários momentos difíceis.

Regras e limites têm seu papel, e não conseguiríamos funcionar bem sem eles. Mas tente o seguinte experimento um dia: **Observe com qual frequência você repreende seu filho, exige algo, alerta contra um perigo ou contra uma infração das regras. Então conte quantas vezes você admira suas habilidades, encoraja suas descobertas ou dá risadas juntos sobre algum momento divertido. O que você faz com mais frequência?**

Esperamos que a consciência sobre o impacto das frases negativas incentive-o a ser mais encorajador com seus filhos. Foque no positivo. Evite problemas quando possível. Dedique um tempo para relaxar um pouco, para dar um abraço no seu filho ou ter alguns minutos para conversarem antes de dormir. Há momentos em que o melhor remédio de verdade é rir – com uma dose saudável de perspectiva.

ATIVIDADES PARA REFLEXÃO

1. É fácil se concentrar no que está errado. Não temos problemas em fazer longas listas do que não gostamos em nós mesmos, em nossos cônjuges, nossos empregos e nossos filhos. Pense por um momento sobre como você se sentiria se seu chefe no trabalho nunca fizesse nada senão apontar seus erros e defeitos. Quão motivado você se sentiria para tentar com mais afinco? Por um dia, conte quantas vezes você diz não para o seu filho.
2. Se a sua lista parece longa e você está se sentindo desencorajado, seus filhos também podem estar sentindo o mesmo. Pegue-se dizendo "não" e veja se você pode transformá-lo em um "sim". Veja quantas vezes você pode gerenciar essa opção. Vocês dois se sentirão mais encorajados.
3. Considere uma tarefa que você faz com frequência com seu filho. Existe uma maneira de envolvê-lo no processo? Como você pode se planejar e ensinar algo antes de sair de casa, para que seu tempo juntos seja vivenciado de uma maneira mais suave? Se os erros acontecerem (e eles costumam acontecer quando você está aprendendo uma nova habilidade), pense sobre o que você pode aprender com o erro para melhorar o processo na próxima vez.

13

HORA DE DORMIR

Você não pode forçá-los

Reúna qualquer grupo de pais com filhos pequenos e, inevitavelmente, a conversa tomará uma das três direções: "Não consigo fazer minha filha tirar uma soneca", uma mãe se queixa. "Ela fica acordada o dia todo, aí adormece no início da noite. Seria ótimo se ela dormisse a noite toda, mas ela acorda às 3h da manhã e quer brincar! Como posso fazê-la dormir?"

"Nós usamos a cama compartilhada e nossos filhos dormem bem, mas às vezes *nós* não dormimos bem", diz um dos pais. Outro diz: "Nós também temos a cama compartilhada, mas não porque queremos. Nós simplesmente não conseguimos que nossos filhos durmam em suas *próprias* camas."

"Meu filho dorme bem", diz um pai, "mas ele se recusa a usar o penico. Ele tem quase 3 anos. Minha mãe diz que os filhos *dela* já estavam desfraldados aos 2 anos. Estamos começando a entrar em pânico."

"Bem, ainda estamos no básico", comenta tristemente uma outra mãe. "Meu filho pensa que pode viver somente de cachorro quente e macarrão. Eu suborno, argumento, explico, mas ele apenas trava os lábios quando eu lhe ofereço qualquer outra coisa. Odeio a hora das refeições."

A maioria de nós pode se relacionar com esses pais sob pressão. Na verdade, você pode estar se reconhecendo nesses relatos. Os próximos três capítulos abordarão as eternas disputas de poder: dormir, comer e usar o banheiro. Quem começa essas guerras? E por quê?

Acreditamos que, como qualquer outra batalha entre pais e filhos, as guerras relacionadas à hora de dormir, de comer e ao uso do banheiro baseiam-se na falta de conhecimento, na falta de habilidades e na falta de confiança em você e em seu pequeno.

Compreender o desenvolvimento adequado à idade te dará a perspectiva necessária à medida que seu filho aprende a dominar seu corpo. Concentrando-se em habilidades de cooperação – especialmente quando você enfrenta a realidade de que dormir, comer e ir ao banheiro são três áreas nas quais seu filho está no controle total – trará alívio para vocês dois. Afinal, o corpo é dele!

Lembre-se, uma disputa de poder tem dois lados. Você não pode forçar seu filho a dormir, você não consegue forçá-lo a comer e não pode fazê-lo usar o banheiro. Somente ele pode executar essas funções. *Há*, no entanto, maneiras de estimular a cooperação usando métodos respeitosos e adequados ao desenvolvimento da criança.

Todos os seres humanos devem dormir e comer para sobreviver. Usar o banheiro é uma função corporal com forte (para dizer o mínimo) significado social. Nenhuma dessas áreas se torna um campo de batalha a menos que se torne mais importante para uma criança (ou para um pai ou uma mãe) "ganhar" do que fazer o que seria natural. O segredo é que os pais aprendam a desenvolver a cooperação em vez de se envolverem em disputas de poder.

Hora de dormir: "mas eu não estou cansado!"

A maioria dos bebês passa mais tempo dormindo do que acordado durante os primeiros meses de vida, embora seus horários de sono possam ser confusos por um tempo. Muitas disputas de poder sobre a hora de dormir podem ser evitadas se você ajudar seu filho a aprender a adormecer por si mesmo logo no início. Uma das estratégias mais úteis é colocá-lo no berço um pouco antes de adormecer. Alguns pais têm medo de deitar um bebê sonolento por medo de acordá-lo, mas acordar e logo voltar a dormir depois de um chorinho não é preocupante. Ajudaria bater gentilmente nas costas para que ele se acalme e volte a dormir.

Com o tempo e a prática, você aprenderá o que funciona melhor para seu filho. Você pode explorar os benefícios da escuridão *versus* luzinhas noturnas, música versus silêncio, quartos aquecidos *versus* quartos frescos. De qualquer forma, *dormir é trabalho do bebê*. Você vai começar uma batalha se tentar fazer do sono dele a sua responsabilidade.

Os padrões de sono também são diferentes. Alguns bebês nascem com temperamentos mais ativos, enquanto outros podem ter cólicas ou problemas físicos. Esses bebês podem exigir mais colo e aconchego durante os primeiros 3 a 6 meses até que você (e o pediatra) conheçam seu bebê o suficiente para saber se os problemas são físicos ou não. Estabeleça bons hábitos de sono assim que tiver certeza de que seu filho não tem problemas físicos.

Dormir sozinha

Pergunta: Minhas duas filhas (12 meses e quase 3 anos) não adormecem sozinhas. Eu tenho que me deitar com elas até elas adormecerem. Normalmente, adormeço também, o que compromete a minha noite de sono. Na verdade, a rotina de dormir é sempre uma batalha. Elas gritam na hora de tomar banho, vestir os pijamas e quando vão para a cama. Minha filha mais velha me diz que não está cansada. Tento convencê-la de que está. Quando finalmente consigo levá-las para a cama e ler uma história, elas choram porque querem mais. Sou uma mãe que fica em casa, então meus filhos recebem muita atenção – mas parece que nunca é suficiente. Socorro!

Resposta: Os pais geralmente sofrem mais que seus filhos quando demoram muito tempo para ajudá-los a aprender que podem dormir sozinhos (e, no processo, aprender "Eu sou capaz"). Na verdade, a resistência da criança pode ser muito mais difícil para você do que para ela! Você escolheu ajudá-la a dormir quando era mais nova (uma escolha aceitável feita pela maioria dos pais zelosos). Você está disposta a sofrer um pouco mais para ajudar sua filha agora?

Suas filhas provavelmente vão chorar por 3 a 5 noites até que elas aceitem que você esteja fazendo o que é melhor para elas e que você vai manter sua determinação com confiança. Use a sua intuição para decidir se você deseja ajudá-las a aprender de uma vez ou em etapas. Se a sua filha continuar a chorar, você pode entrar no quarto para dar uma palavrinha ou um carinho após 5 minutos, depois 10 minutos e 15 minutos, e assim por diante, sem ficar deitado, abraçando ou aconchegando. (Você pode questionar se uma criança pequena sabe a diferença entre 5 minutos e 50, mas o importante é que ela vivencie a consistência ao encontrá-la quando ela acorda.)

Essa pode ser a única maneira que alguns pais podem lidar com esse ajuste, enquanto outros veem isso como uma forma de provocar o bebê e tornar a separação mais dolorosa tanto para a mãe como para a filha. Em ambos os casos, tanto os pais que "fazem de uma vez" como os pais que entram no quarto por alguns segundos de conforto, geralmente acham que é preciso de 3 a 5 dias para que as crianças aprendam a adormecer sozinhas.

Existem dois ingredientes principais para o sucesso em ajudar seus filhos a aprenderem a dormir sozinhos:

1. O seu entendimento de que esta é a coisa mais amorosa que você pode fazer por seus filhos, que experimentaram uma criação com apego até agora. Não é útil ensinar-lhes, mesmo inadvertidamente, que seu único poder é exigir dos outros atenção ininterrupta.
2. Sua confiança. Eles sentirão isso da sua energia e da sua linguagem corporal. Lembra dos neurônios-espelho? Seu estado emocional é muito visível. As crianças se sentem seguras e confiantes quando os pais estão confiantes. Quando você estiver confiante, será mais fácil ser gentil e firme. Por outro lado, se você se sentir inseguro ou desistir e entrar no quarto depois de vários minutos de choro, seu filho pode aprender a chorar mais e vocês dois se sentirão desencorajados.

Suas filhas recebem muito amor durante o dia, e elas veem você todas as manhãs. Não acreditamos que elas se sentirão mal-amadas ou abandonadas se chorarem um pouco enquanto aprendem a adormecer por elas mesmas. É na verdade empoderador e amoroso ensinar às crianças as habilidades que precisarão para se tornar pessoas saudáveis e responsáveis.

Se você decidir que simplesmente não aguenta deixar sua filha chorando, essa é uma escolha que você pode fazer, mas você deve reconhecer que pode estar armando o cenário para uma criança que vai exigir de você um serviço exclusivo por muitos anos. No final, o sono triunfará. (Acredite ou não, chegará o dia que você vai ter dificuldade para fazê-la acordar e sair da cama.)

Choro ou resistência não significa que você tenha feito a escolha errada. Seu trabalho como pai ou mãe é fazer escolhas que mais beneficiem o seu filho, mas isso não significa que essas escolhas serão sempre agradáveis para ele. Como as crianças aprenderão que podem resolver problemas ou desenvolver a resiliência se não tiverem oportunidades para tentar?

Criando uma hora de dormir mais pacífica/serena

A maioria dos pais e filhos vai lutar contra a hora de dormir em algum momento durante sua jornada juntos. Aqui estão algumas ideias que podem ajudá-lo a tornar a hora de dormir mais harmoniosa – em vez de ser a hora mais agitada do dia:

- **Estabeleça uma rotina para dormir.** A previsibilidade do banho da noite, escovar os dentes e ler histórias na hora de dormir facilitará a transição do dia para a noite. A consistência cria um sentimento de segurança e tranquilidade – a atmosfera ideal para um sono repousante. Muitas famílias ocupadas relatam que a hora de dormir raramente é a mesma de um dia para o outro. Enquanto as crianças mais velhas podem ser mais flexíveis, as rotinas consistentes para a hora de dormir são essenciais para os pequenos.
- **Crie um ambiente de sono confortável.** Como seus pais, as crianças têm preferências diferentes sobre como elas dormem. Algumas crianças gostam de uma luz noturna, enquanto outras preferem a escuridão. Algumas gostam de ouvir os sons de seus pais e famílias, enquanto outras querem silêncio. Algumas gostam de pijamas leves, enquanto outras querem pijamas com pé quentinhos. Esses detalhes não valem a pena serem discutidos. Ajude seu filho a encontrar a fórmula que funciona melhor para ele, então deixe-o relaxar e adormecer em seu ninho aconchegante.
- **Criem juntos um quadro de rotinas para dormir.** À medida que as crianças crescem, a rotina da noite pode ser um quadro visual. Convide seu filho a dizer-lhe todas as coisas que ele precisa fazer antes de ir para a cama, enquanto você anota as ideias. (Se o seu filho é muito pequeno para ter essa conversa, ele pode ser muito pequeno para se beneficiar desse quadro.) Se ele pular alguma coisa, você pode fazer perguntas como: "Que tal escolher suas roupas para amanhã". Em seguida, pergunte ao seu filho em que ordem essas tarefas precisam ser feitas enquanto você coloca números na sua lista.
  Agora vem a parte divertida. Deixe seu filho fazer uma pose enquanto você tira uma foto dele fazendo cada tarefa. Imprima as fotos e deixe-o colá-las em um quadro na ordem acordada (ou deixá-lo grampear as fotos em uma fita longa, na ordem combinada) e pergunte onde você deve pendurá-lo para que ele possa vê-lo. Agora é dele. Se ele esquecer, tudo o que você precisa

fazer é perguntar: "Qual é a próxima tarefa no seu quadro da hora de dormir?". Isso o coloca no comando e encoraja sentimentos de capacidade.

- **Encoraje seu filho a desempenhar um papel ativo nos preparativos para a hora de dormir.** Se ele tiver idade suficiente para se vestir, não coloque o pijama nele. (Lembre-se de que crianças de 2 e 3 anos de idade estão trabalhando sua autonomia e iniciativa.) Você pode deixá-lo acertar um cronômetro para ver com que rapidez ele consegue colocar sozinho seu pijama. Faça isso com um espírito de diversão, não como forma de pressionar ou apressar seu filho. Encorajamento é a palavra-chave quando promovemos a independência e a autonomia em crianças pequenas.
- **Pratique comportamentos para dormir em outras horas do dia.** Você pode jogar "Vamos fazer de conta" para preparar seu filho para o que vai acontecer. Tente fazer o papel de ir para a cama chorando e depois ir para a cama feliz. Você pode desempenhar a parte do seu filho, enquanto ele é o "pai ou mãe". Você também pode usar marionetes ou bichos de pelúcia para fazer uma rotina para dormir. Lembre-se, este exercício é destinado a ensinar, não a dar um sermão. (As crianças adoram isso, especialmente quando o "filho" adulto se comporta mal.) Isso lhe dá a oportunidade de mostrar o quanto ele realmente entende sobre o comportamento apropriado para dormir. Dê o exemplo ao cooperar e lembre-se de se divertir. (Ninguém nunca disse que os pais tinham que ser chatos!)
- **Evite disputas de poder.** Se o seu filho diz: "Eu não quero ir para a cama", não discuta. Você pode dizer: "Você realmente gostaria de ficar acordado até mais tarde, e é hora de dormir", ou "Você não quer ir para a cama ainda, e seu quadro de rotinas diz que agora é hora da história". Essas frases reconhecem suas demandas e ajudam-no a se sentir ouvido, mesmo que ainda seja a hora de dormir. Seja gentil e firme ao mesmo tempo. Tentar convencê-lo de que ele está cansado ou dizer-lhe que ele está irritado não ajuda. Isso apenas estimula a discussão e é uma receita infalível para uma disputa de poder. Mantenha o seu senso de humor e leveza. Muitas crianças pequenas resistem a uma ordem para colocar o pijama, mas poucos podem resistir a uma corrida para ver quem pode colocar o pijama primeiro, se é o papai ou o filho.

Normalmente, sempre que há uma disputa de poder, um participante ganha e o outro perde. Nesse caso, porém, ambos perdem porque vocês dois estarão esgotados e frustrados até que ele finalmente adormeça. É seu trabalho sair da disputa de poder e criar uma solução em que todos ganhem. Seja gentil, mas firme. Continue com a rotina. Pergunte: "Qual é a próxima tarefa no seu quadro de rotinas?".

- **Decida se as horas de dormir serão as mesmas.** Se você tem mais de um filho, você quer que eles vão para a cama no mesmo horário ou em horários diferentes? Provavelmente não levará muito tempo para fazer duas rotinas se você combinar uma parte das rotinas para as duas crianças. Por exemplo, você pode decidir que o horário do banho e da brincadeira seja o mesmo. Um adulto pode brincar com uma criança mais velha, enquanto o outro troca o bebê. Ou uma criança mais velha pode ajudar entretendo o irmãozinho enquanto você troca a fralda. Essa colaboração ajudará a criança mais velha a se sentir envolvida em vez de ignorada e promoverá sua cooperação quando for a hora de dormir.
- **Decida o que você fará, e faça.** Concorde em ler um livro ou dois, então mantenha o combinado. Não se envolva em uma discussão. As crianças aprendem melhor com ações que são gentis e firmes. Se ela continuar implorando por mais uma história, dê-lhe um beijo de boa noite e saia do quarto. Sim, ela pode chorar, mas sua ação gentil e respeitosa ensinará a ela que manipulação não é uma opção.
- **Torne a hora de dormir um momento para compartilhar.** Quando seu filho souber falar, você pode dizer: "Diga-me a coisa mais feliz e triste que aconteceu com você hoje". Você também pode compartilhar seus próprios momentos felizes e tristes. Essa é uma maneira maravilhosa de desenvolver a proximidade. (Lembre-se: hoje, ontem e na semana passada são medidas de tempo que as crianças com menos de 4 ou 5 anos não entendem completamente. O momento feliz dele pode ser algo que ocorreu há meses. Não discuta os detalhes, simplesmente aproveite a conversa.)
- **Dê um abraço no seu filho e saia do quarto.** Lembre-se, quanto mais confiante você estiver, mais fácil será para seus filhos.

Confie em você para modificar essas sugestões para se adequar ao seu estilo, você pode incluir orações, uma música ou algum outro item especial no seu quadro de rotina. A hora de dormir pode ser difícil às vezes, mas você pode se sentir confiante de que está ajudando o seu filho a aprender a dormir sozinho, a ter o descanso que ele precisa – e a desenvolver sua confiança e autoestima no processo.

Isso funciona?

Tara tentou mais uma vez colocar o braço do seu filho na manga do pijama e desistiu de tão frustrada quando ele se mexeu e livrou seu braço novamente. Desde que o bebê Sean chegou, a hora de dormir virou uma batalha com Tyler, de 2 anos de idade. Tara sabia que crianças às vezes têm dificuldade com a chegada de um novo irmão à família, e achava que ela e Miles, seu marido, prepararam bem Tyler.

No entanto, desde que Sean chegou do hospital, Tyler recusou-se a dormir sem o pai ou a mãe na sua cama. Ele acordava várias vezes à noite, e resistia a todo o processo de dormir. Tara suspirou e pegou a parte de cima do pijama de novo. Amanhã, ela resolveu, ela iria reler suas anotações do curso de pais. Era hora de dar um fim às guerras da hora de dormir.

A manhã seguinte era sábado. Tara esperou até que Sean estivesse dormindo, e então chamou Tyler para o seu lado. "Eu tive uma ideia", ela disse com um sorriso. "Preciso da sua ajuda para lembrar o que você faz na hora de dormir. Você poderia me ajudar a fazer um quadro para que possamos nos lembrar de tudo o que devemos fazer?" Ele gostou de ser consultado por sua mãe e concordou em ajudar, observando com curiosidade enquanto Tara reunia cartolina, canetinhas, câmera e adesivos.

"Agora", ela disse enquanto tirava a tampa de uma canetinha, "qual é a primeira coisa que fazemos na hora de dormir?"

Trabalhando juntos, Tara e seu filho pequeno listaram as tarefas da hora de dormir e ilustraram cada uma com uma foto. Quando o quadro ficou pronto, Tara escreveu "Rotina da hora de dormir do Tyler" em letras grandes e o ajudou a colocar glitter na cola que ela pôs na cartolina. Tyler foi logo mostrar sua criação ao pai dele.

Miles admirou o quadro brilhante, divertindo-se com o entusiasmo do seu filho, mas ele olhou com dúvida para Tara. "Eu não sei não...", disse ele. "Como isso pode fazer a diferença?" Mas naquela noite, Miles e Tara ficaram surpresos com a resposta que Tyler deu quando disseram: "Qual é a próxima tarefa no seu quadro de rotina?"

Mais tarde naquela semana, Tara compartilhou os resultados com seu grupo de mães. "Tyler ainda não quer ir dormir às vezes", disse ela. "Mas quando ele sabe que estou firme, ele imediatamente pergunta: "Onde está o meu quadro?". Nós temos que seguir cada passo na ordem e ele me corrige se eu cometo um erro. Tentei ler apenas um livro ontem à noite e Tyler me lembrou que o quadro diz duas histórias. Ele está adormecendo sem reclamar e dormindo durante a noite inteira quase todas as noites. Seu vovô ficou tão encantado com o seu quadro da hora de dormir que ele perguntou se ele poderia mantê-lo como uma lembrança depois que Tyler tiver crescido!”

É bom lembrar que nada funcionará o tempo todo para todas as crianças, mas, como você verá, a maioria das crianças pequenas prospera com a rotina, a consistência e o encorajamento.

Dormindo com os pais

Muitos pais se perguntam se devem ou não deixar seus filhos dormirem com eles. Existem opiniões diferentes sobre essa questão. Livros foram escritos sobre a "cama compartilhada" e os benefícios de permitir que as crianças dormissem com seus pais. Algumas pessoas acreditam que as crianças se sentem mais amadas e seguras quando dormem na cama de seus pais. Outros especialistas acreditam que as crianças se tornam exigentes e dependentes quando dormem com seus pais e que elas têm mais oportunidades de aprender cooperação, autoconfiança e autonomia quando dormem em suas próprias camas. O livro *Positive Discipline A-Z*[1] afirma: "Se seus filhos estão na sua cama por escolha, isso é uma coisa... No entanto, a maioria dos pais não fez uma escolha consciente quando permitiu que seus filhos dormissem com eles, e não está feliz com isso. Se esse é o caso, é desrespeitoso deixar seu filho dormir na sua cama com vocês". Isso levanta uma distinção importante, uma que pode decifrar o que realmente está acontecendo na sua casa.

CUIDADO COM OS VÍDEOS NA HORA DE DORMIR

Pergunta: Minha filha de 2 anos quer assistir a seu vídeo favorito todas as noites na hora de dormir. Se não deixamos ela assistir, ela faz uma cena terrível na hora de ir para a cama. Às vezes, acabamos desistindo e deixamos ela adormecer no chão em frente à TV. Mesmo quando a deixamos ver o

---

1   Jane Nelsen e Lynn Lott (New York: Three Rivers Press, 2007).

> vídeo, ela tem o sono agitado e muitas vezes acorda reclamando e irritada pela manhã. O que devemos fazer?
>
> **Resposta:** Uma quantidade significativa de pesquisas descobriu que a exposição a telas antes da hora de dormir pode interromper os padrões de sono de uma criança — e o sono profundo é importante para o crescimento, a saúde e a consolidação da aprendizagem. Pode ser uma transição difícil para todos vocês, mas seria melhor se você desligasse todas as telas pelo menos uma hora antes de planejar colocar seu filho na cama. Crie um quadro de rotina com ela e deixe-a saber, com gentileza e firmeza, que seu vídeo não fará mais parte da sua rotina. Em seguida, siga o quadro até que sua nova rotina para dormir se torne a norma.

A primeira coisa a considerar é o que funciona para você. Siga seu coração e sua cabeça. Você acha difícil dormir com seus filhos na sua cama? Se você é um pai ou mãe solteiro, é vital considerar as implicações de um(a) novo(a) parceiro(a) entrar nesse contexto. No caso dessa eventualidade, pergunte a si mesmo o quão comprometido você está em compartilhar sua cama com um bebê ou uma criança pequena. Alguns casais acham que dificulta seu relacionamento (emocional e sexual), e não querem abrir mão do tempo para uma conversa adulta depois de entrar por baixo das cobertas, um momento tranquilo para ler um livro e/ou a chance de fazer amor antes de dormir. (Nós abandonamos propositalmente assistir à televisão, o que pode criar uma ruptura maior em um relacionamento do que as crianças na cama.)

Por outro lado, se você acredita que compartilhar a cama familiar promove a proximidade emocional, então faça isso com considerações de segurança em mente. (A American Association of Pediatrics é contra bebês dormirem na cama de um adulto, em razão do risco de sufocação e aumento do risco de Síndrome da Morte Súbita Infantil (SMSI), embora nem todos os especialistas concordem com esse conselho.)

Além de preocupações filosóficas, emocionais e de segurança, lembre-se de que cada criança e família são únicas. Como o compartilhamento da cama funciona para seus filhos? Isso ajuda ou dificulta seu desenvolvimento de autonomia, autoconfiança e autossuficiência? Cada família deve encontrar suas próprias respostas para essas questões. Nós não afirmamos ter "a" resposta, mas acreditamos que os pais poderão perceber quando seu filho se torna extremamente exigente ou está desenvolvendo uma dependência excessiva (em vez de uma independência saudável).

Rudolf Dreikurs acreditava que existe uma forte conexão entre o mau comportamento diurno e o mau comportamento noturno. Em outras palavras, as crianças que criam dificuldades durante o dia também tendem a criar desafios para dormir. Dreikurs contou a seguinte história sobre uma mulher que veio até ele com um filho "problemático". Depois de ouvir as queixas da mulher sobre seus problemas com a criança durante o dia, Dreikurs perguntou: "Como a criança se comporta na hora de dormir?". A mulher respondeu: "Eu não tenho problemas durante a noite". Isso surpreendeu Dreikurs, porque sua teoria era que o comportamento diurno e o noturno estavam relacionados. Depois de um pouco mais de conversa, Dreikurs perguntou novamente: "Você tem certeza de que não tem problemas na hora de dormir?". A mulher assegurou: "Não, não tenho problemas durante a noite". Finalmente, Dreikurs adivinhou o que poderia estar acontecendo à noite. Ele perguntou: "Onde a criança dorme?". A mulher respondeu: "Por quê? Ela dorme comigo, é claro".

Dreikurs explicou à mulher que o modo de dormir era parte do problema. A criança não estava criando problemas durante a noite, porque na cama ela tinha a atenção total da sua mãe. A criança estava apenas tentando obter o mesmo nível de atenção durante o dia que ela recebia à noite, e ela criava problemas quando sua mãe não lhe dava assistência da mesma maneira que fazia à noite. Essa criança pode ter decidido: "Eu só sou amada quando recebo atenção constante".

Se o seu filho está dormindo na sua cama e parece excessivamente exigente e dependente durante o dia, você poderia considerar o desmame da cama compartilhada. Essa decisão pode ser difícil. Como H. Stephen Glenn e Jane Nelsen salientam em seu livro *Raising Self-Reliant Children in a Self-Indulgent World*, "Desapegar nunca foi fácil nem para pais nem para filhos, mas é necessário para o crescimento pessoal saudável de ambos".

Alguns pais não permitem que seus filhos durmam com eles durante a noite, mas permitem que eles compartilhem sua cama nas manhãs de fim de semana para "aconchegos matinais". Outros pais têm uma rotina de deitar nas camas de seus filhos para a hora da história. Eles deixam claro para seus filhos que eles vão sair quando a história acabar, evitando o hábito que muitas crianças adotam rapidamente de insistir que seus pais permaneçam na cama até que eles adormeçam.

Novamente, use sua sabedoria para decidir o que funciona melhor para você e seus filhos. Se você é parte de um casal, ouvir e respeitar um ao outro à medida que você faz escolhas sobre a criação dos filhos fortalece seu relacionamento. Considere suas próprias necessidades e as habilidades que seu filho eventualmente precisará desenvolver, e há uma boa chance que você fará a escolha que é melhor para todos vocês.

Uma palavra sobre camas

Como se já não houvesse o suficiente para considerar, existem ainda muitas opções de camas para crianças hoje. Será que uma criança deve dormir no quarto dos pais ou no quarto dela? Ela deveria estar no berço ou no colchão no chão? Os defensores de cada um desses estilos têm fortes opiniões e razões para apoiá-los. As babás eletrônicas tornam tudo mais fácil se você preferir que seu filho fique em um quarto separado, garantindo sua segurança. Lembre-se, o segredo do sucesso é o equilíbrio. O que funciona para sua família?

Falando em equilíbrio, uma escolha original para dormir é uma rede de balanço que os fãs afirmam que é especialmente útil para bebês que têm cólicas. Mesmo sem cólicas, essa escolha parece ser muito confortável e torna mais fácil manter um bebê de barriga para cima, uma posição que a American Association of Pediatrics[2] recomenda para reduzir o risco da Síndrome da Morte Súbita Infantil (SMSI).

Desapego

"E se for tarde demais?", você pode estar perguntando. "Eu já permiti que alguns maus hábitos se desenvolvessem e minha filha é muito exigente agora. Ela não vai dormir, a menos que eu me deite com ela ou deixe ela dormir com a gente. Quando tento romper com o hábito dela, ela grita – e eu sempre cedo. Isso criou todos os problemas que você mencionou, mas não suporto ouvir seu choro."

---

2 www.aap.org/en-us/about-the-aap/aap-press-room/pages/AAP-Expands-Guidelines-for-Infant-Sleep-Safety-and-SIDS-Risk-Reduction.aspx.

Aqui estão algumas dicas para ajudá-lo a sobreviver ao processo de desapego:

- **Desista do seu "botão da culpa".** As crianças sabem quando podem pressionar esse botão e elas também sabem quando a culpa se foi. (Não nos pergunte como elas sabem, elas simplesmente sabem!) A culpa raramente é um sentimento positivo e útil.

DORMIR DE BARRIGA PARA CIMA

A maioria dos pais já ouviu falar de SMSI, que é a principal causa de morte em bebês de até 1 ano de idade, e sabe que um bebê deve ser colocado de barriga para cima (posição dorsal) para dormir (em casa e no berçário) para reduzir o risco de SMSI. Mas os pais também podem ter preocupações com o sono de barriga para cima. Aqui estão algumas informações úteis da American Association of Pediatrics:

- **Regurgitar ou vomitar.** Os pais às vezes se preocupam que o bebê vá se engasgar se ele regurgitar enquanto estiver de barriga para cima. Pesquisas nos asseguram, no entanto, que crianças saudáveis são capazes de virar as cabeças se elas regurgitarem, e não são mais prováveis que tenham problemas respiratórios ou digestivos do que os bebês que dormem de barriga para baixo.
- **Cabeça chata.** Os pais também podem se preocupar que um bebê que dorme de barriga para cima desenvolva uma cabeça achatada. Apesar do crânio de um bebê ser realmente maleável no início da vida, a forma tende a se preencher ao longo do tempo. Você também pode colocar seu bebê de barriga para baixo por um tempo enquanto ele estiver acordado, o que ajudará a fortalecer os músculos do pescoço e a melhorar a coordenação — e reduzir o tempo que ele fica de barriga para cima.
- **Habilidades motoras tardias.** Alguns pais dizem que os bebês que dormem de barriga para cima não aprenderão a rolar rapidamente e podem até atrasar o desenvolvimento motor. Novamente, se o seu bebê passar muito tempo de barriga para baixo enquanto ele está acordado, isso não será um problema. Certifique-se de que seu pequeno tenha muitas oportunidades para se alongar, se esticar e se mover, e ele desenvolverá força e coordenação sem problemas. (Você pode aprender mais sobre essas questões em www.healthychild.org).

Compreender o motivo das suas ações irá ajudar você a fazer o que for necessário para o bem-estar do seu filho.

- **Diga ao seu filho o que você vai fazer.** Mesmo que seu filho ainda não fale, ele entenderá a energia por trás das palavras. Um breve aviso e um tempo de preparação ajudarão vocês dois a evitarem surpresas desagradáveis.
- **Acompanhe.** Diga somente o que realmente irá fazer, e faça somente o que realmente falou por meio da sua ação gentil e firme.
- **Dedique um tempo durante o dia para dar muitos abraços e passar outros momentos especiais com seu filho.** Certifique-se de que isso não seja "penitência de culpa" (seu filho "sentirá" a diferença), mas que seja um tempo para garantir e apreciar o amor um pelo outro.
- **Persista.** Se você seguiu os passos acima, geralmente leva pelo menos 3 dias para o seu filho acreditar que você cumpre com o que você diz, e isso pode levar mais tempo. Isso significa que ele insistirá muito para que você mantenha o velho hábito. Decida de antemão como você irá lidar com essa resistência. Algumas mães acham tão doloroso ouvir seu pequeno chorar que elas colocam sua cabeça sob as cobertas e choram também. (O tempo de chorar provavelmente ficará cada vez mais curto a cada noite, mesmo que cada minuto ainda pareça uma eternidade.)

Permitir que uma criança "chore" até se acabar é sempre um dilema para os pais. Lembre-se de que chorar é uma forma de comunicação. Claro, você deve responder ao choro do seu filho. O desafio é conseguir discernir se o choro está comunicando uma necessidade ou um desejo. As crianças precisam estar alimentadas, com fraldas limpas e serem amadas. Elas também precisam dormir. Por outro lado, uma criança pode querer ficar acordada, mesmo que seu corpo esteja exausto. Quando esse é o caso, um pouco de choro para expressar decepção, liberar energia em excesso ou gerenciar seu senso de estar acabada pelo cansaço pode ser necessário para ela se acalmar e dormir.

Às vezes, os pais preocupam-se que deixar um bebê chorar é traumático e irá marcá-lo por toda sua vida. Quando um bebê experimenta muito amor e apego durante o dia, o trauma é improvável para uma criança de 6 meses ou mais. Certamente, é imprudente permitir que um bebê chore durante longos períodos sem responder, mas não é útil quando uma criança desenvolve a crença de "Não sou capaz", o que pode acontecer se ela não aprender autossuficiência em pequenas doses.

Às vezes, os adultos não conseguem o que querem, e às vezes eles também têm ataques de raiva! Quando alguém, criança ou adulto, aprende a lidar com decepções e contratempos, é mais provável que essa pessoa desenvolva resiliência. Quanto mais confiança você tiver em sua decisão, qualquer que seja a decisão, mais fácil será para seu filho se recuperar do desapontamento de não conseguir do seu jeito.

É importante lembrar que **as crianças nem sempre sabem o que é melhor para elas. O passarinho não gosta de ser empurrado para fora do ninho, mas a mamãe do passarinho sabe que isso é essencial.** As disputas na hora de dormir são comuns. No entanto, as famílias sobrevivem a elas. A hora de dormir traz questões difíceis por muitas razões, mas estamos confiantes de que, com um pouco de reflexão e planejamento, você pode descobrir um processo que funciona para você e para seu filho.

O ABC DA HORA DE DORMIR

Aceitação. Aceite as limitações do seu filho e as suas.
- Tenha confiança em seu filho e confie em você mesmo.
- Aceite que a resistência de uma criança não torna a escolha do adulto errada.
- Esteja ciente das habilidades adequadas ao desenvolvimento de uma criança — certifique-se de que suas expectativas são razoáveis.
- Aceite que você não pode fazer o seu filho dormir — essa é a responsabilidade dele.

Equilíbrio. Mantenha um equilíbrio entre as necessidades do seu filho e as necessidades do resto da família.
- Forneça muitas oportunidades de amor e apego durante o dia para equilibrar a necessidade de independência e sono à noite.
- Reconheça seus medos e necessidades, incluindo sua necessidade de descanso.
- Equilibre as necessidades do seu filho com as necessidades de todos os membros da família.
- Crie um ambiente repousante que seja confortável, seguro e protegido.

Disciplina Positiva para crianças de 0 a 3 anos

Consistência. A sua levará a do seu filho.
- Dê tempo para cada criança se preparar para a transição para a hora de dormir.
- Seja consistente: mantenha as rotinas e cumpra os acordos.
- Crie uma rotina para dormir que progrida em direção a essa hora de pôr na cama.

ATIVIDADES PARA REFLEXÃO

1. Você sabe que tipo de ambiente ajuda seu filho a se sentir confortável o suficiente para adormecer? Caso não saiba, pense sobre o que pode ajudá--lo a se sentir seguro, protegido e acolhido, sendo ou não o que você escolheria.

2. Quais são seus desafios típicos ao colocar seu filho para dormir? Você pode resolvê-los, estabelecendo uma hora de dormir consistente e estabelecendo uma rotina para dormir? O que seria "gentil e firme" ao colocar seu filho na cama?

3. Crie com seu filho um quadro de rotina da hora de dormir. Seu filho responde bem à rotina? A rotina precisa de algum "ajuste" para funcionar melhor?

14

"OLHA O AVIÃOZINHO!"

Seu filho pequeno e alimentação

Alimento não só é algo de que nós, seres humanos, precisamos para sobreviver, mas algo que a maioria de nós gosta. (De fato, alguns de nós gosta até demais!) Então, por que as refeições se tornam um problema para tantos pais de crianças pequenas?

Comer é um processo totalmente controlado pela pessoa que come. Mesmo que você consiga espremer, enfiar ou deslizar um pouco de comida indesejada entre os lábios do seu filho, você pode fazê-lo mastigar? Engolir? Se já tentou isso, você sem dúvida sabe a resposta. Vamos explorar quando e por que as batalhas começam.

Comer começa quando você oferece a um bebê a mamadeira ou o peito. Os adultos frequentemente discutem sobre qual é melhor. Incentivamos cada mãe a obter informações sobre as vantagens e/ou desvantagens de ambos os métodos, e depois escolher aquele com o qual ela se sente mais confortável. Sua confiança é essencial. Uma mãe confiante é mais capaz de promover uma sensação de confiança em seu bebê. Qualquer escolha, mamadeira ou peito, pode fornecer o carinho (e a nutrição) que um bebê precisa.

Os bebês são programados pela natureza e seus próprios reflexos para sugar a nutrição e o conforto, e eles geralmente querem comer com frequência. O contínuo debate sobre a alimentação nos primeiros meses de vida se concentra na amamentação no peito, mamadeiras e fórmulas. Em um tempo não tão distante, muitos médicos desencorajaram a amamentação no peito porque acreditava-se que a fórmula, produto da ciência, seria melhor. Agora entendemos que os bebês se beneficiam de muitas maneiras do leite materno. Qualquer que seja a escolha que você faça, no entanto, a adaptação às necessidades do seu bebê pode ser um desafio.

Escutando ao seu próprio coração

Talvez você se lembre da história da Jane sobre amamentação do Capítulo 1. Uma outra mãe contou essa história sobre amamentação com um resultado muito diferente. Ela, também, teve que ouvir seu coração:

> *Barbara tinha amamentado seu primeiro filho por 3 meses, mas a experiência tinha sido difícil, não por causa da amamentação em si (que Barbara adorava), mas por causa do efeito não planejado na sua própria saúde. Barbara tinha tomado uma medicação diária por anos, que a ajudou a manter sua saúde, mas ela havia descontinuado durante os meses de gravidez e amamentação. O resultado foi que sua saúde começou a deteriorar-se, tornando-se ainda mais estressante cuidar de seu novo bebê.*
>
> *Quando Barbara ficou grávida de seu segundo filho, ela tomou a decisão de amamentá-lo por apenas uma ou duas semanas antes de começar com a fórmula. Barbara, então, conseguiu retomar sua medicação mais cedo, garantindo que suas próprias necessidades de saúde fossem atendidas. Ela se sentia mais saudável e tinha mais energia para cuidar de seu filho recém-nascido, bem como de seu filho mais velho, que agora já era uma criança crescida.*

Como a história da Barbara ilustra, cada pai e mãe deve pesar as necessidades de todos os membros da família, incluindo as suas próprias. Barbara conseguiu passar vários meses sem a medicação, mas outras mães podem não ter essa opção. Há muitas possibilidades, mas nenhuma escolha "correta" que funcionará para todos. Embora incentivemos a amamentação por seus muitos benefícios nutritivos e emocionais, isso não é obrigatório. Muitos bebês emocionalmente e fisicamente saudáveis foram criados com fórmulas e alimentos para bebês. Quando você tem conhecimento sobre o assunto e considera todas as escolhas com cuidado, você se sentirá confiante em tudo o que você decidir.

PUXANDO O CABELO ENQUANTO AMAMENTA

Pergunta: Eu sei que minha filha de 8 meses é muito jovem para uma disciplina ativa, mas eu estou preocupada que sua brutalidade se torne um hábito e eu não serei capaz de alterá-la no futuro. Ela é extremamente ativa, enérgica e altamente sensível. Ela tem segurado e puxado meu cabelo por algumas semanas, geralmente durante a amamentação. Tentei segurar o braço dela e demonstrar como fazer "carinho" (enquanto reforço a ideia com as palavras) repetidamente, mas não parece que esteja fazendo nenhum progresso. Nossos pobres gatos estão quase sem paciência, porque ela também puxa os pelos deles! Vocês têm alguma ideia ou é muito cedo para se preocupar com esse tipo de coisa?

Resposta: As crianças pequenas não entendem o "não" da maneira que achamos que eles deveriam. Ter consciência disso irá ajudá-la a entender porque a supervisão e distração (repetidamente) são as únicas maneiras eficazes nessa idade. Se seus gatos estão próximos, você precisa supervisionar para protegê-los, e prevenir arranhadas e mordidas. Quando ela puxa o seu cabelo enquanto amamenta, imediatamente (com gentileza e firmeza) afaste-a do seu peito e espere cerca de um minuto antes de amamentá-la novamente. Ela pode chorar durante esse minuto, mas as crianças dessa idade aprendem mais com a ação gentil e firme do que com as palavras. Se ela estiver com fome, ela vai aprender que você vai parar de amamentar quando ela puxa seu cabelo. Uma solução ainda mais simples pode ser amarrar seu cabelo enquanto você amamenta.

Introduzindo alimentos sólidos e mamadeiras suplementares

Eventualmente, todas as crianças estão prontas para serem desmamadas da mamadeira ou do peito, e avançar para outros alimentos. Jane continua com sua própria experiência:

Introduzir alimentos sólidos para a Lisa foi fácil. Quando ela tinha 7 meses, ocasionalmente oferecíamos uma banana amassada ou purê de batata. Eu podia misturar outras frutas ou legumes em um liquidificador com algum líquido. Digo "podia", porque às vezes eu fazia e outras vezes não. Nós não nos sentimos pressio-

*nadas, porque sabíamos que ela estava obtendo tudo o que precisava do leite mater-
no durante o primeiro ano. Economizamos uma fortuna (pelo menos, parecia uma
fortuna para nós) em fórmulas e alimentos para bebês. Quando ela tinha 1 ano, ela
podia comer muitos dos alimentos que preparamos para as nossas próprias refeições
se amassássemos, cortássemos ou misturássemos para ela comer.*

Os bebês muitas vezes prosperam com a amamentação no primeiro ano. No entanto, se você planeja estar longe do seu bebê (e uma noite esporádica é bom para sua própria saúde mental e emocional, bem como para a do seu parceiro ou parceira), será mais fácil se ele estiver usando a mamadeira.

Os especialistas em lactação geralmente sugerem extrair (isto é, usar a bomba de tirar leite) o leite materno em uma mamadeira e congelá-lo para que ele esteja disponível quando a mãe estiver longe de seu bebê. Isso pode dar ao pai a oportunidade para revezar durante a alimentação noturna ou outros tão necessários "intervalos da mamãe". Armazenar o leite materno também permite que a amamentação continue quando a mãe volta ao trabalho e entrega seu filho a um cuidador. Com o tempo e a prática, os pais aprenderão a avaliar as necessidades do seu bebê. Alguns bebês se dão bem com uma combinação de amamentação do peito, fórmula e sólidos. Alguns bebês nunca precisam de nada além do leite materno. Bebês, assim como os adultos, são indivíduos únicos. Paciência e um pouco de tentativa e erro vai ajudá-lo a aprender sobre as necessidades do seu bebê.

Desmamando

Em algum momento entre o décimo e décimo-segundo mês, muitos bebês perdem o interesse na amamentação (ou na mamadeira). Algumas mães ignoram os sinais e forçam a mamadeira ou o peito para o bebê até que eles cedam e comecem a pegá-lo novamente. As mães fazem isso por vários motivos: (1) elas não sabem que uma perda de interesse durante este espaço de tempo pode ser um fenômeno natural que indica estarem prontos para o desmame; (2) às vezes, elas querem que seus bebês continuem amamentados ou continuem a tomar na mamadeira para prolongar esse tempo especial de proximidade; ou (3) é uma maneira fácil de acalmá-los quando estão inquietos, ou de ajudá-los a dormir.

Muitas mães acreditam que o desmame pode não ser tão fácil, mas poderia ser se elas estiverem dispostas a observar os sinais de maturidade em seus bebês. Continuar dando mamadeira ou o peito para os bebês quando eles estão prontos para parar, pode impedir o primeiro afloramento do seu senso de autonomia. É importante perceber que, uma vez que a janela de oportunidade para deixar de mamar se fecha, dar o peito ou a mamadeira pode se tornar um hábito em vez de uma necessidade, tornando o desmame mais difícil em longo prazo. (Essa distinção entre hábito e necessidade pode ajudar os adultos a determinar o momento certo em muitas áreas do desenvolvimento, e não apenas durante a amamentação.) Ainda assim, perder essa oportunidade de desmame não é uma experiência traumática e prejudicial para a vida.

É importante notar que algumas culturas deliberadamente estendem o período de amamentação para promover valores diferentes dos da independência ou da autonomia. Em outras culturas, a amamentação fornece a única fonte confiável de nutrição. Algumas pessoas defendem crianças que amamentam por 5 anos ou mais. Isso pode parecer certo para alguns, mas também queremos encorajar os pais que estão passando dificuldades durante o processo de amamentação estendida para fazer o que é certo para eles.

Busque informação e se conscientize antes de decidir o que funciona para você e o seu bebê, para então seguir o seu coração. *La Leche League* e outros grupos incentivam amamentar enquanto a mãe e seu filho se sentem bem. Se você decidir amamentar por um período prolongado, *La Leche League* oferece cursos e apoio.

Desmamar é difícil

O desmame faz parte de um processo maior e que se dá ao longo da vida que é o de se desapegar, e é vital para ajudar as crianças a desenvolverem todo o seu potencial. O desmame (e o desapego) não deve ser confundido com o abandono. As crianças precisam de muito apoio amoroso durante o processo de desmame. Quando os pais se desapegam com amor nos momentos de desenvolvimento apropriado à idade, as crianças estão encorajadas a confiar, a aprender confiança e a desenvolver uma sensação de autoestima saudável.

O filho de Betty, Ben, começou a pré-escola com 2 anos e meio. Ele carregou, com orgulho, a sua própria lancheira para a escola. Mas a bravura dele tornou-se um desapontamento quando chegou a hora do lanche. Ele queria sua mamadeira, enquanto todos os outros estavam usando um copo. A professora de Ben logo percebeu a causa de seu choramingo. Naquela tarde, ela passou algum tempo conversando sobre a situação com Betty. Elas concordaram em deixar que Ben usasse a mamadeira quando ele se sentasse para lanchar e quando ele fosse se deitar para a soneca, mas pelo restante do tempo a mamadeira seria mantida na geladeira. Além disso, a mamadeira poderia conter apenas água. Esse plano foi explicado ao Ben. Ao mesmo tempo, Betty decidiu limitar em casa o líquido da mamadeira de Ben com água. Ela optou por não reduzir sua disponibilidade, permitindo que ele usasse a mamadeira com menos restrições em casa.

Várias vezes durante a próxima semana, Ben testou a professora para ver se ela lhe daria sua mamadeira em outros momentos do dia. A professora foi empática, ofereceu segurar ou abraçar Ben se ele quisesse, e assegurou que ele poderia ter sua mamadeira na hora do lanche ou na hora da soneca, mas se manteve firme ao plano que ela havia feito com Betty. Na segunda semana, Ben parou de pedir sua mamadeira durante o dia. Em um mês, ele havia perdido o interesse na mamadeira nos outros momentos também.

Ben continuou a usar sua mamadeira em casa. Quando Betty viu quão bem-sucedido o plano na escola tinha funcionado, ela estabeleceu limites similares em casa. Depois de mais uma semana ou duas, ela recolheu, prazerosamente, as mamadeiras esquecidas e as ensacou para doar para um programa comunitário que atende bebês.

Betty e a professora de Ben usaram uma abordagem gradual para o desmame. Betty poderia simplesmente ter se recusado a trazer as mamadeiras, mas Ben, sua professora e seus colegas de classe poderiam ter tido umas semanas mais estressantes. No final, Ben teria desistido de sua mamadeira de qualquer maneira. Ser firme não significa que "cortar a sangue frio" seja a única maneira de quebrar hábitos persistentes.

Evitar guerras de comida

"Se você não comer seus legumes, você não ganhará nenhuma sobremesa!" "Se você não comer seu cereal no café da manhã, você vai comê-lo no almoço!" "Você vai se sentar lá e comer até terminar o seu jantar mesmo se levar a noite toda!"

Essas frases são familiares para muitos pais, que parecem acreditar que eles conseguem fazer uma criança comer, mas temos visto como muitas crianças demonstram que você *não consegue* fazê-las comer. Conhecemos crianças que vomitam, dão comida escondido para o cachorro, ficam hipnotizadas pela aveia durante o café da manhã, almoço e jantar, e ficam sentadas lá a noite toda (como aconteceu com um dos autores) ou pelo menos até que um dos pais desista de tanto desespero.

Como você viu, insistir em um determinado plano de ação ou comportamento é um convite para que a maioria das crianças se envolva em uma disputa de poder. Também pode ser útil reconhecer que geralmente não é necessário enfiar quantidades exatas de alimentos saudáveis na goela do seu filho. A menos que ele sofra de um distúrbio metabólico ou precise de uma dieta médica especial, muitos pediatras acreditam que uma criança pequena tenderá a escolher, ao longo do tempo, os alimentos que seu corpo necessita, embora isso não aconteça em uma refeição ou mesmo em um dia. A tarefa dos pais é preparar e apresentar alimentos saudáveis e nutritivos, e é tarefa da criança mastigar e engolir. Claro, vale incluir alimentos que você sabe que seu filho também gosta.

Desenvolvendo a cooperação durante as refeições

As pessoas que vivem em lugares onde a comida é escassa estão menos propensas a brigarem sobre as escolhas no cardápio ou se queixarem sobre "crianças com paladar exigente". Uma família com seis bocas para alimentar não tem tempo ou energia para se preocupar com a cor do copo de leite da Ana, ou se a Heleninha comeu purê de cenouras o suficiente. A maior preocupação é se há comida suficiente para todos. Quando as crianças não têm espaço para serem exigentes ou resistentes, elas comem o que está disponível ou vão ficar com fome. (E, suspeitamos que "fome" é relativo: poucas crianças cujos pais estão lendo este livro provavelmente morrerão de fome em breve.)

Para muitos de nós, o desafio não é pouca comida, mas, sim, comida demais. Lanches são servidos em abundância, as porções são muito maiores do que o necessário para a saúde, e o teor de açúcar e gordura atinge níveis nocivos para a saúde. É fácil perder de vista a simplicidade de comer. Alguns pais são tão enrolados por seus filhos exigentes que preparam duas ou três refeições diferentes para o jantar.

Será que as crianças realmente ficaram mais exigentes? Não, as crianças fazem o que "funciona". Se ao recusar comer o que o papai coloca na mesa, resulta em ter a refeição de sua escolha (e a sensação de poder ou atenção contínua que acompanha), elas continuarão a recusar refeições servidas para toda a família, pais atormentados continuarão a preparar alternativas e ninguém vai gostar da hora da refeição. No entanto, existem várias maneiras de desenvolver a cooperação e a harmonia à mesa. Tal como acontece com tantos outros problemas na primeira infância, os pais podem decidir o que irão fazer, abandonar a noção de controle, permanecer gentis e firmes – e ensinar as crianças a serem responsáveis, cooperativas e capazes.

"Parece bom demais para ser verdade", você deve estar pensando, "mas ele não terá nutrientes suficientes." Não há uma única resposta mágica para os problemas na hora da refeição. Às vezes, as crianças (assim como os adultos) apenas não estão com fome. As preferências alimentares delas mudam ao longo do tempo (e podem não combinar com as suas), e elas talvez nem sempre queiram comer de acordo com a sua rotina. Ainda assim, algumas das sugestões e ideias abaixo podem ajudá-lo a evitar que a alimentação se torne uma briga em sua família.

- **Não force a comida.** Insistir que as crianças comam alimentos específicos em quantidades específicas em determinados momentos só criará disputas de poder – e a maioria dos pais de crianças pequenas acham que já têm muito disso! Se seu bebê cospe comida em você, pode ser uma pista de que ele já comeu o suficiente. Não insista em alimentar mais; pegue uma esponja e deixe que ele te ajude a limpar a bagunça.
- **Apresentação conta, mesmo para os mais pequenos.** Uma boa nutrição é importante, mas alimentos desagradáveis às vezes podem ser oferecidos de maneiras apetitosas. Em vez de forçar o seu filho a olhar fixamente o ovo cozido no prato, sirva os ovos em uma fatia de pão ou uma omelete de queijo. Inclua frutas e legumes extras ao amassar e adicionar leite ou iogurte, ou bata e coe sopas para que possam ser tomadas de copinho. Sirva refeições saudáveis. Inclua uma variedade de novos alimentos, bem como os alimentos familiares que seu filho gosta, e então relaxe com a certeza de que, mesmo que ele não coma tudo, o que ele come será nutritivo. (Dica: uma maneira fácil de garantir que você esteja oferecendo uma

variedade equilibrada é servir alimentos com cores diferentes, como fatias de maçãs de casca vermelha, ervilhas verdes-claras e batatas-doces e palitos de cenoura cor de laranja).

- **Aprenda sobre as necessidades e preferências do seu filho.** Seu pequeno pode não ter problemas para comer em um horário regular, mas algumas crianças se dão melhor comendo pequenas quantidades de alimentos ao longo do dia. Você e seu filho podem se sentir melhor sobre o que ele come se você permitir que ele faça o que é natural. Se o seu filho come de pouco em pouco, ofereça lanchinhos saudáveis. Uma família dedicou uma gaveta da cozinha para seu pequeno. Sempre que Patrick sentia fome, ele poderia ir para a "gaveta do Patrick" e comer o que ele encontrasse lá. A mãe do Patrick mantinha a gaveta abastecida com bolachas, torradas, passas ou outras frutas secas e saquinhos de granola. Patrick adorava ver o que aparecia todos os dias na gaveta, e sua mãe gostava de não ter que brigar sobre as refeições. Enquanto seu filho estiver ganhando a quantidade apropriada de peso e crescimento (visitas regulares ao pediatra é uma obrigação), ele provavelmente está indo bem.

- **Preste atenção aos rótulos dos alimentos.** Há um número surpreendente de açúcares e gorduras escondidos nos alimentos preparados que os pequenos adoram (os cereais do café da manhã são um excelente exemplo), e muito açúcar pode causar estragos no apetite de uma criança por alimentos nutritivos. O equilíbrio é o segredo. Seu filho precisa de uma certa quantidade de gordura para crescer e ser saudável, então a dieta com baixo teor de gordura e baixo teor de sódio que você mesmo pode estar seguindo não é uma boa ideia para ele; assim como também não é uma boa ideia sempre substituir cenoura em palitos por doces e guloseimas. Não tenha medo de servir os mesmos alimentos favoritos novamente. As crianças geralmente não gostam tanto da variedade como os pais delas. Mas continue oferecendo novos alimentos. Na verdade, uma maneira de estimular uma criança mais tímida para provar novos alimentos é servir a comida "estranha" com frequência. A comida se torna familiar e as crianças podem estar mais dispostas a prová-la. O pediatra pode responder às suas perguntas sobre alimentos específicos e ajudá-lo a se sentir confiante de que seu filho está saudável e crescendo.

- **Use as refeições para desenvolver cooperação.** Enquanto as crianças podem resistir à força, geralmente elas gostam de ser convidadas para ajudar na cozinha. Mesmo crianças pequenas podem colocar os guardanapos na mesa, enxaguar a alface para a salada ou colocar fatias de queijo nos pães de hambúrguer. As crianças são quase sempre mais competentes e capazes do que os adultos pensam que são. Conhecemos crianças de 2 anos que passam o requeijão no pão e ajudam a mexer a massa do bolo (com utensílios para crianças e supervisão rigorosa dos pais, é claro).

Ensine as crianças a fazer sanduíches simples ou espalhar geleia na torrada. Inclua as crianças no planejamento e na preparação das refeições. Se uma criança mais velha não quer comer o que está na mesa ou se queixa de uma refeição, simplesmente pergunte: "O que você pode fazer sobre isso?". Então, sem causar muita agitação, suspirar ou virar os olhos, deixe ela escolher preparar um sanduíche ou lanche que ela aprendeu a fazer.

Peça ajuda do seu filho para planejar as refeições, escolher os ingredientes no supermercado ("Você consegue encontrar as bananas que precisamos para o seu bolo?"), servir as porções no prato e ajudar na cozinha, o que não só aliviará algumas disputas na hora da refeição, mas irá ajudá-lo a criar uma criança mais hábil e confiante.

- **Seja paciente.** A maioria das crianças muda seus hábitos alimentares ao longo do tempo, e a criança que torce o nariz para o brócolis hoje, pode adorá-lo no mês que vem. Esse milagre acontece geralmente muito mais cedo se os pais não estão gritando, dando sermões e forçando.[1] Seja paciente, ocasionalmente ofereça novos alimentos, mas não insista. Aproveite as refeições como uma oportunidade para reunir sua família e compartilhar a companhia uns dos outros. Em outras palavras, relaxe um pouco. Isso também vai passar!

Dietas especiais

Ao longo dos anos, as alergias alimentares aumentaram em todo o mundo. Alguns atribuem isso às maneiras em que os métodos alimentares e agrícolas foram modificados, outros atribuem às mudanças ambientais. Qualquer

---

1   *Bread and Jam for Frances*, de Russell Hoban (New York: Harper Colllins, 1993), é um livro divertido de ler com seu filho. Use-o para iniciar conversas sobre alimentos, bem como para lembrar de evitar transformar a hora das refeições em momento de briga.

que seja a causa, ajudar uma criança a manter uma dieta restrita sem se sentir restrito é um desafio. O foco em cooperação da Disciplina Positiva é especialmente útil para os desafios com a alimentação. Permitir que uma criança se sinta capaz e que atenda às suas próprias necessidades é útil, e pode até melhorar o desenvolvimento do seu senso de capacidade.

Uma criança que não pode comer glúten ainda pode ir a uma festa de aniversário levando seu *cupcake* sem glúten, com a cobertura amarela que ela mesma escolheu e ajudou a preparar. Quando o bolo do aniversário for cortado, ela já tem o seu pedaço para se deliciar. Trazer uma porção de legumes em pedaços ou bolachas para uma criança que não pode comer produtos com nozes ou de soja reduz o número de vezes que ela escuta que não pode comer o que os outros estão comendo. Explicar a ela que sua barriga precisa de alimentos especiais para ajudá-la a crescer ajudará a obter sua cooperação e facilitará o processo. Em vez de dizer: "Não, você não pode comer esses biscoitos", você pode dizer: "Aqui está o seu lanche especial". Com o tempo, esse tipo de planejamento para o futuro ficará mais automático para ambos. Oferecer uma torta de maçã sem ovos no final de semana na casa da avó, torna possível que uma criança coma junto com os outros, sem se sentir deixada de fora ou desfavorecida.

A mídia e a batalha contra alimentos nada saudáveis

Um dos verdadeiros desafios que os pais enfrentam é o da publicidade voltada para as crianças, em particular a promoção de alimentos que são insalubres ou de baixo valor nutricional. O Institute of Medicine, um órgão científico e renomado, vinculou as propagandas na televisão à obesidade em crianças com menos de 12 anos de idade.[2] A maneira mais simples que os pais podem impedir a influência da mídia insalubre é proteger uma criança dessa publicidade ao, simplesmente, desligar a televisão.

Você também pode resistir à compra de alimentos não saudáveis, especialmente quando eles estão associados a um personagem de desenho animado ou da mídia. A nutrição, mesmo para um paladar mais "exigente", será menos

---

2   www.iom.edu/Reports/2011/Early-Childhood-Obesity-Prevention-Policies/Recommendations.aspx.

preocupante se todos os alimentos disponíveis para ele forem nutritivos, e os alimentos não se tornarem uma maneira de adquirir brinquedos ou satisfazer um impulso. Cadeias de restaurante de *fast-food* fazem propaganda para as crianças por uma razão: elas querem criar uma "necessidade" para o alto teor de gordura, alto teor de sal e produtos ricos em açúcar que vendem. No entanto, esses alimentos não são *necessidades*, e você deve considerar cuidadosamente as consequências em longo prazo antes de começar um hábito do qual você mais tarde se arrependerá.

Aqui estão algumas sugestões adicionais de como proteger o seu filho e incentivar o desenvolvimento de hábitos alimentares saudáveis. Primeiro, seja o modelo de alimentação saudável. Fica difícil convencer o seu filho de que ele não deve comer batatas fritas com alto teor de gordura ou doces carregados de açúcar, quando ele vê você trazendo na bolsa um saco de batatinhas ou uma barra de chocolate. Ele quer comer o que você come, especialmente se for bem doce ou salgado.

Você também pode entrar em contato com fabricantes, enviando cartas e e-mails quando você desaprova algum alimento inapropriado que está sendo comercializado para crianças pequenas ou identificado com personagens populares. Reclame com o gerente do restaurante que oferece apenas opções de alta gordura, como batatas fritas ou macarrão e queijo no "menu infantil", sem alternativas saudáveis disponíveis. As empresas querem vender seus produtos e quando os clientes questionam esses produtos, elas escutam.

Disciplina Positiva inclui encorajar a autodisciplina que você deseja que seus filhos desenvolvam, e os alimentos e os hábitos alimentares desempenham um papel importante nisso. Infelizmente, as crianças de hoje podem ter uma expectativa de vida mais curta do que os seus pais, pelo menos em parte, por conta de seus hábitos alimentares. A prevenção de maus hábitos alimentares e da obesidade são metas importantes com consequências em longo prazo para a saúde do seu filho, que você pode promover por meio de suas ações, conscientização e escolhas críticas como consumidor. **Não se esqueça de incentivar o exercício saudável, mesmo para as crianças pequenas. As crianças de hoje são muito mais sedentárias do que as crianças das gerações passadas, o que não melhora a saúde ou o seu apetite.**

Aprender que você "não pode forçá-los" ajuda a maioria dos pais até que seus filhos cheguem na adolescência – e às vezes, até mais além. Eventualmente, as crianças terão que administrar seus próprios hábitos alimentares. Elas precisarão saber o que constitui uma dieta saudável, quanto comer e a que horas e quando parar. Os pais podem permitir que seus filhos explorem esses conceitos desde o início, convidando-os a participar do processo de planejamento das refeições, compras e preparação dos alimentos, agindo como guias e professores, em vez de imporem. Erros, como dissemos com frequência, são oportunidades para aprender – para os pais e para as crianças. A vida com crianças pequenas e enérgicas terá muitos desafios. As refeições não precisam estar entre eles.

Mais do que alimentos

As refeições são muito mais do que comida. Elas promovem uma hora e um lugar para as famílias se conectarem, e podem apresentar as importantes tradições culturais ou familiares que você deseja transmitir aos seus filhos. Uma das melhores maneiras de prevenir problemas de comportamento, especialmente enquanto as crianças crescem, é fazer refeições familiares regulares onde há tempo para conversar juntos, para ouvir e para se conectar com aqueles que você ama. Em razão desses objetivos maiores e vitais, é importante tornar as refeições prazerosas. Seus rituais e tradições especiais – segurando as mãos antes de comer, oferecendo uma oração ou compartilhando algo que você é grato – enriquecerão seu tempo juntos.

Quando você transforma as refeições em uma oportunidade de união familiar – não apenas para partilhar comida, mas para compartilhar as suas vidas como uma família – você vai alimentar tanto o corpo como a alma.

ATIVIDADES PARA REFLEXÃO

1. Faça uma lista do que seu filho come ao longo de um dia ou vários dias. O que você percebe? Você está surpreso com o quão equilibrada está a sua dieta? Ele está recebendo uma boa parte de sua nutrição diária entre as refeições, por meio de lanches saudáveis?
2. Identifique quais nutrientes parecem estar faltando em sua lista. Se os lanches são uma importante fonte de nutrição, certifique-se de que os lanches sejam tão nutritivos quanto possível.

3. Que tipo de alimentos servidos no lanche não estão fornecendo nutrientes importantes? Pelo que você pode substituí-los? Adicione escolhas saudáveis e reduza as opções não saudáveis. Faça essa transição de maneira gradual. (Dica: sirva cenouras cortadas ou frutas secas sem açúcar na hora do lanche, em vez de ursinhos de goma açucarados ou batatinha com alto teor de gordura). Defina duas ou três maneiras para incorporar os nutrientes que faltam na dieta do seu filho sem armar uma guerra sobre alimentos específicos. (Dica: para adicionar legumes, considere adicionar purê de cenouras ou batata-doce ao molho de tomate, ou adicionando-os no macarrão com queijo).

4. Faça uma lista de suas ideias e tente uma diferente a cada semana. Mantenha a lista na cozinha para uma referência rápida e fácil.

5. Relaxe. Sinta-se confiante de que o que seu filho está comendo proporcionará uma alimentação apropriada e adequadamente nutritiva, não importa quando ele coma. Concentre-se em tornar as refeições oportunidades para conexão e prazer.

15

DESFRALDE

"É meu trabalho, não o seu"

Os desafios que os pais enfrentam quando os assuntos são hora de dormir e hora de comer nem parecem tão significativos quando a pauta é desfralde. Nenhum outro tema no mundo da criação dos filhos desperta emoções tão fortes, ao que parece, como o processo de desfralde.

Essa questão tomou uma proporção enorme na nossa sociedade. Pode ser a origem de sentimentos de culpa e vergonha, disputas de poder e competição entre pais. No entanto, a verdade é: *mesmo que os pais não se preocupassem com isso, as crianças ainda se tornariam hábeis nesse processo em seu devido tempo, apenas porque acabariam por querer fazer o que todos os outros fazem.* São os adultos que criam as disputas de poder que, às vezes, tornam mais importante para as crianças "ganharem" do que "cooperarem".

Paula ficou muito orgulhosa pelo fato de seu primeiro filho começar a usar o banheiro aos 18 meses. Na verdade, ela estava tão satisfeita que pensou em escrever um livro sobre o processo de desfralde para ajudar famílias que não tiveram a mesma sorte. No entanto, antes que ela iniciasse esse projeto, seu segundo filho nasceu. Para a grande surpresa de Paula, esse filho não queria saber de suas premiações pelo uso do banheiro. Na verdade, apesar de ele ter sido colocado no vaso sanitário durante longos períodos, ele tinha quase 3 anos de idade quando o "treinamento" começou a funcionar.

Não há mágica com relação ao desfralde. A realidade é que **as crianças vão usar o banheiro quando estiverem prontas para fazê-lo.** Você pode torcer para que aconteça logo, implorar e ameaçar, mas mantenha as fraldas por mais um tempo. Cada criança tem seu próprio ritmo e controle total da situação. O que os pais podem fazer então para se prepararem para esse importante marco do desenvolvimento?

Prontidão

Talvez a verdadeira questão seja *quem* está pronto para o desfralde. Você está? Você está pronto para se livrar das fraldas? Você está se sentindo pressionado pelos vizinhos que afirmam que o filho de 18 meses já sabe usar o banheiro? E quem está realmente treinando quem?

Se puder observar de perto, na maioria das casas onde os pais afirmam que seus filhos estão treinados, você notará que são os pais é quem estão treinados. Eles observam o relógio e levam seus pequenos para o vaso sanitário – geralmente oferecendo doces como suborno e quadros de recompensas para um xixi ou cocô no troninho. Eles monitoram o quanto seus filhos podem beber – especialmente antes de dormir. Muitos acordam seus filhos no meio da noite e os sentam, meio adormecidos, no vaso sanitário e abrem a torneira da pia, na esperança de que o som da água corrente estimule seus sonolentos filhos a urinar um pouco.

Afinal, quando as crianças estão prontas para o treinamento do uso do banheiro? **Não há uma idade precisa para isso. Poucas crianças têm o controle antes dos 18 meses, ao passo que a maioria faz isso aos 4 anos de idade.** Sucesso noturno completo pode levar um pouco mais de tempo e ainda pode estar dentro da faixa de desenvolvimento típica. Quando as crianças estão prontas de verdade, o processo geralmente leva apenas alguns dias ou semanas. A prontidão física, a prontidão emocional e as oportunidades ambientais estabelecem o sucesso das crianças.

Prontidão física

As crianças nos dão uma série de pistas quando estão fisicamente prontas para começar a usar o banheiro. Observe o comportamento do seu filho e pergunte a si mesmo: são longos os períodos entre as trocas de fraldas do seu filho? A fralda está seca depois da soneca? Ele para o que está fazendo e parece concentrado quando está urinando? Ele demonstra desconforto quando a fralda está cheia?

Essas pistas indicam aumento da capacidade da bexiga e consciência, e significam que seu filho está se tornando mais capaz de conectar suas sensações físicas com a necessidade de usar o banheiro. À medida que as crianças adquirem linguagem e se tornam mais conscientes de si mesmas, muitas vezes mostram maior interesse em seus próprios corpos – especialmente as "partes íntimas" responsáveis pela eliminação. Você pode conversar confortavelmente com elas, enquanto troca a fralda ou coloca as roupas, sobre o que essas partes íntimas fazem e como futuramente as crianças usarão o banheiro em vez de fraldas.

Crianças com movimentos intestinais regulares experimentam sucesso precoce quando seus pais ou cuidadores ficam atentos a esses ritmos. Como já mencionamos, no entanto, os adultos geralmente são mais "treinados" do que a criança. Muitos pais conhecem os padrões ou as pistas faciais de seus filhos e se treinam para colocar a criança no vaso a tempo de evacuarem ou urinarem no lugar certo. Essa é uma abordagem que ajuda a criança a tomar consciência do seu comportamento e saber o que fazer em resposta. Lembre-se de que cada criança é diferente. Em uma família, mamãe e papai ficaram muito familiarizados com as diferentes capacidades físicas dos seus três filhos. Ao dirigirem o carro, a mamãe e o papai sabiam que tinham cerca de 20 minutos para encontrar um lugar para parar quando Kenny dizia que precisava usar o banheiro. Se Lisa precisasse do banheiro, eles tinham cerca de 10 minutos. Se Brad dissesse que precisava fazer xixi, eles imediatamente saíam da estrada e paravam no primeiro mato que tivesse por perto.

Preparação emocional

Pergunta: Eu tenho um filho que precisa ser desfraldado. Ele completou 3 anos há 2 meses. Ele não gosta de usar o vaso. Ele não me dá sinais de quando precisa ir ao banheiro, mas ele me diz quando preciso trocá-lo. Por favor, preciso de conselho!

Resposta: Não é preciso muita intuição para reconhecer seu desespero. É difícil continuar trocando as fraldas à medida que as crianças crescem. Os motivos pelos quais seu filho ainda não usa o vaso provavelmente são ampliados pelo seu próprio desencorajamento. Crie coragem. Ele terá sucesso, mas pode precisar de mais paciência do que você pensa ter. (Ajudaria te informar que ele provavelmente não estará usando fraldas quando for para o primeiro ano do ensino fundamental?)

Aqui estão algumas ideias:

- Tente amenizar esse assunto. Quando os pais *insistem* em um determinado comportamento, as crianças (que estão trabalhando no desenvolvimento de um senso de autonomia) podem *resistir*. As disputas de poder geralmente acontecem. Permanecer calmo e gentil e se recusar a discutir sobre o uso do banheiro irá facilitar o processo para todos os interessados.
- Às vezes, uma explicação sobre a segurança em relação ao uso da descarga alivia a criança. Ajude-a a perceber que ela é muito grande para cair do assento do vaso sanitário. Permita que ela dê a descarga para tranquilizá-la de que ela está no controle desse poderoso monstro engolidor e assegure-a de que nada de assustador acontecerá. Claro que usar um penico evita esse problema por um tempo.
- Não fique tão focado no banheiro a ponto de perder a sua capacidade de desfrutar das outras áreas das suas vidas juntos. Expresse sua confiança nele. Diga-lhe que você sabe que ele conseguirá usar o banheiro com sucesso um dia. Ele também precisa de encorajamento.
- Há muitas maneiras de preparar emocionalmente o terreno para o desfralde bem-sucedido. As crianças pequenas muitas vezes não gostam de ficar deitadas imóveis enquanto sua fralda está sendo trocada. Aproveite esse tempo para conversar com seu filho, despertando seu interesse e atenção. Considere pendurar um brinquedo acima do trocador, usando uma tira de elástico. Seu filho vai se entreter com o brinquedo enquanto está sendo trocado. Esse tipo de distração cria uma atmosfera mais cooperativa, evitando a resistência emocional mais tarde, quando o treinamento do vaso sanitário começar. Pendure um móbile musical acima do trocador ou cole uma figura divertida no teto. Alterar esses itens de vez em quando ajuda a manter o interesse das crianças. Outra possibilidade é trocar as fraldas enquanto o seu filho está em pé. Observamos mães fazerem isso com uma habilidade e rapidez incríveis – mesmo para fraldas com cocô.
- À medida que seu filho amadurece, convide-o para ajudar com o trabalho, pedindo para que segure o que é necessário para fazer a troca, como a

fralda limpa aberta ou ajudando a colocar o colchonete no trocador. Isso aumenta as oportunidades para desenvolver autonomia e faz com que seu filho acredite que é competente e capaz. Quando ele precisar ser trocado, mostre-lhe como ele pode ajudar. Ele pode se lavar ou limpar sozinho, ajudar a jogar o xixi do penico dentro do vaso sanitário e lavar as mãos depois. Engajá-lo nas tarefas também estimula a cooperação, um ingrediente importante para o sucesso.

- Relaxe e torne o desfralde um processo divertido. Há o caso de um pai que desenhou um alvo no fundo do penico e o filho mal conseguia esperar para acertar o alvo com seu xixi.

- Evite elogios, doces e premiações como estrelinhas em um quadro. **As recompensas podem acabar se tornando mais importantes para o seu filho do que aprender comportamentos socialmente adequados, e podem ensiná-lo maneiras inesperadas para manipular os pais.** Permita que seu filho se sinta capaz e feliz consigo mesmo em vez de depender da avaliação externa.

Kevin sempre suspeitava que dar doces como recompensa pela cooperação pudesse ser um tiro que sairia pela culatra um dia, mas ele ficou surpreso com a rapidez com que seu filho de 2 anos e meio, Braden, aprendeu a manipular o esquema. Uma noite no jantar, Braden recusou-se a comer, virando o nariz para o pedaço de carne e as ervilhas que o papai lhe servira. "Tudo bem", disse Kevin, irritado. "Não vai ganhar doce porque não comeu seu jantar".

Braden ouviu isso, pensou um pouco e disse: "Cocô, papai!".

"Cocô" era a palavra mágica nessa casa, e Kevin respondeu rápido. "Você tem que ir agora, filho?", perguntou. "Sim!", Braden disse com um aceno de cabeça, e correu para seu penico, onde ele imediatamente produziu um resultado. Sem hesitação – e com um brilho de vitória em seus olhos – Braden olhou para o pai e estendeu sua mão pra ele. "Braden fez cocô. Doce, papai." Kevin percebeu que ele tinha sido habilidosamente ludibriado e resolveu se livrar dos doces no dia seguinte.

Aqui está outra sugestão sobre o processo de desfralde no livro *Positive Discipline A-Z*:

Se o seu filho ainda estiver usando fraldas com 3 anos, agende uma avaliação médica para ver se há algum problema físico com ele. Se não houver nenhum problema físico, você pode estar envolvido em uma disputa de poder.

Adivinhe quem vai ganhar? Uma coisa que você não pode controlar é o intestino da criança. É preciso duas pessoas para haver uma disputa de poder. Pare. Permita que seu filho experimente as consequências de sua escolha com dignidade e respeito. Ensine seu filho a trocar a própria roupa quando vocês estiverem calmos. Quando as calças ficarem molhadas ou sujas, leve seu filho, com gentileza e firmeza, para o quarto dele para pegar roupas limpas. Em seguida, leve-o ao banheiro e pergunte se ele gostaria de se trocar sozinho ou com você lá para fazer companhia. (Não faça isso por ele.) É improvável que ele se recuse se você for gentil e firme, e se você realmente abandonar a disputa de poder. Se você ainda se sentir nessa disputa, ofereça ajuda entregando-lhe a toalha ou lenços umedecidos, segurando a tampa do cesto de fraldas sujas ou oferecendo uma bolsa para que ele coloque suas roupas sujas. Seja empático. Ajude-o de forma apropriada (sem fazer por ele).

AÇÃO, POR FAVOR

O desfralde geralmente coincide com outro marco da criança: a capacidade de dizer não. O que a maioria das crianças diz quando lhe perguntam: "Você precisa ir ao banheiro?". "Não" é provavelmente sua resposta. Uma ideia melhor é prestar atenção à expressão facial e à linguagem corporal do seu filho, ou estabelecer um cronograma razoável e dizer: "Está na hora de usar o banheiro" e depois agir. Pegue-o pela mão e leve-o até o banheiro, depois o ajude a sentar-se no vaso ou no penico. Considere deixar que ele se sente no penico enquanto você se senta no vaso sanitário. Talvez seja muita intimidade, mas se você se sentir confortável, seu filho provavelmente adorará a chance de fazer "igualzinho a mamãe e o papai".

Oportunidades ambientais

Algumas fraldas hoje em dia tornam difícil para as crianças perceberem seus próprios sinais naturais. As fraldas descartáveis fazem um trabalho de absorção de líquidos tão bom que algumas crianças não percebem quando estão molhadas ou não sentem desconforto suficiente para reagir. Dê a elas a oportunidade de perceber o que acontece quando eles fazem xixi e cocô. Você também pode adotar as fraldas de treinamento que proporcionam uma absorção menos completa, ou calcinhas e cuecas – e muitas trocas de roupa por perto.

Permitir que uma criança fique sem fraldas no quintal em um dia quente é geralmente uma experiência reveladora. Você quase pode ler sua mente: "Uau! Olha o que eu sei fazer." A consciência do que ocorre fisicamente costuma levar ao domínio. Alguns pais acharam útil esperar até o verão, depois que seu filho completou 2 anos e meio de idade, para passar algum tempo no quintal com essa criança nua e um penico, brincando de fazer xixi e cocô no lugar certo. Uma família descobriu que seu filho aprendeu a usar o banheiro acampando durante a semana de férias da família, pois quis fazer xixi na floresta com seu irmão mais velho.

Torne o processo o mais fácil possível. Mudar para calcinhas ou cuecas de treinamento facilita largar as fraldas. Penicos ou adaptadores para assentos sanitários e um banquinho para subir são mudanças úteis. Procure oferecer roupas que ajudem seu filho em vez de roupas que dificultam: calças com elástico na cintura e roupas soltas são mais fáceis para os dedinhos do seu filho do que encaixes, botões e laços. Quanto mais fácil for o processo para vestir e tirar a roupa, mais bem-sucedido seu filho será.

Quando incidentes acontecem

Tal como acontece com a maioria das habilidades, haverá incidentes ou erros durante o processo de controlar a bexiga e o intestino. Algumas crianças podem ter incidentes por até 6 meses após o desfralde, ou quando se sentem estressadas por mudanças em casa ou na família. **Responder com calma e respeito aos incidentes relacionados ao uso do banheiro torna menos prováveis as disputas de poder, a resistência e a falta de cooperação.** Não humilhe ou envergonhe seu filho quando houver um incidente; não volte a colocar fraldas nele. Repreender, dar broncas ou punir não ajudará e pode prejudicar o senso de confiança e cuidado entre você e seu filho.

Em vez disso, seja empático. Afinal, incidentes são apenas incidentes. Ajude seu filho a se limpar. Diga: "Está tudo bem. Você pode continuar tentando. Sei que você vai conseguir isso em breve". Você também pode garantir que seu filho saiba onde o banheiro fica quando você viaja, e não deixe de levar roupa limpa com você. Com o tempo e paciência, a habilidade será adquirida e dominada.

Mais uma vez, a confiança e a paciência dos pais fizeram a diferença. Vejamos o exemplo de Andrew:

> *Aos 3 anos, Andrew estava pronto para largar a fralda. Como ele havia decidido que estava na hora, sua mãe e seu pai acharam o processo incrivelmente fácil. Em apenas um dia e duas noites, Andrew estava completamente treinado e sem incidentes.*
>
> *Imagine, então, como a mãe e o pai de Andrew ficaram surpresos quando ele exigiu suas fraldas de novo depois de apenas uma semana. Ao verificar o pedido de seu filho, seus pais aprenderam que ele havia observado um fato interessante. Ir ao banheiro, tirar suas roupas, sentar-se, limpar-se e vestir-se novamente tomava mais tempo da sua importante brincadeira do que ele estava disposto a gastar. Andrew descobriu que as fraldas eram muito mais fáceis e ele queria voltar a usá-las. Quando Andrew descobriu que seus pais não estavam dispostos a fornecer mais fraldas, ele suspirou – e permaneceu com suas "calças de menino grande", entrando no mundo adulto da inconveniência causado pela bexiga bem regulada.*

Se o seu pequeno quiser mudar de opinião após o processo de treinamento ter sido completado e celebrado, não se desespere. Permaneça gentil e firme, e a situação sem dúvida se resolverá. E lembre-se: todas as crianças, mais cedo ou mais tarde dominarão o uso do banheiro – no seu próprio ritmo.

ATIVIDADES PARA REFLEXÃO

1. O desfralde pode causar estresse e sentimentos de inadequação para você e seu filho. Reserve um momento para pensar: qual seu nível de sensibilidade ao que outros adultos dizem sobre a evolução do seu filho no processo de desfralde? Por que é importante para você que ele esteja sem fraldas?
2. Considere os elementos de prontidão física e emocional discutidos neste capítulo. Nomeie duas coisas que irão ajudá-lo a saber quando seu filho está realmente pronto para o desfralde. Seu filho atende esses critérios? Caso contrário, vale a pena começar o processo agora?
3. Como você pode incentivar a sensação de autonomia saudável do seu filho durante o processo? O que você pode fazer para preparar o terreno para o sucesso?

16

COMO SE DAR BEM NESTE MUNDO GRANDE

Saber compartilhar e outras habilidades sociais

Você sabia que, ao chorar, um bebê está praticando habilidades sociais? Nos primeiros meses de vida, o choro do bebê atrai os adultos, e estes então fornecem comida, conforto e diversão. Pouco tempo depois, ele já sorri, e dos 5 aos 8 meses de idade, dá risadinhas, balbucia e encanta os adultos à sua volta.

Compreender as fases de desenvolvimento da criança pode ajudar os adultos a compreender quão primitivas as interações sociais de uma criança são no início. Quando os adultos entendem que muitas das habilidades sociais não se desenvolvem naturalmente, mas devem ser ensinadas, eles podem ficar menos surpresos quando as crianças batem, mordem, empurram ou brigam enquanto procuram maneiras de se dar bem com os outros.

As habilidades sociais, como compartilhar e brincar, desenvolvem-se por meio do treinamento, da prática e dos erros – especialmente dos erros. A jornada não é suave; haverá sacudidas e raspões emocionais, ocasionalmente vivenciados por mordidas e arranhões de verdade.

Habilidades sociais nos primeiros três anos

O tempo passa e a criança cresce. Mais cedo ou mais tarde, ela precisará de habilidades sociais: para saber como se dar bem com os outros, para se comunicar e para escolher comportamentos que ajudem o seu progresso na vida. De fato, a maioria dos pesquisadores agora entende que o aprendizado social e emocional influencia profundamente todos os outros aspectos do desenvolvimento inicial de uma criança, bem como seu progresso de aprendizagem mais tarde. Quando uma criança está aprendendo a brincar e a compartilhar, ela está na verdade trabalhando muito!

Brincando lado a lado

Os pais geralmente têm dúvidas sobre essa fase da vida – muitas dúvidas. Muitos pais acham o comportamento de seus filhos frustrante, irritante e, às vezes, desafiantes. Vejamos como as interações das crianças se desenvolvem.

Quando as crianças pequenas brincam juntas, a maior parte de suas brincadeiras acontece "lado a lado". Elas brincam perto de outras crianças, em vez de brincar com elas. Jeffrey, por exemplo, tem 14 meses. No berçário, os educadores o alimentam, o seguram no colo, o confortam e trocam a sua fralda. Há outras crianças presentes, mas elas parecem mais com novos brinquedos misteriosos. Jeffrey começou a ficar curioso sobre elas e a explorá-las. Ele sabe que elas choram quando ele as cutuca. Quando ele tentou colocar o cabelo de uma delas na boca, isso criou bastante alvoroço. Por enquanto, Jeffrey está contente em explorar sozinho enquanto outras crianças fazem o mesmo – pelo menos na maior parte do tempo.

À medida que Jeffrey crescer, ele começará a interagir diretamente com as crianças ao redor dele, imitando suas brincadeiras, rindo quando elas riem, aprendendo seus nomes e começando o processo de fazer amigos. A brincadeira é o laboratório no qual as crianças pequenas experimentam conexão, relacionamento e habilidades sociais. A capacidade do seu filho de se conectar com os outros começa com a conexão com você. Dedicar um tempo para brincar com seu filho é uma das melhores maneiras de criar uma base sólida para desenvolver habilidades sociais e de vida.

Compartilhar *versus* "é meu"

Compartilhar é um grande problema no mundo das crianças pequenas. Os pais muitas vezes esperam que as crianças se revezem, fiquem felizes quando recebem partes iguais ou desistam de brincar com o seu brinquedo favorito. Mas crianças menores que 2 anos são egocêntricas, isto é, elas são o centro de seu próprio mundo, e todas as outras coisas existem apenas se tiverem uma relação com elas. Isso não é egoísmo – faz parte do desenvolvimento humano natural.

> *Mary foi a primeira a levantar a mão durante a sessão de perguntas no seu grupo de estudo. "Minha filhinha, Jetta, tem 18 meses. Estou tentando ensinar que nem tudo pertence a ela", Mary disse com um suspiro exasperado. "Ela agarra minha bolsa e diz: 'É meu'. Eu tento ser racional com ela e dizer: 'Não, esta é a bolsa da mamãe', mas ela simplesmente segura a bolsa e repete: 'É meu'. Ela faz o mesmo com a caixa de cereais, o telefone e até o cachorro."*

Adivinhe? Mary vai aprender com o líder do grupo de estudos que, no mundo da Jetta, tudo *é* "meu". Jetta olha para o mundo a partir de seu centro: ela mesma. Se você acredita que o mundo começa e termina com você (e as crianças acreditam exatamente nisso), é natural que tudo no mundo pertença a você. Nenhum argumento lógico mudará a perspectiva da Jetta, porque esta é simplesmente a maneira como ela vê seu lugar no mundo.

Durante a fase do "é meu", não desperdice sua energia com sermões. Tente dizer: "Você gosta da bolsa da mamãe. Quer me ajudar a levá-la?". Sem argumentar com ela nem convidá-la para uma disputa de poder, você está lhe dando informações precisas, oferecendo-lhe uma maneira de dar a sua própria pequena contribuição para ajudá-la e criar oportunidades para que ela expresse sua visão de mundo. Até que seu desenvolvimento avance para a próxima fase, isso faz muito mais sentido do que alimentar argumentos intermináveis sobre de quem é a bolsa. Se você tentar corrigir o pensamento dela, é quase certeza que você criará uma disputa de poder, talvez criando um padrão para o futuro. A cooperação promete um futuro muito mais saudável para ambas.

Em uma pesquisa realizada nos EUA pelo Zero to Three National Center for Infants, Toddlers, and Families foi questionado: "Devemos esperar que uma criança de 15 meses compartilhe seus brinquedos com outras crianças, ou é muito cedo para tanto?".

Eles descobriram que 51% dos pais de crianças de 0 a 3 anos acreditam que é esperado que uma criança de 15 meses compartilhe. Entretanto, as pesquisas mostram que, em termos de desenvolvimento, 15 meses é muito cedo para esperar que uma criança divida suas coisas. Há uma concepção errônea dos pais de acreditarem que se uma criança age de forma "egoísta" agora, ela será um adulto egoísta.

A associação Zero to Three oferece alguns bons conselhos: **Crianças nessa idade precisam de orientação e ensino, em vez de "disciplina", quando elas estão tendo problemas para compartilhar.** Oferecer soluções, como encontrar outro brinquedo que elas possam oferecer a um amigo, usar um cronômetro para avisar que está na hora de revezar, dar-lhes algo para fazer enquanto esperam sua vez ou sugerir (e demonstrar) maneiras de como elas podem brincar juntas com o brinquedo, podem ser úteis. Depois de muita prática (e com sua ajuda), quando chegarem na faixa dos 2 anos a 2 anos e meio, elas podem começar a fazê-lo por conta própria (mas não espere consistência!).

Compartilhar no mundo real das crianças pequenas

Quando a Susie, de 20 meses, agarra o brinquedo de outra criança, um adulto pode intervir, tirar o brinquedo dela cuidadosamente, devolvê-lo a outra criança e levá-la para encontrar outro objeto interessante para brincar, dizendo: "O Tom está brincando com esse brinquedo agora" ou "Vamos encontrar um brinquedo que a Susie goste".

Quando Susie tiver 2 anos e meio, as coisas mudarão um pouco. Ela não apenas brincará ao lado de seus amiguinhos, mas vai gostar de correr pelo parquinho *com* eles. Quando ela agarrar um brinquedo, os adultos poderão responder de forma diferente do que faziam anteriormente. Susie estará pronta para aprender e praticar a habilidade social de compartilhar. Uma resposta mais apropriada é pegar o brinquedo e explorar com ela seus modos de aprender a compartilhar com a outra criança.

ESTRATÉGIAS DE SUCESSO PARA ENSINAR CRIANÇAS PEQUENAS A COMPARTILHAR

Possessividade e propriedade são passos normais que antecedem a capacidade de compartilhar, que começa verdadeiramente em torno de 3 ou 4 anos de idade. Durante esse período, ensine ao seu filho o processo de compartilhar enquanto a capacidade dele para fazê-lo ainda está em desenvolvimento.

- **Demonstre o que é compartilhar.** Dê ao seu filho pedaços de biscoito ou a metade de um. Peça para que ele segure algo que é seu. Faça brincadeiras de troca. "O que você quer emprestar para mim enquanto eu empresto isso para você?" De maneira gentil e firme, remova um item que pertence a outra pessoa ou que ele não pode ter, sem dar sermão ou envergonhá-lo.
- **Crie oportunidades para compartilhar.** Dê ao seu filho dois lápis de cor e peça para ele escolher um para o seu colega usar. Agradeça-o por dividir.
- **Evite julgamento e mostre compaixão.** Apoie a necessidade que o seu filho tem de posse. (Você tem algumas coisas que você não quer compartilhar, certo?) Ajude as crianças mais velhas a encontrar outro brinquedo para brincar, ou ofereça o mesmo brinquedo em maiores quantidades. Quando uma criança está chateada, ofereça o conforto que puder, mas não tente impedi-la de vivenciar o desapontamento — afinal, decepção e frustração são parte da vida e seu filho precisa aprender a lidar com isso. Você pode dizer: "É difícil emprestar. Você realmente queria isso". A empatia alivia a dor e prepara o caminho para a aceitação do compartilhamento.

Susie e Tom estão brincando no chão quando Susie pega o carrinho que Tom tinha acabado de pegar. As duas crianças começam a gritar: "É meu! Me dá!". Naturalmente, o tumulto chama a atenção da professora. Ela caminha em direção a eles e tira suavemente o carrinho das suas mãos.

"Susie", a professora pergunta: "você quer brincar com este carrinho?". "Quero", ela concorda. A professora vira para o Tom. "Você está brincando com o carrinho, Tom?" Ele responde, "É meu".

A professora coloca o carrinho nas mãos de Tom e se vira para Susie. "Susie, o que você poderia dizer para o Tom se quiser brincar com o carrinho?". "Quero brincar com o carrinho?", Susie fala (sussurrando). A professora concorda que esta é uma maneira de pedir. Ela sugere que Susie também poderia dizer: "Posso brincar com o carrinho?".

Tom ficou olhando interessado na conversa. Quando a professora pergunta o que ele poderia dizer a Susie quando ela pedir o carrinho emprestado, ele responde de imediato: "Aqui, pode brincar", ele responde, oferecendo o carrinho para Susie.

A professora sorri. "Que bom que você sabe compartilhar, Tom. O que você poderia dizer se não tivesse terminado de brincar com o carrinho?"

Esta é uma ideia nova para o Tom. A professora esclareceu que apenas pedir o brinquedo pode não ser o suficiente. Ela está ajudando Tom a aprender que ele tem algumas opções e pode afirmar suas próprias necessidades, mas ele está momentaneamente confuso.

A professora vira-se para Susie. "Você pode pensar em algo que Tom poderia dizer, Susie?" Susie tem a resposta exata. "Ele poderia dizer: 'Em 1 minuto'." A professora concorda com a cabeça. "Essa é uma boa ideia. Talvez ele pudesse dizer que vai te dar o carrinho em 5 minutos. Isso funcionaria, Tom?" Ele concorda com a cabeça, e a professora encoraja-o a praticar dizendo: "Eu ainda não acabei" para Susie.

Ao longo desta conversa, ambas as crianças foram convidadas a explorar as possibilidades disponíveis para elas. Compartilhar é uma habilidade que deve ser ensinada e praticada (até mesmo pelos adultos). Como uma criança saberá o que fazer se não são feitas demonstrações? Este é também um período de intenso desenvolvimento da linguagem. Oferecer as palavras necessárias e as formas de usá-las é parte do processo de aprendizagem. Ensinar e encorajar as crianças pequenas a "usar as próprias palavras" (se eles sabem quais palavras usar, é claro) é uma forma maravilhosa de desenvolver habilidades sociais. Mas é importante lembrar que a aprendizagem é um processo que deve ser repetido muitas vezes, enquanto durar o desenvolvimento infantil. É trabalho dos adultos orientar continuamente – não esperar que as crianças aprendam e se lembrem depois de uma experiência, ou mesmo de uma centena delas.

Faz de conta com fantoches

Brincar de "faz de conta" com bonecos ou fantoches é outra maneira de demonstrar e praticar o compartilhamento. Um adulto pode dramatizar um conflito entre duas crianças, mostrando o que aconteceu, bem como outras respostas mais apropriadas. Então as crianças podem praticar, segurando os fantoches, e explorar tanto o comportamento inadequado como o apropriado. Isso convida as crianças a reconhecer comportamentos inadequados nos outros e, com isso, a notar e assumir a responsabilidade pela sua parte. Fantoches, bonecos e jogos de "faz de conta" fornecem uma oportunidade importante. Se Johnny diz: "Não, isso é meu!", a pequena Alice acredita nele e começa a chorar. Mas quando o fantoche diz isso, nenhuma criança se sente ameaçada ou fica chateada.

Compartilhamento e valores culturais

As atitudes em relação a muitas habilidades sociais variam de acordo com a cultura. A ideia de propriedade pessoal não é vista da mesma forma por todas as pessoas. Muitas culturas asiáticas, por exemplo, acreditam que as necessidades do grupo são mais importantes do que as de qualquer indivíduo. Na Nova Zelândia, é servida intencionalmente a uma criança da tribo Maori a última porção, e espera-se que ela compartilhe, porque colocar as necessidades da comunidade em primeiro lugar é um ideal que sua cultura valoriza. Seus valores (e seu próprio comportamento social) influenciarão as habilidades sociais que seu filho domina. Por fim, o sentimento de aceitação de uma criança será, em certa medida, vinculado ao senso de conexão com os valores de sua cultura.

Bater e agredir

Crianças pequenas têm poucas habilidades sociais e de linguagem, e quando brincam juntas, podem facilmente ficar frustradas. Quando elas não conseguem expressar seus sentimentos em palavras, o resultado muitas vezes é bater e agredir. Quando você manda uma criança "brincar" com a outra, nenhuma delas está certa de como a outra vai reagir. Observe-as olhando uma para a outra e tente adivinhar o que elas podem estar pensando. "O que é essa criatura? Isso quebra? Posso provar? O que acontece se eu colocar meu dedo em seus olhos?" Passar por cima e bater em outra criança é, às vezes, apenas uma forma primitiva de dizer 'oi'.

Ainda assim, as crianças menores de 2 anos precisam aprender que puxar o cabelo, cutucar os olhos e bater são ações que machucam as pessoas e não podem ser permitidas. A firmeza, juntamente com a remoção temporária da criança e o redirecionamento da sua atenção para outra coisa, funciona melhor.

Você pode dizer: "Não pode bater na Rebecca nem puxar os cabelos dela. Vamos encontrar outro brinquedo para brincar. Quando você estiver pronto para fazer carinho, você e a Rebecca podem brincar juntos". Não ajuda repreender ou punir. Como nos sentiríamos se alguém nos repreendesse e nos punisse quando praticamos uma língua estrangeira por um mês, mas não conseguimos falar com fluência? As habilidades sociais são uma linguagem que deve ser praticada, integrada e aprendida em níveis mais profundos e é dominada quando as crianças estão amadurecidas para absorvê-la.

Criancinhas fofas – e o que fazer sobre mordidas

Um tipo de agressão infantil – mordidas – realmente desencadeia preocupações em pais e cuidadores. A maioria dos incidentes ocorre entre os 14 meses e os 3 anos de idade, o que coincide com o desenvolvimento da língua falada. Morder frequentemente indica frustração ou raiva, especialmente quando uma criança não consegue se fazer entender com as palavras.

Do ponto de vista do desenvolvimento, as crianças dominam o controle de suas mãos antes da fala. Um bebê de até 8 meses pode aprender sinais simples para pedir comida, dizer que quer mais de alguma coisa ou para indicar que ele tem sede em vez de fome. Os defensores do ensino de crianças para comunicar suas necessidades e pensamentos por meio da linguagem de sinais afirmam que uma criança que pode se comunicar por essa linguagem é menos propensa a recorrer a comportamentos agressivos. Esta versão simplificada da linguagem dos sinais pode estar disponível para uma criança pequena quando as palavras não estão, e é uma opção que você poderia considerar.[1]

Tanto a dentição como a necessidade de "mascar" também podem desempenhar papéis no desenvolvimento da criança por meio da mordida. Oferecer cenoura em palitos ou fatias de maçã para morder, uva-passa para mastigar e casca de laranja ou geladinhos saudáveis para chupar oferecerão estimulação e podem satisfazer, de forma mais apropriada, o desejo de morder. A mordida pode até ser o resultado de uma imaginação vívida. Teddy, com 20 meses de idade, passou 2 semanas mordendo o tornozelo de qualquer pessoa que passa-

---

1   Para mais informações, consulte *Sign with Your Baby*, de Joseph Garcia (Mukilteo, WA: Northlight Communications, 2002), ou visite www.sign2me.com (em inglês).

va na sua frente, até que um adulto muito observador percebesse que ele estava imitando o novo filhote de cachorro da sua tia.

A explicação mais consistente sobre morder é a sua conexão com o controle do impulso. As crianças pequenas não têm um controle do impulso efetivo (lembre-se de que o córtex pré-frontal das crianças pequenas ainda está "em construção"), tornando imediata sua resposta à frustração – e geralmente além do seu controle consciente. O controle do impulso se desenvolve gradualmente. Por volta dos 3 anos, a combinação de desenvolvimento de linguagem e um sistema nervoso em amadurecimento se juntarão para reduzir ou eliminar a maioria das mordidas iniciais. Enquanto isso, independentemente dos motivos para tal, mordidas são muito perturbadoras (para não dizer dolorosas) para quem foi mordido, para quem mordeu e todos os adultos envolvidos. Não temos certeza do que é pior: ser os pais da criança que mordeu ou da criança mordida. Os pais da criança mordida se sentem irritados e protetores. Os pais da criança que mordeu sentem-se envergonhados e protetores. Todos se sentirão um pouco melhor se tomarem conhecimento sobre o desenvolvimento infantil.

Mordidas decorrentes de a criança não ter palavras para expressar sentimentos e frustrações diminuirão à medida que ela aprende as habilidades verbais para se expressar de maneiras mais apropriadas. E não ajuda morder a criança de volta, lavar a sua boca com sabão ou colocar molho de pimenta na língua dela. Tais respostas são muito mais propensas a agravar o conflito do que resolvê-lo, e pode ser considerado abusivo.

Não há um remédio mágico para eliminar mordidas. As respostas mais úteis começam com um elemento essencial: supervisão. As crianças que mordem devem ser vigiadas com muita atenção. Procure por padrões. O seu filho morde em uma determinada hora do dia, talvez quando está com fome ou cansado ou quando estão acontecendo coisas demais em volta dele? Se você detectar um padrão, use seu conhecimento para estar bem atento durante esses momentos.

Apesar da mais rigorosa supervisão, frequentemente as mordidas continuam. Uma vez que ela ocorre, existem três etapas essenciais: evitar que novas lesões aconteçam, envolver ambas as crianças no processo de cura e mostrar compaixão por elas.

1. **Evitar que novas lesões aconteçam.** Aja imediatamente. Separe as crianças e verifique a gravidade da lesão. Suas ações devem ser firmes e decisivas, mas também amáveis. Tente manter a calma, não deixando a sua

Disciplina Positiva para crianças de 0 a 3 anos

própria frustração ou sentimentos de raiva alimentarem sua resposta. Tenha em mente que o tempo geralmente resolve o problema e saiba que você está fazendo tudo que pode para lidar com o problema. Use poucas palavras, dizendo calmamente: "Nada de mordidas".

2. **Envolver ambas as crianças no processo de cura: cuide do machucado e dos sentimentos de mágoa.** Morder é particularmente preocupante para os pais por causa da possibilidade de doenças transmitidas pelo sangue. Adultos e crianças devem usar luvas de plástico ao tratar de ferimentos, para que estejam protegidos e também para ensinar todos os envolvidos a evitar o contato com o sangue. A criança que está mais em risco é a que morde, pois pode ter ingerido sangue, e não a que foi mordida (esta informação pode ser útil quando se lida com a família transtornada da criança que foi mordida). Além do ferimento físico, há também sentimentos que foram feridos. Os sentimentos de cura exigem compaixão.

3. **Mostrar compaixão por ambas as crianças.** Ambas as crianças – a que mordeu e a que foi mordida –, podem sentir-se magoadas, angustiadas e desencorajadas. As duas precisam de compaixão. A criança que mordeu também precisa saber que você se importa com ela. As emoções afloram depois de um incidente que envolve mordidas, e a criança que morde muitas vezes se vê na posição do vilão. Os professores o levam para o castigo e dizem para ela ficar lá a manhã toda. Os pais gritam, mandam ficar no quarto e evitam contato. Frequentemente, os pais exigem que a escola expulse as crianças que mordem. (Por favor, lembre-se de manter a confidencialidade sobre as crianças envolvidas quando ocorrerem mordidas na escola.)

Pode ser difícil, no meio do tumulto, lembrar que essa pessoinha provavelmente mordeu de frustração e imaturidade, e não com uma intenção maligna. Ela não consegue controlar seus impulsos e provavelmente mal pode falar. O que ela realmente pode precisar é de um abraço, bem como de uma supervisão contínua. A criança que foi mordida sofre com seus sentimentos de quem se machucou, além de ter a pele ferida. Ambas precisam de cuidados amorosos.

Uma mordida acontece em um milésimo de segundo. Mesmo uma criança segurando a mão de sua mãe pode conseguir morder outra passando no carrinho antes que sua mãe possa detê-la. Nos casos em que a mordida se torna incontrolável, pode ser necessário dar tempo à criança para desenvolver habilidades de comunicação (talvez incluindo a linguagem de sinais) enquanto reduz o tempo na presença de crianças. Se a criança fica em contato constante com outras, como em um berçário, tente fazê-la carregar um objeto que dê para morder. Um pequeno mordedor pendurado na roupa oferece uma solução temporária. Fique bem atento à criança enquanto a ajuda a entender que ela sempre pode usar seu mordedor e que não pode morder uma pessoa.

Reforce dizendo gentilmente: "É assim que se faz carinho", demonstrando como é essa ação. Se a criança continuar mordendo após os 3 anos de idade, pode ser útil obter a avaliação de um fonoaudiólogo para garantir que as habilidades de linguagem se desenvolvam adequadamente.

MORDER E BATER

Pergunta: Eu tenho gêmeos de 21 meses. Eu sei que bater e morder pode acontecer nessa idade, mas um dos meus meninos bate e morde mais do que o outro. Quando ele me bate, eu me afasto, mas ele ainda tem o irmão para se entreter. O que aconteceria se eu desse atenção para o filho que se comporta bem e ignorasse o filho que bate?

Resposta: Lidar com duas crianças ao mesmo tempo pode certamente ser um desafio. Nossas sugestões podem ser chocantes para as pessoas que não entendem os conceitos da Disciplina Positiva: considere prestar mais atenção ao gêmeo que está mordendo e batendo, e guie-o para ajudar a consolar seu irmão. Não, isso não "recompensa" o mau comportamento.

Dar a uma criança os meios para contribuir para o bem-estar do outro promove uma experiência de ação compassiva. Seu pequeno está frustrado por algo e não tem habilidades para expressar seus sentimentos. Você pode confortá-lo e ensiná-lo sobre essas habilidades ao mesmo tempo, mas não espere que suas lições sejam aprendidas sem a supervisão. Dê um abraço na criança que bate ou morde, por apenas alguns segundos. Então diga: "Olhe. Seu irmão está chorando. Vamos dar um abraço nele." (Você está demonstrando o abraço em vez de bater). Você também o ajudará a ver os efeitos de suas ações nos outros, um passo importante no desenvolvimento da empatia. Depois de abraçar por alguns segundos, ensine-lhe uma habilidade. Pegue sua mão e mostre-lhe como fazer carinho. Se ele já tiver mordido seu irmão, depois de alguns segundos, diga: "Vamos pegar um pouco de gelo e ajudar seu irmão a se sentir melhor." Então, deixe que ele segure o gelo sobre a mordida do irmão.

Compreender o desenvolvimento infantil irá ajudá-lo a reconhecer porque isso é útil. Crianças pequenas não podem compreender conceitos abstratos, mas elas desenvolvem um senso de sentimentos e ideias, e começarão a aprender. Por exemplo, a criança que você socorre pode desenvolver o senso de ser uma vítima e acreditar: "Preciso que outras pessoas cuidem de mim. Eu sou impotente." Ou "Ser uma vítima me ajuda a ter um senso de conexão". Se você repreender ou punir o agressor, essa criança pode desenvolver um senso de dúvida e vergonha. Seu desânimo pode, na verdade, motivar mais "maus comportamentos". Quando você mostra compaixão pelas necessidades de ambas as crianças, você oferece a segurança que estará lá para ajudar uma criança que não pode se conter (lembre-se, as crianças pequenas não têm controle do impulso) e que ela pode confiar em você para proporcionar conforto quando necessário (tanto para a criança machucada quanto para a que agrediu).

Interesse social e compaixão

Neste capítulo, o foco é uma das habilidades que as crianças precisam quando interagem com outras pessoas. Há também outro aspecto social do desenvolvimento: o "interesse social", que é uma mistura de empatia e compaixão. Alfred Adler, pioneiro no campo do atendimento às famílias e do comportamento infantil, descreveu o "interesse social" como preocupação com os outros e um desejo sincero de contribuir para a sociedade.

Um grande salto no desenvolvimento ocorre quando uma criança começa a entender que as mesmas emoções que ela sente e está aprendendo a nomear – tristeza, medo ou alegria, – também são sentidas por outros. Este é o começo da empatia, e é paralelo à mudança do egocentrismo no final dos 3 anos de uma criança. Quando uma criança traz um curativo para outra que caiu e raspou o cotovelo, ou compartilha o lanche com uma que esqueceu, essa porta do desenvolvimento começa a se abrir. Você pode nomear e reconhecer os atos de bondade da criança e preocupação com outros e, assim, encorajar mais essa habilidade.

À medida que as crianças entram na vida de suas famílias e escolas, elas querem muito se sentir aceitas. Uma das formas mais poderosas para alcançar um sentimento de aceitação é contribuir de forma significativa para o bem-estar dos outros na família ou no grupo.

Para crianças pequenas, realmente não há diferença entre brincadeiras e trabalho. Quando um bebê se esforça várias vezes para pegar um brinquedo que está fora do seu alcance, dizemos que está "brincando", mas, na verdade, ele está trabalhando arduamente, crescendo e desenvolvendo novas habilidades. As crianças pequenas geralmente estão ansiosas para participar de tudo o que elas nos veem fazendo, e a hora de convidar as crianças para ajudar a família é quando elas querem, e não quando estão prontas para fazer uma tarefa perfeitamente. Uma vez que você começa a ver o seu filho positivamente, ele não parece estar tão "abaixo".

Raízes da compaixão

A compaixão é a base das habilidades sociais. Sentir-se capaz e hábil para contribuir com os outros é importante. Uma criança de 8 meses pode entregar a fralda limpa para o pai ou a mãe quando ele estiver pronto para isso. Um menino de 15 meses pode ajudar a empilhar os brinquedos do banho na banheira. Uma criança de 2 anos pode ajudar com muito interesse a passar o pano nos respingos na cozinha. Essas tarefas são divertidas para os pequenos e formam os padrões básicos para a aprendizagem futura. Na próxima vez que sua filha pegar um vaso precioso ou uma flor frágil, peça-lhe que o entregue em vez de tentar tirar o item da mão dela. A transformação será quase mágica, pois ela muda o tom de resistência para a vontade de ajudar. A resposta dela faz sentido quando você se lembra que as crianças gostam de ser úteis.

Na verdade, um estudo descobriu que as crianças parecem ter um desejo inato de ajudar os outros. Quando um pesquisador que estava numa escada "deixou cair" pregadores de roupas acidentalmente, cada criança participante do estudo correu para pegá-los e entregá-los ao pesquisador. (As crianças também pegaram livros e outros itens.) Quando o pesquisador jogou os itens no chão propositalmente, no entanto, ele não teve ajuda das crianças. As crianças apenas pegaram os objetos caídos quando perceberam que o adulto genuinamente precisava de sua ajuda.

Mais criticamente, estamos plantando sementes de empatia e compaixão quando permitimos que as crianças contribuam para o bem-estar dos outros. **As crianças, mesmo as menores, podem fazer muitas coisas para contribuir para o bem-estar da sua família.** Conforme você acompanha seu pequeno durante esses primeiros anos de vida, lembre-se de que ele também está te observando, e seu exemplo fala mais claramente do que suas palavras. Os pais sábios e os cuidadores usarão o desejo natural de uma criança de imitar o comportamento dos adultos, atuando como modelo das habilidades desejadas e recebendo o engajamento e a ajuda da criança.

O que o seu filho aprenderá se você disser a ele para tratar os animais gentilmente, e então ele vê você tratando o gato com raiva depois de arranhar o sofá? Será que ele vai aprender compaixão pelos outros se ele assistir você se sentar confortavelmente no ônibus enquanto um passageiro idoso fica em pé ao seu lado? Será que ele aprenderá a falar respeitosamente se você gritar do outro lado da sala, reprendendo ele e suas irmãs tagarelas para "pararem de gritar"? Que lições a criança aprenderá? Lembrará de suas palavras ou de suas ações?

Você se lembra dos neurônios-espelho sobre os quais falamos no Capítulo 3? Esses neurônios transmitem a mensagem assim que uma criança vê uma ação sendo realizada. Isso significa que **se você quer que seu filho seja carinhoso, gentil e reflexivo, você deve ser um pai ou uma mãe que abraça em vez de bater, que demonstra compaixão e ações de conforto em vez de impaciência ou retaliação, e que escuta em vez de atacar com raiva. Suas habilidades se tornarão as habilidades dos seus filhos.**

ATIVIDADES PARA REFLEXÃO

1. Observe as maneiras como seu filho demonstra empatia, compaixão ou outras habilidades sociais positivas. Talvez ele tenha feito carinho no seu rosto quando você parecia chateada, oferecido uma fatia de maçã à irmã ou trazido um lenço quando viu um amiguinho de classe chorando. Anote o que você observou. Reconheça e nomeie o comportamento da criança para ela:

   "É muito gentil da sua parte fazer carinho na mamãe".

   "Obrigado por compartilhar com a sua irmã".

"Você foi atencioso ao levar um lencinho para seu colega, isso o ajudou a se sentir melhor".

2. Dê a seu filho a chance de ter empatia pelo sofrimento de outra pessoa e agir com compaixão. Algumas ideias são:

Leia uma história sobre uma criança ou um animal que passou por uma situação difícil, tal como se sentir magoado por ser excluído por amigos, sentir-se triste por mudar de casa ou se preocupar com uma nova situação – uma nova escola ou uma babá diferente, por exemplo. Pergunte como essa criança pode estar se sentindo. Nomeie os sentimentos. Pergunte ao seu filho se ele já se sentiu assim.

Fale sobre as necessidades dos outros, por exemplo: pessoas com fome ou que não podem comprar presentes para uma festa que está por vir. Convide seu filho a ajudar de alguma forma, talvez selecionando alimentos enlatados para levar a uma instituição de caridade ou escolhendo brinquedos que ele não usa mais para dar a uma criança necessitada. Como o seu filho se sente quando vivencia a generosidade?

Parte IV

O mundo fora da sua casa

17

CRIADO PELA MÃE NATUREZA

Ao filosofar sobre o significado de ser mãe, pai ou cuidador, é sábio considerar outra mãe que todos compartilhamos: a Mãe Natureza. A sabedoria da Mãe Natureza é a do mundo natural que nos rodeia. Este livro foca em maneiras de incentivar o desenvolvimento saudável do seu filho e prevenir problemas. Curiosamente, o contato com a natureza pode prevenir ou aliviar muitos conflitos comuns enquanto nos reenergizamos para lidar com o resto. A Mãe Natureza está sempre pronta para transmitir sua sabedoria e experiência. A natureza nos circunda silenciosamente, na qualidade do ar que respiramos, na fonte da água que flui de nossas torneiras ou mesmo nas frutas amadurecidas que comemos. É fácil esquecer que deveríamos conscientemente incluir a natureza na nossa vida e na vida de seu filho.

Infelizmente, a natureza e seus dons quase desapareceram da vida de muitas famílias. A ansiedade é uma presença constante para pais e filhos; o mundo pode parecer perigoso e complexo e a maioria dos pais tem dificuldade para encontrar o equilíbrio entre a exploração do mundo "lá fora" e manter as crianças seguras. De fato, a ansiedade é epidêmica na vida do século XXI – e a maioria das crianças aprende essa ansiedade dos pais superprotetores ou da mídia. Nossa rotina também se tornou cada vez mais atribulada. Os pais trabalham, as crianças são levadas da casa para a escola e da escola para casa, e de uma atividade para outra. Simplesmente não há tempo (ou os pais acreditam que não há) para se se sujarem brincando, para diminuírem o ritmo e respirarem em meio à natureza.

No mundo todo, as crianças vivem em ambientes de pisos acarpetados, estão rodeadas por concreto e parquinhos de plástico, e nunca sentem a textura gostosa da grama, a umidade do musgo ou o movimento da areia sob os pés descalços. Os sapatos rígidos os separam da terra sob seus pés. Como os calçados são necessários para proteger a pele sensível da criança, é muito fácil acabarmos impedindo que os dedinhos de seus pés experimentem as maravilhosas texturas do mundo. Desde os primeiros momentos de vida, há um mundo infinito à espera deles para ser explorado, e é por meio desse mundo natural que aprendemos sobre a vida. A conexão com a natureza é essencial e vai além dos motivos sentimentais. A ciência nos diz que o **contato com o mundo natural estimula a aprendizagem precoce e pode realmente ajudar a prevenir problemas como obesidade, depressão e ansiedade.**

Das mãos aos corações

A Mãe Natureza atende as nossas necessidades de muitas maneiras. Nosso organismo se exalta à exposição ao ar fresco, ao receber doses de oxigênio graças ao trabalho árduo das plantas e ao se saciar com água límpida e pura. O alimento que comemos é oriundo de seu solo rico – ou deveria ser, se comêssemos menos alimentos processados. O contato com a natureza ajuda o cérebro a se desenvolver por meio da experiência dos sentidos – pelo o que nós vemos, ouvimos, cheiramos, tocamos e sentimos.

A natureza também atende a nossa saúde emocional. A exposição à ela pode acalmar nosso espírito, drenar o estresse do dia e nos ajudar a alcançar a cura emocional e física. A luz solar fornece vitaminas essenciais e alivia a depressão. O tempo gasto com essa outra mãe melhora nossa capacidade de focar, resolver problemas e acessar nossa criatividade. E quanto mais aprendemos com ela, mais nós também nos preocupamos com suas necessidades. À medida que o ambiente do planeta está cada vez mais estressado e o clima muda, precisaremos do engajamento ativo e da capacidade de resolução de problemas dos nossos cidadãos mais jovens. Quando você envolve seu filho no mundo natural, você aumenta a chance de que ele se preocupe profundamente com o planeta que habita e queira contribuir para o seu bem-estar.

Experiência + cérebro = aprendizagem

Ao longo de nossas vidas, mas especialmente durante os primeiros anos de vida, grande parte do que experimentamos vem pelos nossos sentidos. O mundo natural é rico em tais experiências.

Nadine aprende com o toque que o pelo de um gatinho é macio, que a água pode ser fria, morna ou mesmo quente, e que a chuva tem um toque diferente da luz do sol no seu rosto. Mas ela não conseguirá aprender essas coisas se ela nunca tiver a chance de acariciar um gatinho, colocar seus dedinhos na água ou ter seu rosto exposto ao clima.

Sam aprende que o sol brilhante faz com que ele aperte seus olhinhos, que uma pétala delicada de margarida é diferente de um pinheiro grosso, e que um pardal parece muito pequeno voando acima dele no céu, mas muito maior quando está pegando migalhas na calçada. Cada uma dessas experiências fornece lições sobre como o mundo funciona e ajuda a transmitir novas informações ao seu cérebro. O cheiro alerta-o que terra nova foi adicionada em um jardim, faz seu nariz se incomodar com a água salgada do mar e o faz virar a cabeça em direção a um arbusto lilás em flor.

Quando a turma da professora Barbara passa por um campo aberto, um "ruído" alto convida-os a olhar para o corvo voando sobre a cabeça deles, enquanto uma vaca rugindo ou um cão latindo chama a atenção deles para a presença de criaturas muito diferentes. À medida que suas aventuras ao ar livre continuam, eles aprendem que uma rosa é bonita, mas seus espinhos são afiados, e que a neve é macia, mas deixa suas mãos geladas. As pedras são brilhantes e tentadoras, mas elas não têm um gosto bom! Eca!

O cérebro humano usa essas experiências para criar memórias e ativar o cérebro. Mesmo a linguagem é afetada. Como seu filho dará sentido a uma palavra como "pegajosa" se seus dedos do pé nunca estiveram em uma poça de lama?

Deslumbramento e criatividade

Newton surgiu com a teoria da gravidade depois de se sentar debaixo de uma árvore e uma maçã cair sobre ele, ou pelo menos é assim que a história é contada. Felizmente, a natureza não precisa acertar uma maçã na nossa cabeça para estimular a criatividade. Você alguma vez parou de trabalhar em uma tarefa difícil e foi dar uma volta no jardim, e quando voltou, sentiu-se mais capacitado para resolver um problema frustrante depois? A natureza pode fazer isso! Um estudo com adultos demonstrou que, em um escritório com plantas, as sugestões criativas dos participantes aumentaram em pelo menos 15%.

A beleza e o deslumbramento estão relacionados à criatividade. Os tons arroxeados e rosados de um pôr-do-sol, as folhas amarelas, laranjas e douradas de outono e o focinho macio e molhado de um filhote de cachorro nos enchem de admiração. Você não quer que seu filho conheça essa sensação de admiração? A Mãe Natureza é a grande campeã do deslumbramento. Ela nos oferece esse presente todos os dias, basta nos dedicarmos a olhar.

Saia de casa[1] com o seu filho. Observe o pássaro empoleirado na borda de uma calha. Pisque e você pode perder o brilho das gotas de água espirrando quando o pássaro toma seu banho de manhã. Olhe para os olhos do seu bebê enquanto ele observa um pequeno caranguejo atravessando a areia. Observe seu filho tentando lamber uma gota de chuva de uma folha. Esses são momentos de deslumbramento. As crianças instintivamente cavam a areia da praia. À medida que suas habilidades se desenvolvem, seus dedos curiosos criam elaboradas estruturas conectando aos canais de água. A natureza flui através deles em forma de criatividade.

Lições de vida

As lições da natureza aparecem muitas vezes sem esforço – verdadeiros exemplos de "consequências naturais". Ninguém precisa dizer a uma criança que diminua a velocidade ao caminhar pela areia da praia. A areia cuida dessa lição. Depois de um dia ao ar livre, observe o aumento do apetite da criança que não come tão facilmente. Um chapéu que não está amarrado ou abotoado será rapidamente arrebatado pelo vento, uma lição melhor do que lembretes intermináveis dos pais.

---

1   Um livro que detalha um ano de descobertas e deslumbramentos de uma criança: "*The Goodness of Rain*", de Ann Pelo (Redmond, WA: Exchange Press, 2013).

Que outras lições o seu filho pode aprender com a natureza? Plante uma semente de rabanete e veja crescer de uma minúscula gota marrom para pequenas folhas verdes, para uma enorme planta vermelha que ele pode comer. Que maravilhosa lição de paciência! O silêncio de uma paisagem desértica convida a tranquilidade, assim como o som das ondas sobre a areia na beira da praia. A Mãe Natureza oferece consolo e descanso, e encoraja a criança a ouvir sua própria voz interior.

A menos que haja um céu escuro, as estrelas não podem ser vistas. Para grande parte do mundo, encontrar um lugar de verdadeira escuridão requer esforço deliberado. Na verdade, em muitas comunidades urbanas, raramente é possível ver as estrelas, muito menos a Via Láctea, por causa da luz das ruas e edifícios. Se você quer que seu filho compreenda os conceitos de confiança e segurança, você pode ensinar-lhe que as estrelas estão sempre lá (mesmo quando ele não pode vê-las), assim como quando a mamãe sai todo dia para o trabalho e depois volta.

A natureza também traz lições maiores tanto sobre a vida quanto sobre a morte. Alimentar um pequeno gatinho ou cachorrinho, vê-lo crescer e aprender a cuidar dele com carinho ensina responsabilidade e gentileza à criança. A perda de um animal de estimação amado é, muitas vezes, a primeira experiência com a morte que as crianças têm, uma parte triste, mas inevitável da vida. A natureza nos ajuda a aprender a lidar com a vida em todos os seus aspectos.

Benefícios físicos

Não é incrível como uma criança ainda pequena caminha por montes de folhas ou ao longo de uma trilha sem se queixar, mas implora para ser carregada mesmo quando a distância de um carro no estacionamento para uma loja próxima é curta, alegando ser "muito longe" ou estar "muito cansada"? O tempo gasto no mundo natural desenvolve resistência. Na presença da natureza, diminuímos nosso ritmo, mesmo que o tempo pareça passar mais rapidamente.

Se fazer seu filho dormir é um problema, experimente passar um tempo fora juntos, antes da hora de dormir. Alguns minutos explorando as plantas em um jardim, ou mesmo uma caminhada ao redor do quarteirão, usando o tempo para olhar o céu e as árvores ou pássaros sobre sua cabeça, vai acalmá-lo e tornar a hora de dormir muito mais fácil para ambos.

Saúde emocional, redução de estresse e cura

A Mãe Natureza oferece meios para encontrar a calma em vidas ocupadas. O silêncio de uma caminhada no bosque ou o som das ondas do mar traz uma sensação de paz incomparável a qualquer canção de ninar. Como poucos de nós têm acesso a bosques e praias diariamente, talvez seja necessário procurar essas experiências em sua vida.

A boa notícia é que tanto você como seu pequeno filho cansado podem enfrentar uma noite menos estressante após um longo dia no trabalho ou na escola com a adição de um toque da natureza. Alguns momentos passados ao ar livre, ou um passeio pelas plantas da casa, enquanto verificam se elas precisam de água, e cuidar delas juntos, pode restaurar os dois.

Sabe-se que o estresse pode se tornar uma doença. Felizmente, se você reduzir o estresse, há mais chances de ser curado. Por exemplo, os pacientes capazes de verem as árvores das janelas do hospital realmente precisam de menos analgésicos e suas estadias no hospital são mais curtas. Crianças que brincam em contextos naturais regularmente mostram melhora na coordenação e agilidade, e elas também tendem a ficar doentes com menos frequência.

Convidando a "Mãe Natureza" para a sua casa

Essa outra Mãe tem muito a oferecer. Você só precisa abrir os olhos e ver que seus presentes nos cercam. Sua tarefa como mãe, pai ou cuidador é ter certeza de que esses presentes permanecem acessíveis para seu filho. Um parquinho coberto de tapetes de borracha para absorção de impacto ainda pode estar cheio de arbustos. Você pode criar uma "mesa da natureza", onde as crianças podem trazer achados preciosos para compartilhar: uma concha lisinha, uma pedrinha brilhante ou um favo de mel suculento.

Aqui estão algumas sugestões para trazer a natureza para sua casa:

- Comece um jardim ou dê uma planta para seu filho cuidar. Pode ser sementes de feijão germinadas em um copinho. Observar uma semente se transformar em brotos pequenos que podem ser adicionados na salada do jantar coloca as crianças em contato com o milagre do surgimento dos alimentos na natureza.
- Se você não tem espaço para o jardim, programe-se para visitar uma fazenda ou jardim próximo. Melhor ainda, peça permissão para colher uma cenoura, pegar algumas folhas de hortelã para colocar na jarra de água ou formar um buquê de margaridas para colocar na mesa de jantar. Cada uma dessas atividades traz a natureza para nossas vidas e corações.
- Coloque um alimentador de pássaros de modo que você e seu filho possam observar os pássaros pousando e voando, virando suas cabeças em alerta, bicando as sementes e levantando voo. Dediquem um tempo para assistir a isso juntos. Ouçam os diferentes sons que os pássaros fazem. Vocês conseguem distingui-los? Relacione os pássaros que você vê ou ouve com fotos.

Uma escola na Austrália decidiu remover todas as estruturas fabricadas da sala de aula e substituiu por itens feitos pela natureza. Eles falaram sobre as crianças aborígenes e com o que elas podem ter brincado quando apenas itens naturais estavam disponíveis. Havia troncos para construir, cestas com conchas e galhos, e recipientes de areia e pedrinhas em todas as prateleiras. As crianças descobriram maneiras de desenhar usando pedras na casca das árvores. Elas criaram mandalas incríveis, compostas de conchas, pedras e galhos. Elas ocuparam grandes áreas do chão e passaram tempos prolongados trabalhando com um foco incrível. Os professores tinham se planejado para testar esse programa por uma semana, mas as crianças adoraram tanto que continuaram por vários meses.

Outro evento, o *Dia internacional da lama*[2], foi iniciado pela comunidade da primeira infância no Nepal, e encoraja pessoas de todo o mundo a simplesmente brincar na lama. Centros ou comunidades fazem a lama, e as crianças chegam vestidas com roupas laváveis ou trajes de banho e passam o dia escorregando na lama. Elas experimentam o deslizamento, o barulho e as texturas

---

2   www.connect.worldforumfoundation.org/mud-day/.

suaves ou arenosas. Elas ficam maravilhosamente sujas, mas com a possibilidade de se lavarem. O seu filho já conheceu a sensação da lama? Você já teve essa experiência? Por que não?

Sustentabilidade

A Mãe Terra também se beneficia de toda essa interação. Assim como estamos interligados por nossos relacionamentos com os outros, **dar às crianças oportunidades para se conectar com o mundo natural as auxilia a desenvolver um senso de direção e cuidados.** Damos valor e cuidamos daquilo que aprendemos a amar. Isso se traduz em adultos que valorizam, cuidam e preservam o mundo natural.

Experiências com a natureza e um senso de conexão com o mundo natural estão entre os maiores presentes que podemos oferecer às crianças. Trata-se da melhor criação preventiva, a qual atende as necessidades físicas, cognitivas e emocionais de uma criança de maneiras que são infinitamente sustentáveis como habilidades que duram a vida toda. Como você tem trazido a natureza para sua casa, escola ou vida? Você abriu espaço para ela ou a bloqueou? Ela é uma mãe educada e prefere um convite. Talvez você esteja atrasado para uma visita da família.

ATIVIDADES PARA REFLEXÃO

1. Inspire a criatividade visitando um zoológico, caminhando pela floresta ou ao longo de uma praia ou assistindo ao nascer ou pôr do sol juntos. Depois, forneça ao seu filho materiais artísticos, como lápis de cor, giz de cera, canetas coloridas ou tintas. Junte-se a ele e simplesmente criem juntos. O que acontece? Quais são as cores usadas? Foram as mesmas do pôr do sol? Os animais que você acariciou aparecem no desenho? O verde das árvores ou o azul do mar aparecem no seu trabalho? Mesmo que não haja uma relação observável, a energia da experiência irá alimentar a criatividade. Repita esses passos com frequência.
2. Faça um passeio silencioso com o seu pequeno. Explique que, por alguns minutos, vocês dois apenas ouvirão os sons que os cercam. Mesmo que um

bebê pequeno não entenda as palavras, ele entenderá sua linguagem corporal enquanto você fica quieto e ouve. Faça essa caminhada do modo mais natural possível. Mesmo uma rua da cidade pode ensinar você a ouvir com atenção. O que você ouve?

O barulho do cascalho embaixo dos seus pés?

Os sons dos carros passando?

O som de um pássaro ou o barulho da árvore?

Com sorte, você pode até ouvir...

O silêncio.

O silêncio encontra uma maneira de nos preencher/saciar e se expandir dentro de nós. Aprecie.

18

MENTES CONECTADAS

O impacto da tecnologia

Nativos digitais. Já nasceu com um celular na mão. Geração das telinhas. Criança controlada remotamente. Essas frases, usadas na mídia para descrever as crianças de hoje, sequer existiam há alguns anos. Tampouco o termo "googar" (nem a empresa a que o termo se refere). Hoje, contudo, muitos pais rotineiramente pesquisam no Google para decidir que nome dar ao bebê. Afinal, quem quer dar um nome a uma criança que retorna milhares de ocorrências na internet a um criminoso infame?

Da televisão, passando por *smartphones*, *tablets* e computadores (e tudo o que ainda está por vir), a tecnologia, o tempo de tela e os meios de comunicação social são a realidade de hoje. A maioria dos adultos não pode imaginar a vida sem redes sociais ou mensagens de texto, e raramente estão longe de seus *smartphones*. Não são apenas os *smartphones* que são instigantes; a troca de celular por um mais novo está aumentando rapidamente. Tal como a própria tecnologia, o uso de dispositivos móveis por parte das crianças cresce a um ritmo sem precedentes.

No momento desta publicação, quase 4 em cada 10 crianças e bebês fazem uso de um dispositivo móvel, em comparação com apenas 1 em cada 10 há 2 anos. Em 2013, um estudo do SquareTrade descobriu que 85% das crianças norte-americanas usavam dispositivos móveis todos os dias, com uma média de mais de 3 horas por dia de "tempo de tela". Difícil acreditar que crianças de 2 anos ou mais novas ficam conectadas a uma tela em média 1,5 hora por dia. Os pais riem quando chamam seus *tablets* de "chupeta" – mas qual será o verdadeiro impacto em longo prazo no cérebro em desenvolvimento da criança?

Não há dúvida de que conexões saudáveis com os pais e seus cuidadores são extremamente importantes para o desenvolvimento de uma criança, mas recomendações sobre o uso sensato dos dispositivos móveis para o desenvolvimento apropriado à idade estão em debate. A recomendação inicial da American Medical Association em relação a não exposição às telas até a idade de 2 anos foi agora amenizada para "desestimular a exposição às telas para crianças menores de 2 anos". Apesar das recomendações, é quase impossível sair para comer fora nos dias atuais sem presenciar uma criança se divertindo com o celular dos pais, e muitos pais se gabam da capacidade precoce de seus filhos em operar esses dispositivos digitais. Goste ou não dessa realidade, **as crianças de hoje tornaram-se um experimento tecnológico vivo sobre os efeitos do tempo de tela.**

O psicólogo Jerome Bruner usa o termo "representação ativa" para descrever a forma de como as mãos de uma criança estão conectadas (e expressam) seus pensamentos. Uma criança com sede, por exemplo, vai imitar o ato de beber em um copo. Isso também explica o que torna os dispositivos com *touch-screen* um divisor de águas. Se passar um dedo pela tela faz aparecer um arco-íris, que criança não gostaria de fazer isso de novo? E de novo? Mas o que isso ensina? O que isso causa no circuito cerebral? A resposta real é que ainda não sabemos.

Mentes conectadas: o tempo de tela/o dilema da mídia social

Mudanças na tecnologia são agora tão rápidas que é quase impossível prever os efeitos em longo prazo, e muito menos responder às perguntas a cada novo avanço. Como você aprendeu, o cérebro do seu filho está se conectando para a vida nesses primeiros importantes anos. Independentemente da sua opinião ou opção em relação à tecnologia, você deve parar para refletir e tomar decisões ponderadas e conscientes sobre o que expor e quanta exposição é apropriada para o seu filho.

Atitude é o melhor aplicativo

A vida no século XXI é frenética. Os pais estão ocupados e apressados, e é tentador colocar uma criança na frente da televisão ou no videogame enquanto você se apressa para preparar o jantar, lavar a roupa ou para simplesmente ter alguns minutos de silêncio para você mesma. Um pai disse: "Aqueles pais que estão dispostos a restringir o acesso à TV ou ao computador devem trabalhar fora de casa. Nós, que estamos em casa o dia todo com os pequeninos, precisamos de um tempo!". A questão não é se criar filhos é complicado ou não (porque é) ou cansativo (pode ser), mas sim que você deve estar consciente de suas escolhas e atitudes e do impacto que elas têm sobre o desenvolvimento e as crenças do seu filho.

Todos os pais precisam de um tempo de vez em quando, e dispositivos móveis podem parecer "babás" úteis. Assim como comer porcarias de vez em quando, um pouco pode não prejudicá-lo permanentemente. Ainda assim, o acesso à mídia em casa pode se tornar uma pista escorregadia quando os pais não estão prestando atenção. Em vez de ver seu filho como uma distração ou um fardo, o que aconteceria se a sua atitude mudasse? É possível desacelerar o suficiente para aproveitar o trabalho ao lado dele? Ele pode aprender habilidades valiosas fazendo tarefas ao seu lado, e você ainda fortalecerá seu relacionamento.

Nosso objetivo não é fazer os pais se sentirem culpados por suas escolhas. Nós não defendemos a criação de princesas superprotegidas ou tiranos excessivamente mimados. Nós encorajamos o pensamento e a ação confiante – seus e do seu filho.

O QUE É EFICAZ? A LÍNGUA NA SUA BOCA OU A LÍNGUA DO SEU SAPATO?

Alfred Adler ensinava: "Observe o movimento se você quiser descobrir o que as pessoas decidiram fazer — mesmo quando elas não estão cientes de sua decisão.". Em outras palavras, observe a língua do sapato (o que elas fazem), não a língua na boca (o que elas dizem).

Você tem o hábito de gritar do outro lado da sala para o seu filho largar o celular ou *tablet*? Ou você anda pela sala e você mesma retira o dispositivo e guarda ou desliga? As crianças fazem o que veem os outros fazerem. O que o seu filho vê? Quanto tempo você fica na tela quando está perto do seu filho? Como você prefere passar seu tempo, com seu dispositivo ou com seu filho? O que *ele* acredita que você prefere?

Cuidadores como aliados

Com tantas decisões a tomar e tantos fatores desconhecidos, é fácil sentir-se sobrecarregado com a rápida mudança tecnológica. Enquanto os pais estão no trabalho, muitos bebês e crianças estão sob os cuidados de outros, expostos a tudo o que esses cuidadores decidem que é apropriado. **Se o seu filho estiver sendo cuidado o dia inteiro ou parte do dia, você deve conversar com o cuidador sobre tecnologia e dispositivos móveis.** O que uma criança vivenciar em casa influencia seu comportamento na escola – e o contrário também é verdade.

As crianças são influenciadas pelo que elas veem nas telas. O cuidador do seu filho pode notar que ele está batendo ou empurrando mais do que o habitual. Se o cuidador traz essas questões à sua atenção, considere conversar sobre como o conteúdo assistido pode estar afetando seu filho e seu comportamento. Tais discussões podem ajudá-lo a ter mais consciência das escolhas que você está fazendo. Você também pode fazer um acordo com a escola sobre limites e expectativas, e fortalecer a consistência entre sua casa e a escola.

Relacionamentos importam

Uma coisa que sabemos com certeza é que os relacionamentos – a maneira como interagimos e aprendemos a responder aos outros – são cruciais para as decisões que tomaremos na vida.

Esperanza, de 2 anos de idade, decide se os outros podem ou não ser confiáveis com base em suas experiências sobre consistência e previsibilidade nos encontros diários com aqueles que a rodeiam. Ela decide se pode esperar bondade e respeito, e aprende a dar bondade e respeito quando ela vivenciar essas qualidades importantes. Se ela é submetida a críticas constantes, ela pode decidir recuar ou desistir. E se ela apanha, é mais provável que ela bata ou machuque os outros para obter o que ela quer.

Toda decisão na vida de uma criança pequena é uma decisão importante. Você, sem dúvida, quer ter certeza de que seu filho recebe todas as oportunidades para fazer as escolhas mais saudáveis possíveis. A televisão e outras mídias expõem as crianças tanto ao conteúdo como aos valores. As mensagens que seu filho recebe estão de acordo com seus próprios valores e crenças? As decisões que você toma sobre o tempo de tela podem ter mais impacto nas crenças do seu filho do que você imagina.

O tempo também é importante. O tempo de tela substitui ou supera o tempo gasto com adultos e outras crianças? Se a interação ocorre ao longo das refeições, entre crianças na escola ou na casa do amiguinho, ou durante um passeio ao parque, o tempo gasto com os outros desenvolve habilidades e fortalece os relacionamentos. Será que assistir a animais coloridos se batendo, ou apertar botões para escutar uma cacofonia de sinais sonoros fazem isso? Provavelmente não.

Conteúdo e aprendizagem

Os pais costumam prestar atenção no conteúdo dos livros que oferecem aos seus filhos. É improvável que uma criança irá achar "*Guerra e paz*" um material interessante, mas a maioria gosta de "*Onde vivem os monstros*". O conteúdo também é importante quando se trata de tecnologia.

A maioria do conteúdo de mídia voltado para as crianças se promove como "educacional". Certamente, se seu filho está aprendendo o alfabeto ou como contar, isso pode não ser uma coisa ruim, certo? Bem, há aprendizado e há conexão neural. O que está acontecendo dentro desse cérebro quando uma tela é colocada na frente dele? Atualmente, os pesquisadores estão procurando a resposta a essa pergunta, mas a verdade é que ninguém sabe.

Pegue um dedo gordinho e faça pressionar a barriga de um gato gordinho na tela. O gatinho mexe as patas e mia. Esta criança está aprendendo que seu comportamento pode provocar uma reação previsível (ainda que não seja a mesma que a de um gato real). Embora essa aprendizagem inclua interação, ela é uma lição valiosa? Pesquisas indicam que a mera luz e o movimento em uma tela (em vez do conteúdo) causa um impacto no cérebro de uma criança. As luzes piscantes e as figuras coloridas que mudam rapidamente podem influenciar a capacidade de atenção e o desenvolvimento de habilidades de aprendizagem não verbais, e a própria luz da tela parece afetar os ciclos de sono. No mínimo, seja cauteloso ao oferecer seu precioso bebê ou criança para ser um experimento científico no mundo desconhecido da tecnologia. Na dúvida, desconecte-se!

Localização, localização, localização

Uma coisa temos certeza: quartos de criança não precisam de nenhum tipo de tela. Não há razão para uma criança com menos de 3 anos (ou mais velho que isso) ter uma televisão, um computador ou qualquer outra tela em seu quarto (na verdade, as crianças mais velhas obtêm notas mais baixas em testes escolares quando elas têm uma tela em seus quartos) –, mas sabemos que muitos têm. **Uma criança pequena ainda não tem a capacidade de escolher seu próprio entretenimento sabiamente – não importa o quão bem ele opere o controle remoto ou possa deslizar o dedo na tela.** Certifique-se de que todas as telas estejam localizadas onde você pode vê-las facilmente junto com seu filho. A supervisão é essencial, em qualquer idade.

ISSO É MATERIAL DE LEITURA?

Os dispositivos móveis têm muitos usos. Sabemos que ler para as crianças pequenas é uma das melhores formas de incentivar o desenvolvimento da linguagem e a preparação para a vida escolar. Você pode achar que é útil se perguntar: "Será que este dispositivo é usado como um livro? Podemos chamá-lo de 'material de leitura'?"

Quais são as propriedades de um livro?

- A experiência está sob o seu controle. (Você vira a página.)
- A imaginação está ativada; as imagens são formadas na sua mente.
- O raciocínio é encorajado.

Como um livro estimula a imaginação? Livros nos convidam a criar as nossas próprias imagens mentais. Livros com imagens convidam a pensar nas questões:

- "O que você acha que o ursinho vai fazer a seguir?"

Ou nos incentiva a virar a página:

- "Moo", disse a... (Hmm, o que poderia ser? Vire a página!)... Uma vaca!

Agora, tente aplicar esses mesmos critérios para um programa na TV, um videogame, um aplicativo em um *tablet* ou as imagens em uma tela de computador. Qualifica como "material de leitura"?

- Quem está no controle? (Interativo *versus* passivo.)
- A imaginação está aflorada?
- O raciocínio está sendo incentivado?

Assistir às imagens flutuarem e explodirem na tela (não importa o quão divertido) ou repetidamente apertar botões para obter um resultado pode ser um ótimo treinamento para jogar videogame ou pilotar *drones*, mas é passivo na melhor das hipóteses e robótico na pior das hipóteses. (Não se encaixa como material de leitura!) Ler um livro em um *e-reader* com a vovó e ter que virar as "páginas" se encaixa muito mais como material de leitura. Pense e defina seus próprios critérios para um livro; em seguida, pergunte se um determinado tempo de tela pode ser considerado material de leitura. Se sim, use com moderação. Senão, nem use.

O tempo de tela pode ser viciante (como muitos adultos já descobriram) e é muito fácil passar longas horas na frente de uma tela quando o acesso é descontrolado. Uma televisão ou outro dispositivo localizado no quarto de uma criança incentiva o isolamento em vez de conexão. Quando você combina vício com isolamento, você tem um filho que pode estar desenvolvendo hábitos que "anestesiam" a vida em vez de fazê-lo curtir. Quando as telas estão em um cômodo social (como na sala de TV), os membros da família têm a oportunidade de negociar o que assistir ou jogar, quando e por quanto tempo.

Diversão ou fatos

Não há nada de errado em se divertir. Construir um castelo de areia na praia é divertido – mesmo quando não envolver aulas de arquitetura. Correr e brincar de pega-pega são exercícios divertidos e bons, mesmo que eles não melhorem a caligrafia. Às vezes, jogar um jogo no celular da mamãe é simplesmente divertido. Se isso faz você rir, também não há nada errado.

Mesmo assim, será que existem melhores maneiras de se divertir? Certamente. Brincar de esconder com o papai é mais divertido (e mais útil para a aprendizagem e a conexão) do que olhar para um jogo colorido na tela. As crianças precisam aprender como capturar a atenção dos outros, serem criativas e curtirem a interação com outras crianças e adultos. Enquanto esses pontos forem prioridades, o uso *ocasional* de um jogo com toque na tela, só para se divertir, provavelmente não tem problema. Apenas certifique-se de que você defina limites razoáveis e acompanhe com gentileza e firmeza – mesmo quando seu filho chora por mais.

Conteúdo *versus* comercialismo

Grande parte da programação infantil é *marketing* disfarçado. Crianças pequenas não absorvem informações suficientes durante um breve comercial para optar por um produto, então, programas inteiros tornaram-se, em essência, comerciais de brinquedos, alimentos e outros produtos. Isto significa que os personagens e os produtos que inspiram estão inseparavelmente entrelaçados, e são desenvolvidos para fazer o seu filho desejá-los.

Os pais devem prestar atenção. Primeiro, observe o que o seu filho está assistindo e assista *com* ele. Isso permite que você saiba quais valores estão sendo ensinados, quais comportamentos estão sendo demonstrados e que impacto isso causa no seu filho. Assistir programas juntos permite conversar com ele sobre o que está vendo e influenciar as mensagens enviadas. É também uma oportunidade para o seu filho aprender a pensar de forma crítica. Assistir televisão ou outra programação é inerentemente passivo. Quando você conversa sobre o que está vendo com seu filho, você captura seu interesse e o incentiva a pensar por si mesmo.

O que você acha da maneira como o dinossauro pegou o osso?

Está certo bater no amigo que está com um brinquedo que você quer? Como seu amigo se sentiria?

O que você acha que o dinossauro poderia fazer em vez disso?

Assistir juntos também irá revelar quais produtos uma criança é incentivada a pedir para comprar. Se você, como pai ou mãe, sente que esse *marketing* manipula seu filho, você pode usar o seu bolso para tomar a decisão de não comprar esses produtos. Melhor ainda, desligue a TV e faça algo criativo e ativo em vez de ficar assistindo.

Alternativas para o tempo de tela

A tecnologia é atraente, e a maioria dos pais quer oferecer coisas maravilhosas para seus filhos. Mas esses dispositivos são realmente tão maravilhosos? Será que o seu bebê deveria estar olhando intensamente a tela do computador enquanto está seguro no carrinho de bebê ou deveria estar olhando pela janela para o céu, as árvores ou mesmo para sua irmã mais velha no assento ao lado dele? Acredite ou não, hoje em dia é possível comprar um penico com suporte para o *tablet*. Mas isso significa que você vai comprar um? Nós achamos que não.

Considere esta questão com cuidado. O que quer que faça, faça bem feito. Não deixe ao acaso o tempo que seu filho passa na frente da tela. Defina limites razoáveis. Seja gentil, mas seja firme quando necessário. Aqui estão mais algumas ideias:

- A biblioteca continua sendo um ótimo recurso. Muitos livros infantis estão atualmente disponíveis como *e-books*. Lembra-se da conversa sobre "material de leitura"? Se houver um uso aceitável para telas, então pode ser uma boa opção. Ler um livro sem papel ainda é leitura.
- Outra opção é para os berçários ou cuidadores desenvolverem uma biblioteca de brinquedos e jogos interativos (não tecnológicos).[1] As crianças ficarão entusiasmadas em escolher blocos ou quebra-cabeças para levar para casa no fim de semana, e as famílias terão o benefício desses brinquedos sem a despesa. Todo o processo incentiva alternativas interessantes em vez de investir tempo nas telas. (Para mais informações sobre esses tópicos, listamos recursos adicionais no fim do livro.)

Você está aí?

Faça um experimento na próxima vez que você for ao parquinho, estiver sentada na sala de espera do aeroporto ou estiver fazendo compras com seu filho. Olhe ao seu redor. Quantos pais ou cuidadores estão observando uma

---

1   Consulte *Beyond Remote-Controlled Childhood: Teaching Young Children in the Media Age*, de Diane E. Levin (Washington, DC: National Association for the Education of Young Children, 2013).

Disciplina Positiva para crianças de 0 a 3 anos

criança desenvolvendo sua habilidade em se balançar mais alto no balanço, maravilhando-se ao ver pela janela os aviões decolando e pousando ou conversando com seu filho sobre a lista de compras? Quantos estão falando ao telefone, enviando ou lendo mensagens de texto ou conectando-se mais intimamente com a tecnologia do que com seus filhos?

"COLINHA": PERGUNTAS PARA FAZER ANTES DE UTILIZAR QUALQUER DISPOSITIVO ELETRÔNICO

- Isso substitui ou omite interações com pessoas reais?
- Isso substitui as experiências práticas?
- Isso se enquadra como "material de leitura"?
- Como isso pode afetar o meu filho? O que ele poderia decidir, aprender ou acreditar como resultado dessa experiência? Na dúvida? Desconecte-se!

Os dispositivos móveis são como o dinheiro. Eles não são inerentemente bons ou ruins; seu valor depende de como eles são usados. Nesses primeiros anos, seu filho está tomando decisões importantes sobre si mesmo, sobre você, sobre como funciona o mundo ao seu redor e qual é, de fato, o seu lugar nele. O que você quer que ele decida? Em que você quer que ele acredite? Faça o seu melhor para estar totalmente presente nesses momentos preciosos de conexão humana e de aprendizagem; faça deles uma prioridade. Você terá muito tempo para usar a tecnologia quando o seu filho crescer.[2]

ATIVIDADES PARA REFLEXÃO

1. Comprometa-se em desligar todos os dispositivos, seja lá o que for, e tente estar verdadeiramente presente na próxima vez que você e seu filho

---

2   Para mais informações, consulte *Help! My Child is Addicted to Screens (Yikes! So am I.): Positive Discipline Tools for Managing Family Screen Time*, um *e-book* de Jane Nelsen e Kelly Bartlett (www.positivediscipline.com).

fizerem algo juntos. Caso estejam ao ar livre, no *shopping* ou mesmo esperando na fila, note o que está acontecendo. Estimule seu filho: faça perguntas e motive-o a fazer perguntas para você. Pratique ouvir atentamente.

2. Escreva sobre essa experiência. Pergunte a si mesmo:
    Como se sentiu?
    Como foi diferente?
    Que diferença fez para mim? E para o meu filho?

3. Considere fazer das refeições com a família, ou talvez de dias inteiros, momentos para se desconectar dos eletrônicos. Desligue todos os seus dispositivos e concentre-se em estar realmente presente com os membros da sua família. O que pode acontecer se você fizer isso regularmente?

19

QUEM ESTÁ OLHANDO AS CRIANÇAS?

A escolha e a convivência com o berçário, a creche ou a escola de seu filho

Seja qual for a sua capacidade e competência como mãe/pai, é improvável que você cuide do seu filho totalmente sozinho(a). A maioria dos adultos trabalha, dentro ou fora de casa, e para a maioria das famílias, o berçário, a creche ou a escola de educação infantil faz parte da vida.

Em milhares e milhares de casas em todos os cantos do mundo, o dia começa com o ritual de embalar os lanches, preparar as mochilas, separar bichinhos de pelúcias preciosos ou casacos, e levar as crianças a algum tipo de berçário, creche ou escola. Algumas vão para casas de amigos ou parentes, outras ficam em casa com uma babá, enquanto outras passam o dia em berçários, creches ou escolas de educação infantil. Para milhares desses pais, essas instituições são uma necessidade, e escolher a melhor opção de acordo com o poder aquisitivo é a principal preocupação deles. Alguns pais permanecem em casa, pois acreditam que apenas a mãe ou o pai deve cuidar de seu filho e que o berçário é um substituto fraco. Cada família tem suas necessidades únicas e, muitas vezes, crenças conflitantes para conciliar. Leia a seguir dois depoimentos diferentes escritos por pais:

Pergunta: Eu li que você acha que as mães que trabalham não têm um efeito negativo sobre seus filhos. Você poderia explicar melhor isso? Programas de rádio, artigos de jornal e revistas oferecem conselhos tão contraditórios que eu me sinto realmente confusa. No momento, não é possível parar de trabalhar porque meu marido está acamado com uma lesão nas costas. Meu filho fica cerca de nove horas por dia na escola. Isso terá um impacto negativo sobre ele? Eu me sinto terrivelmente culpada. Eu amo meu filho mais do que qualquer coisa e quero estar com ele, mas não posso. Obrigada.

Pergunta: A minha vizinha acabou de me fazer uma visita. Seu filho Joseph frequenta uma creche 3 dias na semana enquanto ela trabalha em um emprego de meio período. Joseph é 2 meses mais novo que o meu filho, e, no entanto, Joseph já sabe contar e escrever seu nome e conhece todas as cores, enquanto meu filho não faz nada disso. Eu sou uma mãe em tempo integral e fico em casa com nosso filho o dia todo. Eu me sinto realmente inadequada quando minha vizinha e seu filho nos visitam. Estou preocupada que meu filho esteja atrasado quando chegar a hora de começar a escola. Nosso orçamento está apertado, mas será que eu deveria colocá-lo em uma escola de educação infantil?

Resposta: A maioria das pessoas tem opiniões fortes sobre quem deve cuidar das crianças pequenas e os benefícios da escolarização precoce *versus* o valor de estar em casa com um dos pais. Acreditamos que de onde ou de quem uma criança recebe cuidados é menos importante do que a qualidade do cuidado em si. Educação infantil "de qualidade" apoia o desenvolvimento do autovalor saudável, do bem-estar emocional, a aprendizagem e o desenvolvimento do cérebro e a capacidade de formar relacionamentos saudáveis com outras pessoas. As crianças precisam de conexões saudáveis com seus cuidadores *e* pais. Se um pai ou mãe precisa se separar de seu filho, ele(a) precisa nutrir conexões fortes com a criança durante o tempo disponível que tiverem. E existem inúmeras maneiras de enriquecer a aprendizagem em casa, mesmo com recursos limitados.

Muitas mães parecem se sentir culpadas se ficam em casa ou não. Sentir-se culpado não faz bem a ninguém, assim como fazer julgamentos não ajuda em nada. Todo mundo faz escolhas com base em suas próprias situações e crenças. As crianças pequenas adoram estar com seus pais, e sabemos que o vínculo mãe, pai e filho é vital. Mas esse vínculo não prospera de forma isolada. As crianças podem aprender e crescer em muitos contextos diferentes.

Berçário, creche ou escola são nocivos?

Roslyn, uma das autoras e mãe de quatro filhos, compartilha sua experiência como mãe que ficou em casa com seus dois primeiros filhos e, em seguida, como mãe trabalhadora com seus dois filhos mais novos matriculados no berçário:

Fiquei em casa com nossos dois filhos mais velhos durante seus primeiros 3 anos. Quando nosso segundo filho completou 3 anos, nossa família abriu a Learning Tree, um centro de aprendizado baseado no método Montessori. De muitas maneiras, nossos dois filhos mais novos tiveram o melhor dos dois mundos. Eles ficavam com seus pais, já que eu e meu marido trabalhávamos lá, e eles também frequentavam esse centro maravilhoso todos os dias.

Nossos quatro filhos são bem-sucedidos hoje. Nosso centro infantil também. Ele ainda está funcionando mesmo depois de 35 anos e até mesmo os nossos netos estudaram lá. Muitas das crianças que estudaram no nosso centro são agora jovens adultos; algumas já são mães e pais, e outras trouxeram seus próprios filhos para estudarem lá. Ex-alunos frequentemente vêm nos visitar e relembrar os velhos tempos conosco, e mais de um deles nos disse que o nosso centro de aprendizagem os ajudou a alcançar sucesso em suas vidas. Eles são pessoas amorosas, capazes e responsáveis, e agradecemos que nossa família tenha desempenhado um papel importante em tantas vidas.

Existem vários tipos de estudos, atitudes e teorias conflitantes sobre instituições de educação infantil. A experiência de Roslyn nos oferece uma perspectiva de longo prazo, que une a experiência de criar os filhos em casa e fora de casa. Você pode estar pensando que no caso dela talvez nem fosse considerado trabalhar fora de casa, visto que ela podia levar os filhos junto com ela para a escola. Mas a questão não é essa. Os filhos de Roslyn tinham que lidar com vários desafios, como compartilhar seus pais com outras crianças e ficar separados deles, mesmo quando estavam na escola, muitas vezes durante longas horas por dia. Alguns pais trabalham em casa e têm que lidar com interrupções constantes. O fato é que cada situação de vida apresenta desafios que podem ser enfrentados de modo bem-sucedido se você tiver atitudes e habilidades efetivas.

Ficar em casa oferece muitas recompensas para os pais e seus filhos. Assim como as experiências propiciadas por escolas infantis de qualidade. Nenhum dos cenários garante resultados mágicos, positivos ou negativos.

Trabalho e berçário, creche ou escola

Os pais trabalham em casa e fora de casa o tempo todo. Brian é editor de um jornal local e leva seu filho Jason, de 2 anos, para uma escola perto de seu escritório. Mary Beth organiza o jornal semanal da igreja e passa duas manhãs por semana no escritório da igreja, enquanto seu filho brinca com outras crianças durante o grupo de mulheres para estudo da Bíblia. Esses dois pais trabalham. (Voluntários são pais que trabalham também.)

O termo cuidadores refere-se a mais do que apenas pessoas que cuidam de crianças em casa ou em centros de educação infantil. A vovó cuida do bebê Lori enquanto a mãe se oferece como voluntária para ler histórias na escola da filha mais velha. Todas as manhãs, quando Eli sai para trabalhar no tribunal da cidade, ele leva o filho para a casa do vizinho, pois este toma conta do seu próprio bebê, do filho de Eli e de várias crianças mais velhas que chegam depois da escola todos os dias. Jean brinca com o seu irmão mais novo depois de voltar do ensino médio todas as tardes para que seu pai possa trabalhar em seu escritório de contabilidade no andar de cima da casa. Os cuidadores têm muitos rostos.

A definição de "pais que trabalham" refere-se não só àqueles que são pagos para trabalhar fora de casa, aos que contratam pessoas para ajudar a cuidar das crianças ou aos que trabalham por algumas horas por semana. Na verdade, mães e pais fazem todos os tipos de trabalho e seus filhos experimentam todos os tipos de cuidados.

Cuidar de crianças: uma perspectiva global

Ao longo do tempo, poucas culturas esperavam que as mães ficassem em casa sozinhas para cuidar das crianças pequenas. Na maioria das vezes, as crianças eram cuidadas por irmãos mais velhos, tias e avós que moravam próximos ou na mesma casa.

A frase popular "é preciso uma aldeia para criar uma criança" vem da África rural. Neste contexto, a "aldeia" são os parentes de sangue de uma criança, vizinhos e membros da tribo. As famílias indianas orientais geralmente têm várias gerações em uma mesma casa. Em muitos países asiáticos, a mulher se muda para a casa da família do marido quando se casam. Na cultura dos ameríndios, é tradicional que as crianças sejam criadas por muitas "tias", algumas sem laço sanguíneo. Em todas essas culturas, as crianças recebem cuidados de uma família estendida composta por amigos e parentes. Eles podem interpretar a nossa crença de que mães e pais devem criar seus filhos sem aconselhamento externo ou ajuda como uma forma de insanidade.

Escolhas

Leia algumas histórias de pais que levam seus filhos para berçários, creches e escolas.

Stephanie sente-se grata por ter uma creche dentro do hospital onde ela trabalha. Seu filho completará 6 meses na próxima semana e a proximidade da creche possibilita que Stephanie continue amamentando-o, algo muito importante para ela. Ela apressa-se para ir até a creche durante seus intervalos e na hora do almoço, ansiosa para abraçar seu filho. Stephanie não estava casada quando engravidou e o pai do bebê não a apoiou nem a seu filho, mas Stephanie escolheu continuar sua gravidez e criar seu filho como mãe solteira. Divórcio, pais solteiros e mesmo alistamento militar podem deixar poucas opções para um homem ou uma mulher criarem seu filho sem um(a) parceiro(a), mas Stephanie é dedicada ao filho e trabalha duro para lhe proporcionar um lar amoroso.

Roger e Jennifer trabalham no mesmo hospital que Stephanie. Jennifer tentou ficar em casa com Todd, de 3 anos, mas descobriu que sentia falta do estímulo que seu trabalho proporcionava. Quanto mais ela tentava assumir o papel de mãe que fica em casa, mais desanimada ela se sentia – e mais brava ela se tornava quando Todd se comportava mal. Preocupada, ela simplesmente achou que não servia para ser uma mãe em tempo integral. Ela e Roger adoram Todd. Jennifer descobriu, no entanto, que ela se tornou uma mãe muito melhor quando não ficava irritada e ranzinza por ficar isolada o dia todo com uma criança ativa. Ela ainda luta contra a culpa, mas ela e Roger realmente acreditam que Todd está mais feliz e saudável na creche, escalando os brinquedos do parquinho e brincando com seus muitos amigos. Jennifer prospera em seu trabalho e está curtindo ser a mãe do Todd muito mais do que antes.

Tyneesha, por outro lado, tem dois filhos que não frequentam nenhuma instituição. As crianças compartilham um quarto para que o outro quarto possa ser alugado para um estudante universitário. O rendimento do aluguel possibilita que Tyneesha fique em casa com Erica, de 4 meses, e Micah, de 3 anos. O marido da Tyneesha trabalha no estaleiro da cidade. Sua viagem leva 1 hora por dia, mas as casas localizadas mais perto do porto estão fora da faixa de preço que eles poderiam pagar. Os longos dias deixam Tyneesha exausta e, às vezes, as exigências de seus dois filhos a fazem querer gritar. Em outros dias, seu coração se derrete apenas ao olhar para eles e ela reza e agradece por esse tempo que ela pode passar com eles.

Pais que ficam em casa para cuidar dos filhos descobrem que o contato diário com um bebê ou uma criança inclui momentos mágicos de descoberta, tempos agradáveis de compartilhar e memórias preciosas tanto para pais como para filhos. Ficar em casa também significa momentos de desespero quando os vasos sanitários transbordam por terem ficado entupidos com rolos inteiros de papel higiênico colocados por uma criança curiosa; episódios de histeria quando o berro de um garotinho desperta sua irmãzinha adormecida; ou se sentir incapaz quando uma criança desafiadora joga seus brinquedos pela sala e depois se recusa a recolhê-los. Os pais que trabalham fora de casa vivenciam esses mesmos momentos. Na verdade, esses aspectos da primeira infância acontecerão, independentemente do rumo que a sua vida toma.

Muitos pais não querem nada além de ficar em casa com seus bebês. Em um mundo perfeito, essa escolha seria possível para todos, mas, no mundo real, temos a interferência da dura realidade. Os pais que escolhem ficar em casa para criar uma criança, que renunciam às recompensas profissionais e financeiras, ou que aceitam um estilo de vida mais simples, merecem reconhecimento, respeito e apoio. Aqueles que trabalham fora merecem o mesmo. **A questão não é se você concorda com a escolha do seu vizinho, mas se você fez a melhor escolha para você e para seus filhos.** Escolher trabalhar ou ficar em casa é uma decisão complicada, e raramente existe um simples "certo" ou "errado". Você deve enfrentar sua própria realidade e tomar as melhores decisões que puder.

A nova família estendida

Para muitos de nós, tornou-se cada vez mais raro viver perto da família que está disposta a cuidar dos nossos filhos. Os berçários, creches e escolas de hoje podem assumir o histórico papel da família estendida, incluindo eventos como jantares nos quais os pais podem conhecer outros pais e compartilhar histórias. Quando isso acontece, essa instituição apoia a conexão e a comunidade.

As famílias precisam do apoio de muitas pessoas quando estão criando seus filhos pequenos, e os profissionais de uma escola podem oferecer conhecimento, experiência e informação.

Quando a filha de Ellen foi diagnosticada com asma, o professor dela demonstrou tranquilidade e recomendou um grupo de apoio para famílias cujos filhos tiveram problemas semelhantes.

Janell tem poucos amigos com filhos pequenos. Sua própria filha, Hanna, chegou apenas algumas semanas depois de mais de um ano de papelada, atrasos e listas de espera. Hanna completou 4 meses no dia que foi adotada. Janell é uma mãe solteira que precisa trabalhar, e a escola se tornou uma valiosa fonte de apoio para sua recém-formada família. Outras famílias no berçário proporcionam o senso de comunidade, relacionamentos de irmãos e encontros sociais que Janell e Hanna precisam. Vários outros bebês no berçário foram adotados, e um deles veio do mesmo país que Hanna. A família desta criança rapidamente formou um vínculo estreito com Janell e Hanna, e as duas famílias planejam encontros e se apoiam enquanto eles e seus novos bebês se conhecem.

Os pais que ficam em casa também precisam de apoio. A ausência de uma família estendida próxima pode criar isolamento para aqueles que ficam em casa. Mesmo que tenham familiares próximos, os pais precisam de encorajamento, contato social e apoio.

Benefícios do berçário, creche e escola: intervenção precoce e consistência

Cuidar de crianças com qualidade vai além de simplesmente fornecer um lugar para que as crianças sejam cuidadas na ausência de um pai ou mãe. A observação e a intervenção precoce, a consistência durante os períodos de mudança e o apoio da família estendida mencionado anteriormente são formas maravilhosas em que as creches ou escolas podem melhorar a qualidade de vida das crianças.

Bailey fica agitado todas as tardes que vai para a escola. Todas as manhãs, ele participa de um programa especial para crianças com diversos tipos de atrasos no desenvolvimento. A mãe de Bailey, Shirley, havia se perguntado por que ele parecia ter dificuldade em aprender novas habilidades. Sendo uma mãe de primeira viagem, Shirley acreditava que, por causa de sua própria falta de experiência, ela se preocupava inutilmente com Bailey, mas apenas algumas semanas depois que ele começou a frequentar a escola, o diretor da instituição pediu para se encontrar com ela. A ava-

liação diagnóstica levantou preocupações sobre o desenvolvimento de Bailey. Juntos, a escola e Shirley procuraram ajuda externa. Shirley e os funcionários da escola estavam certos em se sentir preocupados. Bailey estava com atrasos no desenvolvimento motor, na fala e em outras habilidades de comunicação. Problemas específicos foram identificados e, alguns meses depois, ele foi admitido em um programa especial na universidade. Sem o pessoal experiente da escola, apoio e conhecimento, Shirley talvez não tivesse oferecido a Bailey a intervenção precoce que ele precisava.

A intervenção precoce é mais eficaz para ajudar as crianças com atrasos a "alcançar" as outras crianças do que a intervenção feita quando as crianças são mais velhas. (Consulte a seção de Fontes e bibliografia para obter um link de acesso às listas gratuitas das etapas do desenvolvimento do CDC.) O exame preliminar e a avaliação, juntamente com a experiência e o treinamento de cuidadores qualificados, oferecem oportunidades para identificar crianças e famílias que precisam de assistência especial. Nem todas as instituições oferecem tais exames. Ainda assim, se o professor ou cuidador de seu filho expressar preocupação sobre qualquer aspecto do desenvolvimento do seu filho, é sábio investigar o aspecto suspeito. Consistência e estabilidade também são cruciais.

Os pais de Kyle se divorciaram. Agora, ele vê seu pai apenas nos fins de semana. Ele e sua mãe se mudaram para um apartamento e ela tem que trabalhar mais horas do que antes. A única coisa que não mudou na vida do Kyle é sua escola. Kyle vê os mesmos rostos todas as manhãs, reconhece as músicas da hora da roda e sabe que o lanche vem logo depois da história. Com todo o resto em sua vida mudando como areia movediça, ele se sente seguro e tranquilo na escola.

Mesmo quando as circunstâncias familiares mudam – um novo irmão ou a doença de um membro da família – as rotinas e a familiaridade de um berçário, creche ou escola podem proporcionar estabilidade, apoio e consistência na vida de uma criança.

Como encontrar instituições de qualidade

Falamos sobre pais que trabalham, por escolha ou necessidade, e aqueles que ficam em casa. Contudo, não importa a situação e as escolhas, alguma forma de ajuda externa, seja a babá ou a creche durante alguns dias, será utilizada por quase todos os pais. Discutimos os benefícios de uma instituição de qualidade, mas, e no caso dos cuidados que não atingem nem o mínimo esperado? Obviamente, nem todas as instituições são iguais – e nem todas elas são boas para as crianças. Como os pais podem saber se estão deixando seus filhos em mãos competentes e qualificadas? O que torna uma instituição *"de qualidade"*?

Primeiro, certifique-se de que a pessoa com quem você deixa seu filho é confiável. Um novo namorado ou namorada pode não ser a pessoa que você queira deixar seu filho, não importa o quanto você esteja apaixonado. Uma babá deve fornecer referências para que os pais possam conversar com pessoas que a conhecem bem. Mesmo em grupo, ter pelo menos duas pessoas responsáveis fornece uma medida de responsabilidade.

Se você é um dos muitos pais que precisam contratar cuidadores em longo prazo para seus filhos, você precisa considerar uma série de fatores. Não tenha pressa para escolher. Visite diferentes instituições. O que você vê? As crianças estão felizes? Elas andam pela escola com confiança? Os adultos se abaixam no nível dos olhos da criança para falar com ela? As obras de arte expostas estão suficientemente baixas para que as crianças as vejam, ou apenas disponíveis no nível do olho adulto? Os ambientes estão limpos? Existem riscos visíveis de segurança? Os cuidadores parecem alegres ou exaustos? (Lembre-se de que até mesmo os melhores professores podem ter dias difíceis!) Existem equipamentos suficientes para oferecer uma variedade de atividades, como: projetos de arte, dramatização, blocos de montar, brincadeiras ao ar livre, contato com areia e água? O equipamento fornecido permite que as crianças brinquem livremente, entrem em contato com a natureza e sejam fisicamente ativas? Ou as crianças devem ficar quietas, dentro da sala e ser "boazinhas"? Elas estão confinadas a cadeirões ou são colocadas em frente a uma televisão?

Procure saber se a instituição oferece um currículo reconhecido e por quem. Essa instituição cumpre todos os regulamentos da cidade, da vigilância sanitária e possui alvará de funcionamento? Algumas regiões têm recursos locais de assistência à infância e agências de referência para ajudar nesse processo. O valor das mensalidades é um fator importante para a maioria dos pais, mas a escolha da instituição não é como qualquer outro gasto. As crianças – todas as crianças – valem o nosso investimento.

Por que se importar com a qualidade de berçários e escolas?

Se você é um pai/mãe em uma família que não precisa de ajuda externa, você pode achar que as questões sobre conhecer e financiar programas infantis de qualidade não são relevantes para você. A verdade é que o tipo de cuidado, de qualidade ou não, que qualquer criança recebe afeta a todos.

O consagrado estudo de "High/Scope Perry da educação infantil até os 40 anos" descobriu que os adultos que haviam estudado em berçários, creches ou escolas de qualidade atingiram os melhores resultados nos exames escolares e tiveram maiores taxas de conclusão do ensino médio do que aquelas crianças que não receberam serviços de qualidade na primeira infância. As crianças que passaram por programas identificados como de qualidade também estavam menos propensas a se envolverem em crimes quando se tornaram adultas e tinham salários melhores do que as outras. Muitos outros estudos também verificaram os benefícios da escolarização precoce, desde a aprendizagem socioemocional até vantagens educativas.

Pesquisas como essas nos lembram quão profundas são as raízes das nossas experiências iniciais. O que acontece com as crianças dentro e fora da escola afeta o tipo de sociedade e o mundo que os nossos filhos algum dia compartilharão.

Instituição de qualidade: como distinguir?

Olhar listas de características e requisitos para escolher uma instituição de qualidade pode ser assustador. Você pode estar se perguntando como saberá se o berçário que está considerando colocar o filho atende a esses padrões. Existe uma solução relativamente simples: *pergunte*. Escolher a instituição é uma decisão importante, e sua confiança como pai ou mãe influenciará o bem-estar e a resposta do seu filho ao novo ambiente. Não hesite em pedir todas as informações que precisar para tomar uma decisão consciente. Se a instituição ou o educador parecer relutante em responder suas perguntas ou em permitir que você observe a equipe de cuidadores em ação, é sábio procurar outro lugar.

Lista de itens para avaliar

Identifique as instituições de educação infantil de qualidade com base nos indicadores a seguir.

1. A instituição possui:
   - Licenças atualizadas expostas ao público.
   - Baixa taxa de rotatividade de funcionários.
   - Credenciamento local, estadual e/ou nacional.
2. A equipe:
   - Tem formação sobre o desenvolvimento e os cuidados da primeira infância.
   - É bem entrosada.
   - Mantém-se atualizada por meio de programas de formação.
   - É remunerada adequadamente.
3. O currículo enfatiza:
   - Um equilíbrio entre habilidades adequadas para a idade e brincadeiras (entendendo que, na primeira infância, brincadeiras e habilidades sociais são as lições mais importantes que uma criança precisa aprender).
   - Habilidades sociais – muita interação com as crianças e os funcionários.
   - Exploração por meio dos sentidos, com acesso à natureza.
   - Resolução de problemas (com jogos e com outras crianças).
4. A disciplina é:
   - Não punitiva.
   - Gentil e firme ao mesmo tempo.
   - Planejada para ajudar as crianças a aprenderem habilidades importantes para a vida.
5. A consistência aparece:
   - No currículo.
   - Na forma como os problemas são tratados.
   - Em rotinas que as crianças vivenciam.
   - No gerenciamento da escola no dia a dia.
6. A segurança é demonstrada pela(o):
   - Ambiente físico.
   - Política de saúde adotada.
   - Preparo no caso de emergências.

Copie esta lista e leve-a com você quando for visitar berçários, creches ou escolas para seu filho. Ela contém a informação que você precisa saber para fazer uma escolha consciente.

As dependências

Nos EUA, a maioria dos estados ou cidades exige que creches e escolas atendam a uma série de requisitos de licenciamento. Muitos também têm um sistema de classificação de qualidade com uma pontuação atribuída às escolas para ajudar as famílias a avaliar a qualidade. Ver as licenças publicadas informa que os requisitos foram cumpridos. Nos EUA é possível checar se a instituição usa um sistema de avaliação como o CLASS Toddler,[1] que mede o ambiente emocional em uma sala de aula, a sensibilidade do educador e a adequação do aprendizado e da linguagem. (A ferramenta CLASS foi pesquisada por mais de 10 anos. Ela é usada pelo Head Start, bem como por muitos programas de treinamento de professores nos EUA. Você pode aprender mais em http://teachstone.com/the-class-system/.)

As instituições com baixa rotatividade profissional indicam que os membros da equipe são bem tratados, recebem remuneração justa, gostam do que fazem e se sentem apoiados pela administração da instituição. Quando os membros da equipe não recebem um salário digno, eles vão para outro lugar, o que cria inconsistência na instituição e dificulta a capacidade do seu filho de formar vínculo com seus cuidadores.

Nos EUA, há também licenciamentos especiais, que variam de acordo com o estado. Existem também organizações norte-americanas de licenciamento, como a NAEYC (National Association for the Education of Young Children) e NAC (National Accreditation Commission for Early Care and Education Programs). O fato de um centro obter licenciamento e/ou certificação demonstra um compromisso com a responsabilidade.

A equipe

Formação profissional e experiência possibilitam que os cuidadores compreendam as necessidades das crianças pequenas, forneçam atividades que atendam a essas necessidades e tenham expectativas apropriadas para o desen-

---

1 Consulte o livro *Classroom Assessment Scoring System (Toddler)*, de Karen LaParo, Bridget Hamre e Robert Pianta (Baltimore: Brookes Publishing, 2012).

volvimento. Profissionais com boa formação e experientes, além de uma baixa rotatividade, criam uma situação ideal para todos os envolvidos.

Procure saber os tipos de cursos/treinamentos oferecidos aos funcionários. Profissionais como médicos, analistas do mercado financeiro, educadores da primeira infância – todos devem estar atualizados em suas áreas. Os membros da equipe na instituição que você está considerando colocar seu filho participam de *workshops*? Há programas internos de capacitação ou os funcionários são incentivados a participar de treinamentos fora da instituição? Os professores merecem a oportunidade de aprender sobre novas pesquisas, se inspirar, relembrar conceitos básicos e se sentir encorajados quando ouvem outras pessoas compartilharem soluções para dilemas comuns. Existem requisitos especiais de treinamento? Metodologias como Montessori, Reggio Emilia e Waldorf têm programas de treinamento especializados para seus educadores. Cursos de graduação, especialização e mestrado em estudos sobre a primeira infância são oferecidos na maioria dos estados norte-americanos.

Procure por harmonia. Quando há discórdia em uma instituição, as crianças sentem isso. Lembre-se de que as crianças pequenas podem sentir a energia dos adultos ao seu redor, e elas respondem ao que sentem. Escolas que incentivam a cooperação – entre crianças e funcionários – demonstram o valor do trabalho em equipe. Procure saber quando acontecem as reuniões regulares de equipe, quais são as ferramentas de comunicação interna e como é a cooperação entre os membros da equipe.[2]

A instituição possui um regulamento interno? De que maneira são tratados os problemas? Há recomendações de leitura sobre disciplina? Aulas ou palestras para pais são oferecidos com regularidade? Pergunte como os professores reagem quando uma criança bate, morde ou pega brinquedos. Descubra se os professores recebem treinamento sobre como lidar com os problemas que surgem.

A escola tolera palmadas? Isso é extremamente importante, sobretudo nesses primeiros anos tão vulneráveis. Mesmo se você aprovar a palmada (e agora você sabe que nós não aprovamos), esteja ciente da delicada fragilidade das crianças muito novas. Chacoalhar um bebê pode levá-lo à morte, e a força de um adulto pode transformar um chacoalhão leve em fratura óssea em questão de segundos.

---

2   Para obter mais informações sobre instituições infantis, profissionais e disciplina, veja *Positive Discipline for Childcare Providers*, de Jane Nelsen e Cheryl Erwin (Harmony, 2010).

A atitude no ambiente é positiva ou punitiva? As crianças estão sendo ensinadas sobre o que fazer ou são repetidamente repreendidas sobre o que não fazer? É importante encontrar instituições onde a disciplina não é punitiva nem permissiva. Equipes bem formadas de educadores sabem como lidar com problemas de uma maneira gentil e firme que também ensinam habilidades valiosas de vida, como: cooperação, resolução de problemas e linguagem. (Lembre-se, as crianças ainda não sabem *quais* são as palavras de que precisam, de modo que a disposição para ensiná-las a verbalizar e resolver problemas é importante.)

Veja como os educadores conversam com as crianças:

- O educador fica no nível dos olhos da criança quando fala com ela ou grita comandos do outro lado da sala?
- Os educadores falam com as crianças de maneira respeitosa? Eles se envolvem em conversas com elas ou seus comentários são meramente funcionais ("Guarde os brinquedos", "Sente-se" ou "Limpe sua bagunça do lanche")?
- Os limites são claros ou o educador ri desconfortavelmente quando as crianças correm e batem nele?
- Os educadores fazem o acompanhamento necessário? Por exemplo, um educador diz para uma criança "Largue esse galho!" e então continua a conversar com um colega de trabalho enquanto a criança balança o galho sobre sua cabeça? Ou o educador anda em direção à criança e remove calmamente o galho depois de dar a ela 1 ou 2 minutos para guardá-lo?
- Os educadores focam nas crianças ou costumam passar o tempo conversando entre eles?

A melhor instituição enfatiza respeito, gentileza, firmeza e encorajamento – assim como você faz em casa.

Currículo

Existe uma tendência crescente de pais que procuram instituições que ofereçam conteúdos escolares, como leitura, escrita e matemática. Isso é motivo de preocupação para muitos especialistas da primeira infância, e você deve saber por quê.

Kathryn Hirsch-Pasek, PhD, diretora do Laboratório de Linguagem Infantil da Temple University e coautora do livro *Einstein Never Used Flash Cards: How Children Really Learn and Why They Need to Play More and Memorize Less* ["Einstein nunca usou cartões de memorização: Como as crianças realmente aprendem e por que elas precisam brincar mais e memorizar menos"], conduziu um projeto de pesquisa no qual 120 crianças de 4 anos, de bairros de classe média da Filadélfia, tiveram seu desenvolvimento acompanhado desde o jardim de infância até o primeiro ano do ensino fundamental. A pesquisa confirmou que as crianças que frequentaram instituições infantis voltadas para conteúdos escolares de fato dominavam mais números e letras do que as que frequentaram instituições com foco em brincadeiras. Ao completarem 5 anos de idade, contudo, as crianças que frequentaram escolas com foco em brincadeiras estavam bem adaptadas, ao passo que as que tiveram conteúdo escolar se sentiam menos positivas em relação à escola.

É aconselhável prestar atenção à presença de tecnologia em qualquer berçário, creche ou escola que você considere colocar o seu filho. As crianças precisam de um tempo sem que sejam apressadas e durante o qual possam brincar e conversar com adultos atenciosos. Fileiras de computadores e TVs podem te levar a perguntar se esta configuração privilegia o tempo de tela em vez da interação humana. Você pode então decidir com base no que você acredita ser mais importante.

Desconfie se quiserem "empurrar" o seu filho para aprender habilidades escolares e tecnológicas muito cedo. O segredo é seguir os interesses de seu filho. É improvável que você esteja forçando conteúdo se seu filho está pedindo para aprender. Algumas crianças de 3 anos gostam de contar os números ou usar um lápis. Algumas podem aprender a ler sozinhas, ou implorarem para tocar violino.

Independentemente do ambiente ou do currículo, certifique-se de que existem muitas experiências práticas. Veja se encontra, por exemplo, crianças derramando quantidades iguais de água em dois copos correspondentes em vez de apenas colorirem um gráfico de um círculo dividido em dois. Certifique-se de que as crianças tenham muitos objetos para contar, em vez de apenas contornar números no papel. E, claro, procure observar como a natureza está incluída no currículo e no ambiente.

Consistência

Consistência no currículo significa que certas atividades são oferecidas regularmente. Apresentações orais, hora da história e música são alguns exemplos. As crianças se beneficiam com a rotina da instituição, assim como a de casa. A consistência também significa que os objetivos de aprendizagem existem e são implementados. Observe as diferenças entre uma instituição com um currículo bem definido e uma instituição onde as crianças recebem algumas caixas vazias de ovos para cortar, são colocadas na frente da mesma caixa de brinquedos todas as manhãs ou colocadas para assistir a inúmeros vídeos e programas de TV. No contexto de um currículo sólido, algumas dessas atividades podem ser adequadas. Apenas certifique-se de que o programa valoriza a aprendizagem prática, atividades saudáveis e o desenvolvimento – não apenas silêncio e obediência.

Nota-se consistência entre os educadores ou entre as turmas na forma como os problemas são tratados? Um educador se recusa a permitir que as crianças ajudem a preparar os lanches, enquanto outro educador transforma a hora do lanche na hora da pintura de iogurte com as mãos?

Instituições com currículos consistentes encorajam as crianças a desenvolverem confiança, iniciativa e um senso saudável de autonomia. Se essas tarefas são importantes em casa, elas também devem ser importantes onde seu filho passará a maior parte do tempo. A consistência começa com o gerenciamento da instituição.

Além disso, você deve examinar a forma como o berçário, a creche ou a escola funciona no dia a dia. Aqui estão algumas questões a considerar:

- As expectativas das crianças, da equipe e dos pais são claras?
- Os eventos são bem organizados?
- As finanças são tratadas de forma profissional?

Segurança

A questão da segurança abrange o ambiente físico, as políticas de saúde e o preparo em caso de emergência. Um lugar com cabos elétricos expostos, acesso sem impedimentos a um armário da lavanderia ou equipamentos do parquinho quebrados não proporcionam um ambiente seguro para crianças pequenas. Deixar o seu filho aos cuidados de outras pessoas todos os dias requer fé *e* vigilância.

Observar um educador limpar o trocador após cada utilização tranquiliza Keith, pois seu filho não será exposto a bactérias perigosas. Ver a equipe limpar os blocos de montar no fim do dia traz paz de espírito à Marnie quando ela vê seu bebê manipulando esses mesmos blocos na manhã seguinte. Kenneth e Robert visitam a escola da filha e veem a equipe e as crianças participando de uma simulação de incêndio. Eles ficam impressionados com o nível de competência apresentado na instituição – e os faz pensar sobre a necessidade de desenvolver seu próprio plano de emergência em casa.

Descubra se os membros da equipe têm treinamento atualizado em procedimento de ressuscitação cardiopulmonar, primeiros socorros e informações sobre HIV/Aids. Em que condições as crianças doentes serão enviadas para casa? Procure procedimentos de segurança contra incêndio e temporais ou outras emergências. (Assim como Kenneth e Robert, talvez você queira adquirir essas habilidades também.) Pergunte como os ferimentos são tratados. Certifique-se de que os adultos nesse lugar sabem cuidar do seu filho em diferentes circunstâncias.

Confie em si mesmo e se envolva!

Só você pode decidir quais são as reais necessidades da sua família. Se você decidir que é necessário ajuda externa, use as diretrizes listadas anteriormente para encontrar o melhor lugar possível para confiar os cuidados do seu pequeno. Dedique um tempo para visitar berçários, creches e escolas. Essa é a única maneira de você ver se eles praticam o que pregam, e a única maneira de observar o quão confortável seu filho ficaria nesse ambiente. Dê um tempo para seu filho fazer conexões.[3] É claro que muitas crianças se agarram aos seus pais em um ambiente estranho e ficam bem quando os pais saem, mas uma visita prolongada permite que você saiba como seu filho será tratado. Envolva-se nas atividades da escola, esteja sintonizado. Se possível, faça visitas ocasionais ao local para tranquilizar-se de que tudo está bem.

---

3   *Love, Longing, L'Inserimento*, uma reimpressão da coluna "From a Parent's Perspective" de Roslyn Duffy, aborda essa conexão (www.childcareexchange.com).

Nenhuma instituição ou equipe é perfeita. Se houver mudanças ou melhorias que você gostaria que fossem feitas na instituição que seu filho está, não deixe de comunicá-las, apoie os esforços da instituição e valorize os cuidadores como uma valiosa família estendida, como parte da sua equipe na criação dos filhos. Você pode até oferecer ao diretor ou educador uma cópia deste livro, ou se voluntariar para começar um grupo de pais que queira estudar a Disciplina Positiva.

Acima de tudo, desista da sensação de culpa. Se você cuida do seu bebê ou criança pequena em casa ou a leva para uma instituição, é provável que você tenha uma mistura de emoções. Preste atenção, faça escolhas da maneira mais ponderada possível, depois relaxe e confie nas suas escolhas. Todas as crianças herdarão essa terra – não importa onde elas tiram as sonecas, se aconchegam ou leem os livros de histórias. Conhecimento e consciência ajudarão você a dar aos seus filhos tudo o que eles precisam durante seus primeiros importantes 3 anos de vida.

ATIVIDADES PARA REFLEXÃO

1. Faça uma cópia da lista de itens para avaliar creches, berçários e escolas fornecida neste capítulo.
2. Leve-a com você para quando for visitar instituições para deixar o seu filho e use-a para orientar suas perguntas e observações.
3. Elabore uma lista de itens semelhante quando estiver procurando por cuidadores para outros eventos em grupo, como a escola dominical na igreja, o grupo da colônia de férias ou eventos especiais (aniversário, casamento ou outra festa). Crie uma lista de verificação para escolher uma babá. Compartilhe essas listas com seus amigos. Deem *feedback* uns aos outros e procure aprimorá-las conforme for necessário.
4. Faça algum registro sobre seus próprios sentimentos em relação à instituição ou sobre ser um pai ou uma mãe que optou por ficar em casa. Você está confortável e confiante em relação às decisões que tomou? Você se sente culpado(a) por deixar seu filho sob cuidados de outras pessoas? Você se sente culpado(a) por não trabalhar fora? Como a aceitação dos seus próprios sentimentos impactará positivamente a experiência do seu filho?

20

CRIANÇAS COM NECESSIDADES ESPECIAIS

Todos os pais de primeira viagem contam os dedos das mãos e dos pés dos seus filhos quando nascem, comparam o desenvolvimento deles com outras crianças e preocupam-se com qualquer coisa que pareça inesperada. **Se você está preocupado com o crescimento ou o desenvolvimento de seu filho, leve isso a sério e peça uma avaliação ao pediatra.** A identificação e a intervenção precoces são os melhores subsídios para auxiliar uma criança com necessidades especiais.

> *Rosemary percebeu que sua filha de 4 meses, Angela, não acenava para o móbile pendurado no berço do jeito que o filho da sua amiga fazia. Ela também percebeu que Angela parecia virar os olhos para dentro, às vezes. No início, Rosemary disse a si mesma que estava imaginando coisas. Então resolveu levar Angela ao oftalmologista, apenas por precaução. Rosemary duvidava que fosse possível tratar os olhos de um bebê, mas para sua surpresa, Angela foi diagnosticada com estrabismo ou olhos cruzados, e dentro de 2 semanas, estava equipada com pequeninos óculos especiais.*

Essa intervenção precoce provavelmente salvou a visão de Angela. Os olhos cruzados não tratados podem resultar em perda de visão em um dos olhos, mas a intervenção precoce resolveu o problema. Angela, agora no ensino fundamental, enxerga bem e não precisa mais de óculos de qualquer tipo. Outros pais descobriram (depois de terem tido a coragem de insistir em exames médicos mais completos) que o que poderia ter sido descartado como "cólica" era, de fato, dor severa nos ouvidos, que poderia ser corrigida. Uma mãe descobriu que seu bebê parou de chorar quando ela parou de colocá-lo na cama com pijamas "com pezinhos". À medida que cresceu, tornou-se evidente que ele apresentava transtorno do processamento sensorial, uma condição que interfere na capacidade do cérebro de integrar a informação dos sentidos e, muitas vezes, leva a problemas comportamentais e de comunicação. Ele se beneficiou muito com a terapia ocupacional.

COMPARTILHANDO A ATENÇÃO

Pergunta: Eu tenho três meninos. Meu mais velho faz 6 anos em março, o outro faz 4 em fevereiro e meu mais novo acabou de completar 2 aninhos. O mais velho e o mais novo têm surdez profunda. O problema, no entanto, está no meu filho do meio. Ele é uma criança brilhante que ficou no meio de dois irmãos que precisam de atenção especial. Como resultado, ele assumiu responsabilidades além do esperado para sua idade. No último mês, no entanto, ele começou a nos desafiar. Ele reclama o tempo todo quando não consegue o que quer, e ele se tornou um pouco tímido. Estou há tempos tentando descobrir o que está diferente em nossas vidas ou nas rotinas diárias, ou qualquer coisa que seja o motivo dessa mudança. Eu sei que ele recebe um tipo diferente de atenção do que a dos seus irmãos, mas não recebe menos atenção. Há algo que eu não esteja percebendo? Você tem alguma sugestão? Ou isso é apenas uma fase que também vai passar? Por favor, qualquer informação será muito bem-vinda.

Resposta: É preciso muita paciência e sensibilidade para criar crianças com necessidades especiais, especialmente quando você tem mais de uma. As crianças são observadoras maravilhosas (elas percebem tudo), mas não são boas intérpretes e, muitas vezes, acreditam que as terapias especiais, as consultas médicas e o tratamento que seus irmãos com necessidades especiais recebem são um sinal de mais amor e atenção dos pais. A atenção não é apenas uma questão de quantidade — é também uma questão de quais crenças as crianças formam a respeito do quanto de atenção elas (e seus irmãos) recebem, e o que isso lhes diz sobre seu próprio lugar na família.

Mesmo que as crianças se desenvolvam em ritmos diferentes emocional e fisicamente, aos 3 ou 4 anos de idade muitas delas estão experimentando o que chamamos de "iniciativa" — fazendo seus próprios planos, querendo fazer as coisas à sua maneira e, ocasionalmente, tornando-se desafiadoras ou chorando à toa.

Com o tempo, parte disso passará, mas aqui estão algumas sugestões para tentar durante essa fase:

- **Rotinas.** Se você ainda não as elaborou, crie rotinas para manhã, noite, escola e assim por diante. Cada filho pode ter tarefas especiais a executar e, uma vez que a rotina está sendo usada regularmente (um grande quadro de rotinas pode ajudar), a rotina torna-se o "chefe". É maravilhoso que seu filho do meio quer ajudar e ser responsável, mas as crianças às vezes se tornam demasiadamente responsáveis em um esforço para ganhar amor e aceitação.
- **Alívio.** Porque seu filho é esperto e todas as crianças são naturalmente egocêntricas nessa idade, ele pode se sentir responsável de alguma forma por ser o único filho que tem a audição normal em sua família. Ele pode realmente se sentir culpado por poder ouvir, sem poder entender ou expressar esse sentimento. Certifique-se de que ele sabe que está tudo bem e que a surdez de seus irmãos não tem nada a ver com ele.
- **Conexão.** Reservar um horário especial para passar com cada filho pode ajudar. Isso não significa gastar dinheiro ou grandes quantidades de tempo — 15 minutos para dar um passeio, jogar uma bola ou ler uma história geralmente é o que basta. Um pai usava a hora do banho como oportunidade para se sentar e estar com cada um de seus filhos gêmeos, um de cada vez. Durante o seu tempo especial, peça ao seu filho do meio para compartilhar seus momentos mais felizes e tristes do dia. Esteja preparado para ouvir com atenção e para compartilhar os seus próprios momentos. A origem do seu comportamento está no que ele acredita sobre ele mesmo e sobre seu lugar na família. Deixe cada criança saber o quanto você valoriza esse momento com ela e tenha certeza de dedicar um tempo na sua semana ocupada para momentos especiais acontecerem.

Muitas necessidades especiais podem ser descobertas por meio de exames médicos completos ou quando os pais questionam o que eles observam. (E, às vezes, os bebês *têm* mesmo cólicas que apenas demoram para passar.)[1]

---

1   Para mais informações, consulte o livro *Positive Discipline for Children with Special Needs*, de Jane Nelsen, Steven Foster e Arlene Raphael (New York: Three Rivers Press, 2012).

Problemas de fala, audição e visão são comuns em crianças pequenas. Esses problemas podem e devem ser tratados o mais rápido possível. Uma criança com infecções frequentes no ouvido não ouve sons de forma consistente e seus padrões de fala podem sofrer alterações no desenvolvimento. Se você não consegue entender uma criança até a idade de 2 anos e meio, considere fazer uma avaliação com um fonoaudiólogo. A terapia fonoaudiológica precoce geralmente oferece excelentes resultados.

As professoras da escola do Aaron estavam frustradas. Ele não parecia escutá-las. Um dia, sua professora fez um teste. Ela ficou em pé atrás dele, fora do seu campo de visão, e tocou um sininho. Todas as outras crianças viraram em sua direção. Aaron, não. Então ela sussurrou seu nome. Novamente, não houve resposta. A professora insistiu com a mãe de Aaron para que ele fizesse uma avaliação auditiva. Descobriram que ele tinha deficiência auditiva parcial. Ele recebeu tratamento e suas professoras aprenderam a fazer contato visual antes de falar com ele. Não foi nenhuma surpresa notar que seu comportamento melhorou rapidamente.

Uma vantagem de crianças pequenas frequentarem berçários, creches ou escolas é o fato dessas instituições serem periodicamente fiscalizadas. Órgãos de fiscalização podem identificar problemas que, de outra forma, poderiam passar despercebidos. Seja qual for a preocupação, os pais precisam confiar em seus próprios instintos e procurar ajuda quando se preocuparem com a saúde ou o desenvolvimento de seu filho. A possibilidade de seu filho ter necessidades especiais assusta a maioria dos pais, mas o diagnóstico precoce e a intervenção lhe darão confiança de que você está fazendo tudo o que seu filho precisa para crescer e aprender.

CONSCIÊNCIA SOBRE ABUSOS

Jennifer tinha 3 anos quando começou a ter problemas na escola de educação infantil. Ela mordia e batia em crianças e adultos, gritava e atrapalhava os trabalhos em grupo e, quando era solicitada a entrar na sala depois do parquinho, ela fugia. Suas professoras usavam a pausa positiva, eram gentis e firmes e tentavam ganhar a cooperação dela, permitindo que ela brincasse e corresse no parquinho por períodos maiores. Elas pergun-

> *taram para a sua mãe se os mesmos problemas estavam acontecendo em casa. Sua mãe disse que sim. O comportamento da Jennifer continuou a piorar, tanto na escola como em casa. Até que sua mãe consultou uma terapeuta e surgiu a possibilidade de a criança ter sofrido abuso sexual por um membro da família. Serviços de proteção à criança foram contatados, a pessoa suspeita do abuso foi identificada e afastada do convívio de Jennifer. Ao longo do tempo, com aconselhamento e apoio, Jennifer ficou mais calma e seu comportamento melhorou gradualmente.*
>
> *Logicamente, nem todas as crianças que têm problemas de comportamento são vítimas de abuso. Apesar de ser assustadora essa possibilidade — e realmente é —, os adultos são os únicos que podem proteger as crianças vulneráveis. Certifique-se de estar sempre conectado ao seu filho e levar seu comportamento a sério. Sempre peça ajuda quando precisar.*

Se o seu filho tiver uma necessidade especial, esteja ciente de que as habilidades respeitosas e encorajadoras da Disciplina Positiva serão extremamente úteis para lidar com os desafios que você poderá vir a enfrentar. Comer, dormir, habilidades sociais e o desenvolvimento de competências, tudo pode ser bastante diferente para uma criança com necessidades especiais. Construa uma rede de apoio forte, peça ajuda quando precisar, confie na sua sabedoria e no senso comum, e encoraje seu filho a fazer o máximo por si mesmo, sempre que possível. Essas ferramentas ajudarão você e seu filho a desenvolverem um senso de capacidade e confiança.

Situações de crise

Crises e emergências podem surgir a qualquer momento. Enchentes, incêndios, temporais, violência, assaltos e até mesmo um tiroteio inesperado podem causar ansiedade e estresse para adultos e crianças. Ainda assim, mesmo em circunstâncias terríveis, as crianças podem encontrar conforto se pais e cuidadores se concentrarem em criar um senso de aceitação e em monitorarem o ambiente. Estabelecer rotinas, limitar a exposição da mídia e oferecer suporte calmo e amoroso podem fazer toda a diferença.

Como atender as necessidades de quem cuida das crianças

Para ser calmo e amoroso durante momentos difíceis, você deve cuidar de si mesmo. Faça o que for necessário para resolver a situação. Uma vez que você se certificou de que as crianças estão seguras, procure ajuda para si mesmo. Exercite suas próprias estratégias de superação. Permita-se tempo para processar seus sentimentos. Chore, se ajudar. Isso é verdade para todos os cuidadores, bem como para os pais.

Aceite os sentimentos da criança também. Não tente racionalizar em cima disso. A resiliência se desenvolve como resultado da habilidade de lidar com a adversidade – não de fugir dela. Você pode fazer o que for necessário, encontrar a força e o apoio que precisa e aumentar as chances de que você e seu filho sobrevivam a este momento difícil.

Não importa quais as circunstâncias especiais que seu filho possa enfrentar, ele sempre precisará de um senso de aceitação e autovalor, a oportunidade de fazer uma contribuição para aqueles que o cercam e uma conexão compassiva com adultos atenciosos.

O CUIDADO DURANTE UMA CRISE

Pais e cuidadores podem oferecer apoio importante às crianças em situações de crise. Se o trauma resulta de um procedimento médico, mudanças familiares ou um evento externo, aqui estão algumas sugestões para pais ou cuidadores que podem ser úteis:

- **Mão na massa:** fornecer materiais para desenho ou argila para moldar e apertar pode oferecer uma maneira para uma criança processar o que aconteceu e liberar a tensão.
- **Empoderamento:** é importante dar às crianças os meios para fazerem uma contribuição, se possível. Isso pode ser algo simples como ajudar a levar a garrafinha de água ou lanche para outras pessoas ou segurar uma atadura para a enfermeira. Fazer algo para ajudar os outros diminui os sentimentos de incapacidade de uma criança e aumenta a capacidade de superação e resiliência.

ATIVIDADES PARA REFLEXÃO

1. Se você tem preocupações sobre o desenvolvimento de uma criança, ano-
    te-as. Aguarde 1 ou 2 semanas e veja o que você escreveu. Você ainda se
    preocupa com o que escreveu? Em caso afirmativo, agende uma consulta
    com seu pediatra ou outros cuidadores do seu filho para discutir suas
    preocupações.
2. Se seu filho foi diagnosticado com uma necessidade especial, como isso
    muda a maneira como você vê seu relacionamento com ele? Como você
    vai cuidar de si mesmo para que possa fornecer o apoio e os serviços que
    seu filho precisará?

21

CRESCENDO COMO UMA FAMÍLIA

Em busca de apoio, recursos e sanidade

Não importa o quão fácil seu bebê seja e não importa o quão orgulhosa(o) de ser mãe ou pai você se sinta, esses primeiros meses e anos podem ser desafiadores. Os pais que ficam em casa com um bebê recém-nascido descobrem que esse trabalho não é exatamente o que eles esperavam. Longas noites cheias de cuidados com alimentação e trocas de fraldas sem fim podem entorpecer até a mãe ou o pai mais devotado. Seu parceiro(a) pode achar descrições sobre os movimentos intestinais do seu bebê fascinantes, mas muitas pessoas não acharão. Após um tempo, a maioria dos pais sonha com um *happy hour*, um filme ou 1 ou 2 horas a sós.

Muitos pais de crianças pequenas ficam tentados a puxar conversa com qualquer um que passar, e com razão. É essencial que pais de primeira viagem busquem apoio durante as primeiras semanas e meses de criação dos filhos. A conexão com outros adultos nutre novos pais e, por meio delas, seus filhos e famílias.

Aprender com a sabedoria dos outros

Mesmo que as pessoas raramente concordem com todos os detalhes sobre a criação dos filhos, criar uma rede de apoio – um círculo de amigos que já passaram por isso – torna-se uma fonte inestimável de informações sobre como criar e lidar com crianças. Faça um esforço para desenvolver relacionamentos com pessoas que tenham filhos da mesma idade do seu, ou que tenham recentemente passado pela fase que seu filho está passando. Não tenha medo de fazer muitas perguntas. Descobrir que os filhos de outras pessoas fizeram as mesmas coisas estranhas ou terríveis que seu filho faz pode ajudá-lo a relaxar.

As opções incluem grupos de pais e filhos organizados por uma igreja ou na sua comunidade, cursos para pais, La Leche League [ONG que promove o aleitamento materno], grupos de suporte on-line ou outras conexões de redes sociais e amizades com outros pais.[1] Um modelo bem-sucedido é o PEPS – *Program for Early Parent Support* ("Programa de Apoio Precoce aos Pais"), um programa comunitário que começou nos EUA. Os grupos PEPS se formam logo após o nascimento de um bebê e consistem em pessoas cujos bebês nascem no mesmo dia ou semana uns dos outros. Essas famílias se reúnem regularmente nas casas uns dos outros ou em centros familiares. Há também programas especiais para pais de adolescentes. O objetivo é reduzir o isolamento e criar uma rede de apoio, recursos e encorajamento.[2] Outro grupo popular nos EUA é o *Mothers of Preschoolers*,[3] que oferece encontros e suporte para pais por meio de igrejas vizinhas. Você pode procurar na internet por programas similares em sua região. Se não houver, considere iniciar um. Consulte também o pediatra do seu filho. Os médicos de família também veem e ouvem muito e podem ajudar os jovens pacientes e pais. Muitas vezes, eles podem fornecer suporte, bem como informações práticas e conselhos.

Alguns pais começam "grupos de estudo", para o qual se reúnem e se revezam para discutir os conceitos deste livro e de outros livros de Disciplina Positiva sobre como usar as ferramentas. Muitos pais e educadores também participam de cursos e *workshops*, por exemplo o "Ensinando habilidades para criar filhos com a Disciplina Positiva", para que possam aprender a facilitar aulas para pais, sabendo que ensinar (e ter a coragem de ser imperfeito) é a melhor maneira de aprender.[4] Para educadores, a Exchange Press oferece recursos excelentes, incluindo suporte para pais e educadores e conexões internacionais.[5]

---

1   Confira a comunidade brasileira on-line da Disciplina Positiva (www.facebook.com/disciplinapositivaoficial e www.disciplinapositiva.com.br) para obter informações sobre cursos e *workshops*.

2   PEPS pode ser contatado em www.pepsgroup.org (em inglês).

3   Mães de crianças pré-escolares: www.mops.org (em inglês).

4   Para informações sobre Disciplina Positiva, acesse: www.positivediscipline.com ou www.positivediscipline.org (em inglês).

5   Pode-se encontrar uma cópia do livro de Roslyn Duffy *"Top Ten Preschool Parenting Problems"*, uma compilação de suas colunas "From a Parent's Perspective", no site da Exchange Press (www.childcareexchange.com).

Não há nada como estar com pessoas reais e ao vivo. Se puder, procure um grupo de mães e pais de crianças pequenas. Talvez no grupo de pais do qual você participa aconteça um jantar antes ou depois do encontro, o que pode proporcionar uma noite agradável com seu parceiro(a). Não importa como você organiza isso, ter um grupo empático para discutir problemas, fazer perguntas e explorar os mistérios da criação dos filhos pequenos pode fazer toda a diferença no mundo.

Não importa onde você encontra suporte, lembre-se: no final, você é quem deve decidir o que é melhor para você e seu filho. **Reúna toda a sabedoria e conselhos que você puder, então ouça seu coração antes de escolher o que funcionará melhor para você.**

Reabastecer o jarro

Pergunta: Sou uma jovem mãe de três filhos com menos de 5 anos de idade. Eles são a minha maior alegria e eu amo ser mãe! Ultimamente, no entanto, estou realmente sobrecarregada. Meu marido trabalha o dia todo e estuda à noite. Eu faço o serviço de limpeza da casa, trabalho meio período, pago as contas, administro a casa e crio as crianças. Eles são filhos lindos e talentosos (do meu ponto de vista, é claro!), mas acho que todos eles têm personalidade forte. Eu me sinto como se estivesse sendo puxada por todos os lados. Não importa o que eu faça, nunca é suficiente.

Desde o momento em que eu acordo até tarde da noite, nunca consigo mais de 1 minuto para mim. Eu sempre estou cansada e doente, e tenho terríveis dores de cabeça. O fato é que eu tenho perdido muito a paciência ultimamente. Então fico ainda mais chateada porque me sinto culpada. Eu li tantos livros e revistas, e entendo e concordo com a Disciplina Positiva na teoria. Sem ofensa, mas geralmente os exemplos e as ideias parecem tão distantes da minha vida real que só me deixa mais deprimida.

Resposta: O que há de errado com a imagem que você descreve? Você não está trabalhando meio período ou mesmo período integral, mas sim fazendo horas extras! A pessoa que você não está cuidando é de *você mesma* – e todos sofrem por causa disso. É fácil ficar tão ocupada com todas as "obrigações" do cotidiano que as suas próprias necessidades são empurradas não só para o fim da lista, mas elas são eliminadas da sua lista completamente. A melhor coisa que você pode dar à sua família é *você*, calma e descansada.

Considere contratar uma pessoa para ajudar com o trabalho doméstico. Seja criativa se o dinheiro estiver curto. Talvez você possa barganhar algo. Troque "horas como babá" com outra pessoa para que você possa caminhar, fazer uma aula de yoga, nadar ou ir à sauna ou academia 1 ou 2 vezes por semana. Sua família notará a diferença, e é claro, você também.

Ser mãe ou pai é como compartilhar água de uma jarra: você só pode encher alguns copos antes de reabastecê-la. Muitas vezes, mães, pais e educadores de repente percebem que não têm o que compartilhar com seus filhos porque sua jarra está vazia. Ser mãe e pai amorosos e eficientes leva muito tempo e energia. Você não pode fazer o seu melhor quando sua jarra está vazia, quando está cansado, irritado, estressado ou sobrecarregado.

Como reabastecer o jarro? Cuidando de si mesmo de algum jeito – preenchendo o seu jarro antes dele ficar vazio. Se você se pega sonhando acordado em algum momento do dia sobre todas as coisas que gostaria de fazer, isso pode ser um sinal de que deveria parar para cuidar de si mesmo.

CUIDAR DE SI MESMO

É tão importante cuidar de si mesmo quanto você cuida do seu filho. Considere as seguintes ideias:

- Planejar seu tempo com sabedoria.
- Fazer listas.
- Reservar tempo para relacionamentos importantes.
- Fazer as coisas que você gosta – regularmente.
- Evitar agendar muitas coisas.

Planejar seu tempo com sabedoria

A maioria dos pais descobre que eles devem ajustar suas prioridades após a chegada de um filho. Pode ser extremamente útil (e bastante revelador) observar por alguns dias como exatamente você gasta seu tempo. Algumas atividades, como trabalho, escola ou tarefas diretamente relacionadas à criação de seus filhos, não podem ser muito alteradas. Mas vários pais passam muito tempo em atividades que não estão de fato entre suas maiores prioridades.

Por exemplo, se você acorda frequentemente durante a noite por causa do seu filho pequeno, faça um esforço para tirar um cochilo enquanto seu filho tira a soneca dele durante o dia. É tentador sair correndo pela casa fazendo tudo o que "deve" ser feito, mas limpar o banheiro e tirar o pó dos móveis pode esperar. Você será mais feliz e mais eficiente se tirar uma soneca.

O tempo é precioso e também muito curto quando você compartilha sua vida com crianças pequenas. Certifique-se de que está gastando o tempo que tem da maneira mais sábia possível.

Fazer listas

Em um momento calmo, liste todas as coisas que você gostaria de fazer (ou gostaria que fossem feitas). Então, quando seu filho estiver dormindo ou com um cuidador, use essas preciosas horas fazendo algo marcado na sua lista. Certifique-se de incluir não apenas tarefas e obrigações, mas também atividades que te fazem bem, como ler um bom livro, deitar na rede ou ter uma conversa agradável com um amigo ou uma amiga.

Outra opção é fazer uma lista de não mais do que 3 ou 4 tarefas, e depois completar todas elas. Você vai acabar o dia se sentindo encorajada com o seu sucesso. Todo mundo faz melhor quando se sente melhor.

Reservar um tempo para relacionamentos importantes

É surpreendente como uma simples xícara de chá com um bom amigo pode ser terapêutico e como, às vezes, um jogo vigoroso de tênis pode restaurar uma perspectiva positiva sobre a vida. Uma conversa com adultos que se preocupam com você pode revigorá-lo, especialmente quando há essas pessoinhas cheias de energia ao seu redor. Você e seu parceiro(a) podem se alternar no cuidado com as crianças para que cada um de vocês tenha tempo para amigos, ou vocês podem escolher passar um tempo especial com outros casais cuja companhia vocês curtem. Uma "noite só do casal" também deve estar na sua lista. Encontrar amigos no parque pode dar aos pais e às crianças tempo para recarregar e brincar juntos. Mantenha-se aberto o suficiente para incluir pessoas fora de sua família, pois isso irá ajudá-lo a manter sua saúde e equilíbrio.

Fazer as coisas que você gosta – regularmente

É importante que você encontre tempo para as coisas que fazem você se sentir vivo e feliz, seja andar de bicicleta, jogar bola, cantar em um coral, nadar, cuidar do jardim ou correr. Os passatempos e os exercícios são importantes para a sua saúde mental e emocional, e você será um pai ou mãe muito mais paciente e eficaz se estiver investindo tempo e energia em seu próprio bem-estar. Sim, encontrar tempo para essas coisas pode ser um problema, e é tentador dizer a si mesmo: "Eu vou fazer isso mais tarde." Muitas vezes, "mais tarde" não chega nunca. Mesmo 20 minutos por dia para algo que você ama é um bom começo. Aqui estão algumas sugestões:

- Leia um capítulo de um livro antes de sair da cama.
- Passe 15 minutos desenhando ou tricotando enquanto seu filho brinca perto de você, antes de iniciar a limpeza do jantar ou as rotinas da hora de dormir.
- Faça uma caminhada durante a hora do almoço ou sente-se silenciosamente ao lado de uma janela ensolarada, enquanto seu pequeno dorme, em vez de verificar os e-mails do dia.
- Tome um banho relaxante antes de dormir. Peça ao seu parceiro(a) para alternar com você a rotina da hora de dormir do seu filho para que você tenha tempo para isso, pelo menos, em dias alternados.

O autocuidado na verdade não é opcional, porque sem ele, todos sofrem. Os pais muitas vezes acham que usar tempo para si mesmos é "egoísmo". Isso não é verdade. Confie em nós: seus filhos sobreviverão sem a sua atenção constante. Na verdade, eles progredirão ainda mais com pais saudáveis e bem apoiados. **As crianças são capazes de sentir a energia emocional que está no ar. A exaustão e o ressentimento não ajudarão seu filho a crescer e poderão drenar a alegria da vida familiar de todos vocês.**

Evitar agendar muitas coisas

A maioria dos pais faz tudo o que pode para proporcionar um ambiente rico e estimulante para seus filhos pequenos. Afinal, eles estão aprendendo e desenvolvendo habilidades importantes durante esses primeiros anos. Muitas crianças pequenas são matriculadas em um número surpreendente de cursos, muitas vezes antes dos 2 ou 3 anos. Existem aulas de ginástica e aulas de natação para bebês. Existem creches e escolas de educação infantil que oferecem espaços de recreação após o período escolar. Há aulas de música e atividades esportivas para crianças nessa idade. Os pais muitas vezes descobrem que passam muito tempo em seus carros, levando os filhos de uma atividade para outra.

Embora essas atividades possam ser agradáveis e estimulantes para uma criança pequena, é aconselhável limitar a quantidade delas. Os pesquisadores observaram que o tempo para as famílias relaxarem e apenas "estarem" juntas tornou-se escasso; todos estão ocupados correndo para a próxima atividade importante e os relacionamentos sofrem com essa correria. Mães e pais ficam irritados e cansados. As crianças têm pouco ou nenhum tempo para exercitar sua criatividade, aprender a se divertir ou simplesmente brincar. Lembre-se de que seu filho precisa de conexão e tempo com você, muito mais do que de estímulos. Tempo para abraçar, engatinhar e brincar no chão juntos, ou ainda lerem um livro é muito mais valioso do que a aula mais estimulante.

Aprender a reconhecer e lidar com o estresse

Dentes e punhos cerrados, músculos tensos, dores de cabeça, vontade de chorar ou de se trancar no banheiro – estes são sintomas de estresse e sobrecarga dos pais e é importante prestar atenção neles. A maioria dos pais e mães de crianças pequenas, especialmente os de primeira viagem, ocasionalmente se sentem sobrecarregados e exaustos, e até mesmo irritados ou ressentidos. Porque os pais querem tanto ser "bons" pais, podem achar difícil falar sobre esses pensamentos e sentimentos preocupantes com os outros.

Kim tinha acabado de adormecer quando ouviu o choro irritado e insistente de Betsy, de 2 meses; ela havia acordado – de novo. Kim resmungou, cogitou enterrar a cabeça debaixo do travesseiro, depois se levantou da cama. Seu parceiro estava viajando há mais de 1 semana, e essa era a segunda vez que Betsy acordara naquela noite. Kim estava exausta.

Ela foi cambaleando até o quarto da filha e começou sua rotina noturna sem nem mesmo se preocupar em acender a luz. Meia hora depois, Betsy já tinha sido amamentada, trocada e tinha arrotado, mas ela estava chorando mais alto do que nunca. A mãe a acomodou em seus braços e sentou-se na velha cadeira de balanço, lutando contra o desejo de chorar. Sentiu-se impotente, completamente à mercê dessa pessoinha que nem sequer poderia dizer-lhe o que estava errado. Ela não tinha tido tempo para lavar a roupa durante aquela semana, a casa estava uma bagunça e ela daria qualquer coisa em troca de uma massagem relaxante. O que tinha acontecido? Isso não era o que ela imaginava quando estava grávida da Betsy.

Kim olhou para o rosto da filha e, de repente, não viu sua linda e adorável filha, mas um bicho exigente e barulhento que não a deixava ter uma boa noite de sono. O que Kim realmente queria era deixar a filha no berço e simplesmente sair de lá.

Levou quase 2 horas, mas Betsy, acalmada pelo balanço constante da cadeira, acabou por adormecer. A mãe transtornada levou muito mais tempo para lidar com as emoções inesperadamente fortes que surgiram naquela noite.

Há uma diferença entre um sentimento e uma ação. Não é incomum pais de bebês e crianças pequenas se sentirem frustrados, sobrecarregados e exaustos, e a maioria dos pais e mães se sentem terrivelmente culpados quando sentem raiva ou ressentimento em relação aos seus filhos. Esses sentimentos são bastante normais, mas você precisa ter cuidado em como age quando passa por essas emoções.

Se você sentir vontade de dar umas palmadas ou bater no seu filho, aceite esses sentimentos como sinais que precisa fazer algo para cuidar de si mesmo. Certifique-se de que seu filho está seguro e tire alguns minutos para você – uma pausa positiva. (Geralmente funciona melhor para os pais do que para as crianças.) Melhor ainda, agende um tempo para cuidar de si mesmo. A exaustão e a frustração podem levar até os melhores pais a dizer e fazer coisas que mais tarde se arrependerão; é muito melhor investir no tempo necessário para se sentir melhor. Se esses esforços não estão ajudando, ou se seu desespero aumentar, procure ajuda de um terapeuta ou conselheiro. Procurar por ajuda irá melhorar a sua vida e a do seu filho.

Alívio em caso de emergência

Mesmo sem depressão ou crises externas, às vezes, uma mãe ou um pai ainda pode se sentir incapaz de lidar com tudo isso. A maioria das cidades americanas oferece, por exemplo, um número de telefone para ajuda imediata. Alguns hospitais oferecem serviços similares. De todo modo, passar alguns minutos conversando com um adulto compreensivo e encorajador pode fazer toda a diferença.

Se você sentir que seu filho pode estar em risco, verifique se há ajuda disponível perto de você. Não é errado ou vergonhoso precisar de ajuda. É sábio pedir ajuda.

Procurar por ajuda e formar alianças

Beth olhou de volta para a janela da casa, onde sua amiga Caroline segurava Gregory, de 4 meses de idade, acenando "tchau". Quando entrou no carro, Beth olhou para suas duas grandes amigas que estavam no banco de trás.

"Nossa, estava precisando disso", ela disse.

Anne e Joleen riram. "Nós também", Joleen disse: "E é melhor você se divertir – na próxima semana, as crianças estarão todas na sua casa".

Beth, Anne, Joleen e Caroline estavam compartilhando seu "dia da mamãe sair" por cerca de 6 meses, e ninguém poderia imaginar como conseguiram sobreviver antes sem esses dias. Todos os sábados de manhã, uma das quatro mulheres cuidava das seis crianças do grupo. Almoços foram providenciados, as atividades foram planejadas – e as três mães que tinham o dia livre tiveram 4 horas felizes para comprar, jogar tênis, dar um passeio ou simplesmente conversar e tomar uma xícara de café. Todas se sentiram um pouco culpadas no começo, mas elas rapidamente aprenderam a dar tchau e afastar-se, sabendo que seus filhos estavam bem cuidados e que ficariam felizes em ter uma mãe calma e alegre para buscá-los. Como as mulheres sempre tiveram o cuidado de voltar no horário combinado, ninguém se sentia "explorada".

O apoio pode vir de maneiras diferentes. O que funcionar para você e de onde quer que venha, aceite com gratidão. **Criar filhos é um trabalho muito grande para enfrentar sozinho.** As crianças e suas famílias precisam de uma rede de apoio. O rosto que essa rede de apoio usa pode ser o de um membro da família, uma turma de um curso de pais, bons amigos ou mesmo palavras postadas em um fórum na internet. O importante é que exista. Use sua rede – pelo bem de todos.

A verdade é que mães e pais também precisam de um senso de aceitação, com parceiros, familiares, amigos e comunidade. Afinal, você não pode dar ao seu pequeno algo que você não tem. O tempo dedicado a nutrir você mesmo vai fazer a diferença para todos.

ATIVIDADES PARA REFLEXÃO

1. O que você gosta de fazer? Escreva três coisas. Olhe para esta lista. Se a lista inclui coisas aparentemente impossíveis, como *viajar para Paris*, pergunte-se sobre o que pode ser possível em sua situação atual. Talvez você possa trocar algumas horas de babá com outra mãe e usar esse tempo para visitar uma galeria de arte na sua cidade.
2. Se a sua lista diz *preparar uma refeição gourmet*, talvez você consiga fazer um molho de salada requintado antes de dormir e jogar na salada no seu próximo almoço. Não importa o tamanho, encontrar maneiras de aproveitar as coisas que são importantes para você irão ajudá-lo a se sentir melhor e a fazer seu melhor.
3. Muitos adultos descobrem que é difícil procurar ajuda. Se você quiser tempo para cuidar de si mesmo ou ter uma noite sozinho(a) com seu parceiro(a), para quem poderia pedir ajuda? O que você poderia oferecer em troca?

CONCLUSÃO

Por vezes, parece que os três primeiros anos vão durar para sempre. Você vive em um desfile interminável de fraldas e mamadeiras do seu bebê – e, ocasionalmente, vive as mesmas noites intermináveis – que, às vezes, você mal pode esperar para passar para a próxima fase de vida do seu filho.

E então você mergulha nesses três primeiros anos do seu filho. Você corre para proteger todos os cantos da sua casa, tentando manter a calma e a paciência, fazendo o seu melhor para lidar com essa pessoinha ativa e desafiadora, com seus ataques ocasionais de raiva e comportamentos inadequados. Você desmaia, exausto, ao final de outro dia caótico – e mal pode esperar para chegar ao próximo estágio de vida do seu filho.

E por aí vai. Pergunte aos pais cujos filhos são mais velhos, cujos filhos estão ocupados com a escola e os amigos, cujos filhos são adolescentes independentes ou cujos filhos cresceram e começaram suas próprias famílias, e eles dirão a você: os três primeiros anos passam muito rápido, muito mais rápido do que você percebe quando está passando por essa fase.

Em um instante, as roupinhas já estão pequenas demais, as chupetas e os paninhos saem de cena. Os brinquedos favoritos ficarão intocados no armário, enquanto seu antigo proprietário se ocupa com novas atividades e novos amigos. Pode ser incompreensível agora, mas chegará o dia em que você verá o seu confiante e curioso filho correndo para encontrar os amigos dele, e você se perceberá desejando exatamente o que você tem agora: um bebê doce e afetuoso, que precisa desesperadamente de você, o bebê agitado que pode colocar o seu mundo de cabeça para baixo e ainda ganhar seu coração com um simples olhar, a criança que testa sua paciência e perseverança e, de um momento para outro, corre para lhe abraçar e lhe dar um beijo.

Há muito para aprender e se lembrar quando se está criando uma criança pequena; acabamos de escrever um livro inteiro explorando tudo isso. No entanto, se há uma lição que nós (como autoras e como mães de crianças agora bem além dos três primeiros anos) queremos compartilhar com você, é isso: aproveite esses momentos enquanto eles são seus. Dedique um tempo para se maravilhar com o milagre de um bebê dormindo, se deslumbrar com uma criança curiosa, a alegria contagiante de uma risada desenfreada. Respire lenta e profundamente e aprecie a alegria de ver seu filho aprendendo, crescendo e descobrindo o seu lugar neste mundo. Tire muitas fotos, dedique tempo para rir, brincar e simplesmente desfrutar. Esses primeiros anos desaparecerão antes que você perceba.

Esperamos que, nestas páginas, você tenha encontrado informações que podem ser usadas enquanto você e seu pequeno navegam nesses críticos primeiros meses e anos juntos. É um tempo de vital importância; ambos estão aprendendo muito, e ambos cometerão muitos erros. Lembre-se de que os erros são oportunidades maravilhosas para aprender e crescer juntos, e que os abraços e as lágrimas que, às vezes, caem podem realmente aproximá-lo daqueles que você ama.

Os melhores presentes que você tem para oferecer aos seus filhos não são coisas que eles podem tocar, segurar ou brincar. Na verdade, eles podem não reconhecer ou apreciar esses presentes por anos. Eles são, no entanto, inestimáveis. Você pode oferecer aos seus filhos confiança, dignidade e respeito. Você pode acreditar neles, encorajá-los e ensiná-los. Você pode conceder-lhes os presentes da confiança, responsabilidade e competência. E você pode mostrar-lhes como amar e apreciar a vida compartilhando com eles, a cada passo da jornada.

Aprenda o máximo que puder. Peça ajuda quando você precisar. Esqueça esse filho criado pela sua fantasia. Observe, escute e aprenda a entender a criança que você tem. Mais importante de tudo, tenha a coragem de confiar em sua própria sabedoria e conhecimento sobre seu filho. Não há desafio maior do que criar filhos – e não há trabalho mais gratificante.

FONTES E BIBLIOGRAFIA

Sugestões de leitura

Adler, Alfred. *Social Interest,* New Ed edition. Oxford, UK: Oneworld Pub. Ltd, 1998.

_____. *What Life Could Mean to You,* New Ed edition. Oxford, UK: Oneworld Pub. Ltd, 1992.

Chess, Stella, M.D., and Alexander Thomas, M.D. *Know Your Child*. New York: Basic Books, 1987.

Dreikurs, Rudolf, and Vicki Soltz. *Children: The Challenge*. New York: Plume Books, 1991.

Duffy, Roslyn Ann. *The Top Ten Preschool Parenting Problems*. Redmond, WA: Exchange Press, 2008.

Erikson, Erik H. *Childhood and Society*. New York: Norton, 1993.

Erwin, Cheryl L. *The Everything Parent's Guide to Raising Boys: A Complete Handbook to Develop Confidence, Promote Self-Esteem, and Improve Communication*. New York: Adams Media, 2006.

Garcia, Joseph. *Sign with Your Baby: How to Communicate with Infants Before They Can Speak*. Seattle: Northlight Communications, 2002 (www.sign2me.com).

Gerber, Magda. *Dear Parent: Caring for Infants with Respect*. Los Angeles: Resources for Infant Educarers, 2002.

Gilbert, Susan. *A Field Guide to Boys and Girls*. New York: Harper Perennial, 2001.

Glenn, H. Stephen, and Michael L. Brock. *7 Strategies for Developing Capable Students*. New York: Three Rivers Press, 1998.

Glenn, H. Stephen, and Jane Nelsen. *Raising Self-Reliant Children in a Self-Indulgent World*. New York: Three Rivers Press, 2000.

Gopnik, Alison, Ph.D., Andrew N. Meltzoff, Ph.D., and Patricia K. Kuhl, Ph.D. *The Scientist in the Crib: What Early Learning Tells Us About the Mind*. New York: Harper Perennial, 2001.

Greenman, Jim, and Anne Stonehouse. *What Happened to the World: Helping Children Cope in Turbulent Times*. New South Wales, Australia: Pademelon Press, 2002.

Greenspan, Stanley I., M.D., and Serena Wieder, Ph.D. *The Child with Special Needs: Encouraging Intellectual and Emotional Growth*. Cambridge, MA: Perseus Publishing, 1998.

Harlow, Harry F. *Learning to Love*. New York, Ballantine, 1973.

Healy, Jane M. *Endangered Minds: Why Children Don't Think and What We Can Do About It*. New York: Simon & Schuster, 1990.

Hirsh-Pasek, Kathryn. *Einstein Never Used Flash Cards: How Children Really Learn—and Why They Need to Play More and Memorize Less*. New York: Rodale, 2003.

Hoban, Russell. *Bread and Jam for Frances*. New York: HarperCollins, 1993.

Kindlon, Dan, and Michael Thompson. *Raising Cain: Protecting the Emotional Life of Boys*. New York: Ballantine, 2000.

Kohn, Alfie. *Punished by Rewards*. New York: Houghton Mifflin, 1999.

Levin, Diane E. *Beyond Remote-Controlled Childhood: Teaching Young Children in the Media Age*. Washington, DC: National Association for the Education of Young Children, 2013.

Lipton, Bruce H. *The Biology of Belief*. Carlsbad, CA: Hay House, 2009.

Lott, Lynn, and Jane Nelsen. *Teaching Parenting the Positive Discipline Way: A Manual for Parent Education Groups*. Lehi, UT: Empowering People (www.empoweringpeople.com).

Nelsen, Jane. *Positive Time-Out and Over 50 Ways to Avoid Power Struggles in the Home and the Classroom*. New York: Three Rivers Press, 1999.

_____. *Serenity: Eliminating Stress and Finding Joy and Peace in Life and Relationships*. Lehi, UT: Empowering People, 2005; e-book disponível em: www.positivediscipline.com (em inglês).

Nelsen, Jane, and Kelly Bartlett. *Help! My Child Is Addicted to Screens (Yikes! So Am I): Positive Discipline Tools for Managing Family Screen Time*; e-book disponível em: www.positivediscipline.com (em inglês).

Nelsen, Jane, and Cheryl Erwin. *Parents Who Love Too Much*. New York: Three Rivers Press, 2000.

Fontes e bibliografia

_____. *Positive Discipline for Childcare Providers*. New York: Three Rivers Press, 2002.

_____. *Positive Discipline for Stepfamilies*. Lehi, UT: Empowering People, 2005; e-book disponível em: www.positivediscipline.com (em inglês).

Nelsen, Jane, Cheryl Erwin, and Carol Delzer. *Positive Discipline for Single Parents*, 2.ed. New York: Three Rivers Press, 1999.

Nelsen, Jane, Cheryl Erwin, and Roslyn Duffy. *Positive Discipline for Preschoolers*, 3.ed. New York: Three Rivers Press, 2006.

Nelsen, Jane, Linda Escobar, Kate Ortolano, Roslyn Duffy, and Deborah Owens--Sohocki. *Positive Discipline: A Teacher's A–Z Guide*. New York: Three Rivers Press, 2001.

Nelsen, Jane, Steven Foster, and Arlene Raphael. *Positive Discipline for Children with Special Needs*. New York: Three Rivers Press, 2012.

Nelsen, Jane, Mary L. Hughes, and Michael Brock. *Positive Discipline for Christian Families*. Lehi, UT: Positive Discipline, 2005; e-book disponível em: www.positivediscipline.com (em inglês).

Nelsen, Jane, Riki Intner, and Lynn Lott. *Positive Discipline for Parents in Recovery*. Lehi, UT: Empowering People, 2005; e-book disponível em: www.positivediscipline.com (em inglês).

Nelsen, Jane, and Lisa Larson. *Positive Discipline for Working Parents*. New York: Three Rivers Press, 2003.

Nelsen, Jane, and Lynn Lott. *Positive Discipline for Teenagers,* 3.ed. revisada. New York: Three Rivers Press, 2012.

_____. *Positive Discipline in the Classroom: A Teacher's Guide*. Lehi, UT: Empowering People (www.empoweringpeople.com).

Nelsen, Jane, Lynn Lott, and H. S. Glenn. *Positive Discipline A–Z*, 3.ed. New York: Three Rivers Press, 2007.

_____. *Positive Discipline in the Classroom*, 3.ed. New York: Three Rivers Press, 2000. [4ª edição publicada no Brasil com o título *Disciplina Positiva em sala de aula*. Barueri: Manole, 2017.]

Nelsen, Jane, Ashlee Wilkinson, and Bill Schorr. *Jared's Cool-Out Space*. Disponível em: www.positivediscipline.com.

Pelo, Ann. *The Goodness of Rain*. Redmond, WA: Exchange Press, 2013.

Piaget, Jean. *The Origins of Intelligence in Children*. New York: International Universities Press, 1952.

Sammons, William, and T. Berry Brazelton. *The Self-Calmed Baby*. New York: St. Martin's Press, 1991.

Schiller, Pam. "Early Brain Development Research Review and Update," in *Exchange* magazine, Nov./Dec. 2010 (www.childcareexchange.com/library).

Shore, Rima. *Rethinking the Brain: Research and Implications of Brain Development in Young Children*. New York: Families and Work Institute, 1997.

Siegel, Daniel J., M.D., and Tina Payne Bryson, Ph.D. *The Whole-Brain Child: 12 Revolutionary Strategies to Nurture Your Child's Developing Mind*. New York: Delacorte Press, 2011.

Siegel, Daniel J., M.D., and Mary Hartzell, M.Ed. *Parenting from the Inside Out: How a Deeper Self-Understanding Can Help You Raise Children Who Thrive*. New York: Tarcher Putnam, 2003.

Singer, Dorothy G., and Tracey A. Revenson. *A Piaget Primer: How a Child Thinks*. New York: Plume, 1996.

Summers, Susan Janko, and Rachel Chazan-Cohen, eds. *Understanding Early Childhood Mental Health: A Practical Guide for Professionals*. Baltimore: Brookes Publishing, 2012.

Zentner, Marcel, and John E. Bates. "Child Temperament: An Integrative Review of Research, Programs, and Concepts," in *European Journal of Developmental Science*, vol. 2, no. 1/2, 2008.

Fontes adicionais

CCFC: *Campaign for a Commercial-Free Childhood*, c/o Judge Baker Children's Center, 53 Parker Hill Avenue, Boston, MA 02120–3225. Informações disponíveis em: www.commercialfreechildhood.org.

Para fazer o download de listas de acontecimentos, acessar: www.cdc.gov/ncbddd/actearly/milestones. Essas listas incluem também avisos que podem ser analisados.

Circle of Security. www.circleofsecurity.net.

Duffy, Roslyn Ann. "From a Parent's Perspective," bimonthly column in *Exchange* magazine (Exchange Press, Redmond, WA 98073-3249, 800-221-2864).

Informações para pais e programas de cuidados infantis em: www.childcareexchange.com.

Early Moments Matter: Small Steps, Long-Lasting Effects, guia e DVD produzidos com a colaboração da série da PBS *This Emotional Life* (www.pbs.org/thisemotionallife).

Frieden, Wayne S., and Marie Hartwell Walker. *Family Songs*. Disponível para download em: www.positivediscipline.com.

Guys Read. www.guysread.com

La Leche League. 1400 N. Meacham Road, Schaumburg, IL 60173-4808, 847-519-7730. www.lalecheleague.org.

Mothers of Preschoolers. www.mops.org.

Parents Action for Children. www.parentsaction.org.

PEPS: Program for Early Parent Support. www.pepsgroup.org.

Informações sobre Disciplina Positiva:

www.positivediscipline.org (para informações sobre a Associação de Disciplina Positiva, *workshops* e treinamento).

www.positivediscipline.com (para livros, outros produtos e informações úteis).

www.positivediscipline.ning.com (uma comunidade on-line de pais, professores e profissionais interessados na Disciplina Positiva).

Sensory Processing Disorder Foundation: www.spdfoundation.net.

TRUCE: Teachers Resisting Unhealthy Children's Entertainment. P.O. Box 441261, West Somerville, MA 02144. Mais informações em: www.truceteachers.org.

Zero to Three: National Center for Infants, Toddlers, and Families. www.zerotothree.org.

ÍNDICE REMISSIVO

A
Abraçar, 12-14, 41-42
Abuso, 39-46, 290-291
    de álcool, 92-93
    de crianças, 39-46, 290-291
    de drogas, 92-93
    sexual, 290-291
Acalmar-se, 26, 60-61, 81-82, 108-109
Ações, ensinando por meio de, 185-188
Adaptabilidade, 146-150, 159-160
Adaptações, 34-35, 127-128
Adler, Alfred, 19-21, 240-241, 259-260
Agendar muitas coisas, 300-301
Agressão, 34-35
    bater e chutar, 45-46, 93-94, 123-
        124, 139-140, 186-187, 235-240,
        281-291
    morder, 93-94, 186-187, 235-241,
        281-291
Alcance de atenção, 146-147, 154-160,
    261-262
Alergias, relacionadas aos alimentos,
    216-217
Alfabetização emocional, 92-93
Alimentação (*ver* Comer)
Alimentos sólidos, introdução de, 209-
    210
Amamentar no peito, 14-15, 96-97, 111-
    112, 207-211

American Association of Pediatrics, 96-
    97, 200-204
American Medical Association, 257-258
Amor, 78-79, 129
    coisas feitas em nome do, 8-9
    definir limite e, 9-10
    incondicional, 15-17, 168-174
Angelou, Maya, 113-114
Animais de estimação, 208-209
Ansiedade, 167-168, 247-248
    de separação, 58-62
Apego, 27
    importância do, 37-39
    inseguro, 107-108
    seguro, 37-39
Aprendendo, cedo, 31-36, 275-277
Aprendizagem, precoce, 8-9, 31-36, 282-
    284
Atenção, choro e, 108-109
Atividades esportivas, 8-9
Atmosfera calma, 82-84, 251-252
Autismo, 103-104
Autoconfiança, 109-111, 163-201
Autoconsciência, 12-14
Autocontrole, 61-62, 90-91, 138-139
Autocuidados, pais e, 9-11, 46-47, 291-
    303
Autodisciplina, 218
Autoestima (*ver* Autovalor)

Disciplina Positiva para crianças de 0 a 3 anos

Autonomia, 19-26, 44-45, 74-75, 88-89,
115-129, 181-187, 196, 200-211
como habilidade de vida, 119-120
comportamento apropriado à idade e,
123-127, 132-140
definição, 115-117
desenvolvimento da, 27, 120-121,
127-129
distração e escolhas e, 125-128
encorajador, 116-118, 121-124
exploração segura e, 120-121
promover de maneira segura, 117-
119
Três "A" da, 126-127
Autossuficiência, 7-8, 26, 38-39, 107-
108, 200-204
Autovalor, 5-6, 23-39, 122-123, 211-212
aprender com os erros, 164-169
definição, 165-166
encorajador, 165-176
métodos ineficazes para desenvolver,
167-170
Avaliação de riscos, 171-172
Avós, 11-13, 43-44

B
Balanços para bebês, 44-45
Bartlett, Kelly, 266n
Batendo nas mãos, 24-25, 117-119
Bater a cabeça, 88-89
Bebê dormindo de costas, 203-204
Bebês (ver Comer; Criar filhos; Adormecer)
Berçários, 5-7, 40-41, 269-286
ambiente físico, 276-281
benefícios, 275-277
como família estendida, 274-275
consistência e, 275-277, 279-284
currículo, 278-279, 282-284
disciplina, 279-282
encontrar qualidade, 46-47, 276-278
envolvimento em, 284-286
equipe, 278-282
escolhas, 272-274
intervenções precoces e, 275-277
licenciamento, 277-281

perspectiva global, 272-273
procedimentos de segurança e de
saúde, 279-280, 284-285
qualidade, 269-270, 275-279
sistemas de avaliação e, 279-281
tecnologia e, 259-260
trabalhar e, 271-273
*Beyond Remote-Controlled Childhood: Tea-
ching Young Children in the Media
Age* (Levin), 265n
Bibliotecas, 265-266
Birra, ataques de, 25-86
acalmar e, 86-88
batendo a cabeça, 88-89
ceder, 85-88
lidando com a, 89-91
Bombeando leite do peito, 209-210
Bread and Jam for Frances (Hoban), 216n
Brincar, 42-43
importância de, 43-44
lado a lado, 229-231
tempo privado, 44-46
Bruner, Jerome, 257-258
Bryson, Tina Payne, 32-34

C
Cama
compartilhada, 199-202
escolha da, 202-203
Candy Land, 43-44
Cantar, desenvolver o cérebro e, 42-43
Capacidade, senso de, 7-9, 19-28, 128-
134, 163-166, 186-195, 290-291
Castigo, 25, 87-88
redesenhando, 73-76
Causa e efeito, 182-183
Cercadinho, 42-45
Chacoalhar, 45-46
Chess, Stella, 146-147, 158
Children: The Challenge (Dreikurs e
Soltz), 20-21
Choros, 4-5, 12-13, 88-89, 107-109
cólica, 12-13, 202-203, 288
diferenças em, 110-112
na hora de dormir, 193-195, 202-204
Chupando o dedo, 96-97

Índice remissivo

Chupetas, 96-97
    desmame das, 97-98
Chutar *(ver* Bater e chutar)
Classroom Assessment Scoring System (To-dler) (LaParo, Hamre e Pianta),
    280*n*
Clínica Mayo, 12-13
Cócegas, 12-14
Cólica, 12-13, 202-203, 288
Comer, 191-192, 207-221, 247-248
    alimentos não saudáveis, 214-218
    alimentos sólidos, a introdução de,
        209-210
    apresentação dos alimentos e, 214-215
    cooperação nas refeições, 213-217
    desmame, 210-213
    dietas especiais, 216-217
    disputas de poder, 212-215
    em restaurantes, 72-74, 137-141
    fórmula, 207-210
    guerra de alimentos, evitar, 212-213
    lanches, 214-216
    mamadeira, 15, 207-208
    mamando no peito, 14-15, 96-97,
        111-112, 207-211
    necessidades nutricionais, 26
    planejamento das refeições e prepa-ração, 215-217
    refeições regulares em família, 219
    rótulos dos alimentos, 215-216
    teor de açúcar e gordura, 213-216
Compaixão, 7-8, 237-243
Compartilhar, 71-72, 197-232
Competência, 28-29, 128-129, 306
Comportamento apropriado à idade,
    131-143
    autonomia e, 132-133, 137-140
    compreensão, 131, 134-135
    desenvolvimento de habilidades e,
        133-136
    distração e redirecionamento, 141-143
    em locais públicos, 136-141
    entender a crença por trás do, 22-24
    supervisão e, 141

Computadores *(ver* Tecnologia)
Comunicação, 5-6, 23-24 (*ver também*
    desenvolvimento da linguagem)
    não verbal, 81-83, 89-91
    contingente, 40-41
    não verbal, 81-83, 89-91
Comunidade LGBT, 6-7
Conceitos abstratos, 35-36, 139-140,
    239-240
Conexão, senso de, 219-220, 24-27, 34-35, 39-40, 67-68, 81-82, 301
Confiança, 19-22, 38-41, 107-134, 165-166, 207, 211-212, 250-251,
    290-291, 306 (*ver também* Auto-nomia)
    curtir as crianças e, 112-114
    desenvolvimento da, 107-114
    rotinas e rituais e, 111-113
    versus desconfiança, 107-114
Consequências
    entendendo, 182-184
    lógicas, 5-6
Consistência, 194-195, 205-206, 259-261, 275-284
Contar histórias, 102, 166-167
Contato nos olhos, 57-58, 61-62, 125-126
Contribuição, senso de, 19-20, 24-26
Controle dos impulsos, 71-72, 117-118,
    236-239
Controle muscular, 120-121
Conversando com as crianças, 99-101
Cooperação, 22-23, 180-182, 191-192
    na hora das refeições, 213-217
Coordenação motora fina, 53-54
Coragem, 7-8, 119-120, 129, 186-187
Córtex pré-frontal, 32-33, 85-87
Criação de filhos (*ver também* Berçário;
    Comer; Emoções; Encorajamen-to; Disciplina Positiva; Dormir;
    Habilidades sociais e de vida;
    Usar o banheiro)
    autocuidado e, 9-11, 46-47, 142-143,
        291-304
    como parceria, 10-13
    conselhos sobre, 5-6

culpa e, 127-143, 269-286, 302
do coração, 15-17
educação e treinamento e, 15-16, 110-111
fantasia *versus* realidade, 4-5
habilidades de aprendizagem, 4-7
identidade de gênero e, 61-62
importância de criar em longo prazo, 6-9
mergulhar no mundo da criança, 51-54, 70-71
nascimento do bebê, 3-5
pais que ficam em casa, 269-286
pais solteiros, 6-11
redes de apoio, 11-15, 290-304
relacionamento do casal e, 9-11
reorganizar os papéis, 9-11
Criança desencorajada, 169-170, 239-240
Crianças com necessidades especiais, 287-293
avaliações compreensivas, 289-290
compartilhando a atenção, 288-289
consciência do abuso, 290-291
irmãos e, 288-289
necessidades dos cuidadores, 291-293
situações de crise, 291-292
Criatividade, 43-44, 58, 157-158, 249-251
Críticas, 45-46
Culpa, 24-25, 127-129, 142-143, 202-203, 269-273, 285-286, 302
Curiosidade, 44-45, 181-182
Currículo, em cuidados infantis, 278-284
Curtir as crianças, 46-48, 112-114, 129, 306

D
Dear Parents: Caring for Infants with Respect (Gerber), 41*n*
Decisões
de vida inconscientes, 127-128
lógicas, 74-75
Dentes, chupetas e, 97, 236
Depressão, 34-35, 247-248

gênero e, 92-93
pós-parto, 45-46
Desafiador, 122-123, 132-133, 139-140
lidando com, 93-95
Desapontamento, 167-168
Desconfiança, confiança *versus,* 107-114
Desenvolvimento cognitivo, 182-183
Desenvolvimento da fala, 100-101, 289-290
Desenvolvimento de linguagem, 33-42, 98-104, 235-236, 249-250
falar com a criança, 99-101
ler em voz alta, 100-102
Desenvolvimento do cérebro, 26, 31-49, 249-250, 257-258, 261-262
Desenvolvimento emocional, 35-37
Desfralde, 8-9, 176, 191-192, 221-228
incidentes, 227-228
maturidade emocional para, 223-227
maturidade para física, 222-224
oportunidades ambientais para, 226-227
Desmame, 210-213
Desrespeito, 24-25, 69-71
Dietas especiais, 216-217
Diferenças culturais, 60-62
Diferenças de gênero, 59-62
emoções e, 91-93
Dignidade, 26, 138-139, 180-182, 306
Disciplina (*ver também* Disciplina Positiva)
definição, 19-21
métodos para evitar, 24-25
no berçário, 279-282
significado da palavra, 20-21
versus castigo 20-21
Disciplina Positiva, 19-29 (*ver* também Encorajamento)
ação gentil e firme, 71-72
aceitar a singularidade da criança, 72-74
conexão antes da correção, 67-68
criando rotinas, 69-70
dez princípios básicos para implementação, 67-68
ensinando respeito, 69-71

envolvendo a criança, 67-69
escolhas aceitáveis, 69
mergulhar no mundo da criança, 70-72
obra de Dreikurs e Adler e, 19-21
oportunidades de ajuda, 69
paciência, 71-74
pilares da, 22-24
redesenhando o castigo, 73-78
supervisão, distração e redirecionamento, 72-74
usando o senso de humor, 70-71
Dispositivos móveis, 257-267 *(ver também* Tecnologia)
Disputas de poder, 28, 67-86, 117-143, 191-225
Dissimulação, 25
Distração, 72-75, 77-78, 126-127, 141-143, 154, 184-185, 208-209, 224-225
escolhas e, 125-128
Dormir, 4-5, 191-206, 251-252
ABC da hora de dormir, o, 205-206
ambiente de sono, 195-206
autorregulação, 26
choro ao deitar, 193-204
com os pais, 199-202
dormir de costas, 203-204
escolha da cama, 202-203
estabelecendo bons hábitos, 12-14
evitar disputas de poder, 191-197
hora de dormir, 197
padrões de sono, 192-193
problemas ao, 39-40
rotina da hora de dormir, 194-199
sozinho, 191-194
vídeos de ninar, 199-200
Dreikurs, Rudolf, 19-21, 37-38, 72-74, 86-87, 158-166, 200-202
Dúvida e vergonha, 23-25, 69-70, 74-75
autonomia *versus*, 115-116
punição e, 121-122

E
Einstein Never Used Flash Cards: How Children Really Learn – and Why They Need to Play More and Memorize Less (Hirsh-Pasek), 282-283
Elogio
diferença entre encorajamento e, 170-171
excessivo, 167-168
Emoções (*ver também* Confiança)
atmosfera calma e, 82-84
birras (*ver* Ataques de birras)
comunicação não verbal e, 81-83, 89-91
conexão e, 81-82
escuta ativa e, 89-92
expressão apropriada das, 95-96
gênero e, 91-93
medo e insegurança, 95-97
raiva (*ver* Raiva)
validando, 91-96, 187-188
Empatia, 240-242
Encefalograma, 31-32
Encorajamento, 23-24, 58, 163-179, 282
amar a criança que você tem, 172-174
arte do, 169-171
diferença entre elogio e, 170-171
ensinando habilidades às crianças, 175
mostrando fé, 171-172
oferecendo oportunidades para sucesso, 174-175
paciência durante o desenvolvimento da criança, 174
profecia autorrealizável e, 175-176
Enfermagem (*ver* Amamentação no peito)
Envolvimento da criança, 67-69
Erikson, Erik, 38n, 107-110, 115-116, 121-123
Erros, como oportunidades de aprendizagem, 7-8, 15-16, 164-171, 218, 306
Erwin, Cheryl, 6n, 93n, 281n
Escadas e escorregadores, jogo de tabuleiro, 43-44
Escolhas
aceitáveis, 69
distração e, 125-128

oferecendo escolhas limitadas, 137-138, 184-188
tipos errados de, 116-118, 137-138
Escuta, 22-23, 59
ativa, 89-94
da criança, 72-74
Esperança, 189
Estabelecer limites, 9-10, 54-57
Estimulação física, 12-13
Estresse, 251-252
impacto do trauma, 39-40
reconhecer e gerir, 38-39, 301-303
Ética, 183-184
Everything Parent's Guide to Raising Boys, The (Erwin), 93*n*
Excesso de elogio, 167-169
Exchange Press, 296-297
Exercício, 218, 251-252, 300
Expectativas, 58, 137-138, 167-168, 175-176
Experiências de competência, 164-165, 175
Exploração, 52-54
ao ar livre, 248-254
segura, 44-45, 117-121

F
Falando sério e cumprindo com o combinado, 71-72, 197-232, 288
Falhar, medo de, 165-169
Família, tipos de, 6-7
Fantasia e realidade, diferença entre, 58-59
Fantoches para encenar, 234-235
Fase do desenvolvimento "É meu", 230-232
"Faz de conta", 234-235
Field Guide to Boys and Girls, A (Gilbert), 61*n*
Filho perfeito, mito do, 145-158
Firmeza, 9-12, 22-26, 71-74, 121-141, 158-159, 185-188, 209, 235-236, 282
Flexibilidade, 9-10
Fonoaudiólogos, 98-99
Fórmula, 207-210

Foster, Steven, 289*n*
Fraldas, 226-227
Freud, Sigmund, 19
Frustração, 38-39, 45-46, 57-58, 236-239

G
Garcia, Joseph, 236*n*
Genes, 33-35, 53-54
Gerber, Magda, 36-37, 41*n*
Gerenciando o tempo, 298-299
Gilbert, Susan, 61*n*
Glenn, H. Stephen, 201-202
Glúten, 217
Goodnes of Rain, The (Pelo), 250*n*
Gopnik, Alison, 33*n*
Gordura e teor de açúcar, 213-216
Greenspan, Stanley I., 35-36
Gritar e berrar, 24-25, 56-57, 93-94, 242-243
Guerra de alimentos, evitar a, 212-213

H
Habilidades de desenvolvimento e necessidades, 19-20, 23-28, 55-58, 62-63, 71-72, 74-78, 107-108, 123-126 (*ver também* Comportamento apropriado à idade)
Habilidades motoras, 52-54, 203-204
Habilidades para resolver problemas, 22-38, 138-139
Habilidades sociais e de vida, 26-34, 133-136, 175, 229-247
agressão e (*ver* Agressão)
brincar lado a lado, 229-231
compaixão, 241-243
compartilhar, 71-72, 197-235
interesse social e, 240-241
Hamre, Bridget, 280*n*
Harlow, Harry F., 116-117
Hartzell, Mary, 38*n*
Head Start, 280-281
Healy, Jane M., 34-36
Help! My Child Is Addicted to Screens (Yikes! So Am I): Positive Discipline Tools for Managing Family Screen Time (Nelsen e Bartlett), 266*n*

High/Scope Perry Preschool Study Through Age 37-38, 277-278
Hirsh-Pasek, Kathryn, 282-283
Hoban, Russell, 216*n*
Honestidade, 7-9
Hora das refeições (*ver* Comer)
Hora de dormir, o ABC na, 205-206
Hora para voltar para casa, 181-182
Humilhação, 23-24, 69-70
Humor
    qualidade do, 146-160
    senso de, 70-71, 189-190

I
Identidade de gênero, 61-62
Imaginação, 43-44, 58
Imitação, 28, 37-38, 241-243
Importância, senso de, 22-27
Individualidade, 157-158
Iniciativa, 19-27, 44-45, 181-192, 289
Intensidade das reações, 146-160
Internet (*ver* Tecnologia)
Irmãos, ordem de nascimento e, 55-56

J
Jared's Cool-Out Space (Nelsen, Wilkinson, e Schorr), 76*n*
Jogo(s)
    de esconder, 37-38, 263-264
    de palavras, 100-101
    de tabuleiro, 43-44
Julgamento de habilidades, 138-139

K
Kagan, Jerome, 146-147
Kindlon, Dan, 93*n*
Know Your Child (Chess e Thomas), 146*n*
Kuhl, Patricia, 33*n*

L
Lanchinhos, 214-216
LaParo, Karen, 280*n*
Leitura em voz alta, 41-42, 100-102, 263-264
Levin, Diane E., 265*n*
Liberdade e independência, 116-117, 129

Limiar sensorial, 146-155
Linguagem de sinais, 236-239
Lipton, Bruce H., 54*n*
Livros *versus* tecnologia, 262-266
Lott, Lynn, 199*n*
Love You Forever (Munsch), 16-17

M
Mães de crianças pré-escolares, 295-296
Main, Mary, 38-39
Mamadeira, 15, 207-208
Manipulação, 5-6, 70-71, 108-112, 224-226
McNally, David, 98*n*
Medo e insegurança, 95-97
Meltzoff, Andrew, 33*n*
Mídia (*ver* Tecnologia)
Mídia social, 257
Mimando, 40-41, 107-109
Móbile de berços, 57-58
Modo "luta" ou "fuga", 24-25
Monitores de bebê, 202-203
Mordidas, 93-94, 186-187, 235-241, 281-291
Morte, experiência da, 250-251
Mostrando fé, 171-172
Munsch, Robert, 16-17
Música, desenvolvimento do cérebro e, 42-43

N
"Não", 134-135
    abraços, 186-187
    como conceito abstrato, 181-183
    como não dizer, 183-186
    ensinar por meio de ações, 185-188
National Accreditation Commission for Early Care and Education Programs (NAC), 280-281
National Association for the Education of Young Children (NAEYC), 280-281
National Scientific Council on the Developing Child, 36*n*
Natureza, 34-35, 247-255
Necessidades
    básicas, 26-27, 107-108

versus querer, 26-41, 109-110

Nelsen, Jane, 6n, 10-11, 11n, 56n, 74n, 76n, 199n, 201-202, 266n, 281n, 289n

Neurônios-espelho, 24-38, 167-168, 193-194

Neurotransmissores, 31-32

Newton, Isaac, 249-250

Nível de atividade, 146-148, 159-160

Nível de distração, 146-147, 153-154, 157, 159-160

Noite só do casal, 299

O

O mundo da criança, entrando no, 51-54, 70-71

Obesidade, 26, 217-218, 247-248

Olhar duro, 55-57

Oportunidades de aprendizagem, erros como, 7-8, 15-16, 128-129, 164-169, 218-219, 306

Ordem de nascimento, 54-56

Otimismo, 34-35

P

Paciência, 55-74, 107-108, 174, 185-186

Pais
que ficam em casa, 269-286
que trabalham (*ver* Berçário)
solteiros, 6-7, 9-11

Palavras humilhantes, 121-122

Paninhos, 95-98

Parenting from the Inside Out: How a Deeper Self-Understanding Can Help You Raise Children Who Thrive (Siegel e Hartzell), 38n

Passatempos, 300

Pat the Bunny, 41-42

Pausa positiva, 75-77

Pelo, Ann, 250n

Pensamento crítico, encorajadores, 137-139

Pensamento racional, 74-75

PEPS (Program for Early Parent Support), 295-296

Pequenos passos, celebração dos, 58

Perguntas que estimulam a criatividade, 69, 137-139, 164-165

Permissividade, 5-6, 24-25, 138-139

Persistência, 146-160

Personalidade (*ver também* Temperamento)
entender a criança, 53-55
influência dos genes na, 34-35

Pertencimento, senso de, 22-27, 38-39, 165-166, 240-241, 303-304

Pesadelos, 39-40

Pesquisas neurológicas, 5-6, 24-25

Piaget, Jean, 182-183

Pianta, Robert, 280-281n

Planejamento
e preparação de refeições, 215-217
envolvendo a criança no, 136-137, 179-190
prevenir problemas com antecedência, 136

Plantas de interior, o cuidado de, 251-253

Pollock, William, 91-92

Pós-parto, tristeza, 45-46

Problemas auditivos, 288-290

Procedimentos de segurança e saúde, em berçários, 279-285

Processo de individuação, 183-184

Procurar por ajuda, 302-303

Programa Montessori, 281

Programa Reggio Emilia, 281

Programa Waldorf, 281

Proteger a casa, 44-45, 117-119, 147-148, 305

Punição, 5-6, 45-46, 62
bater, 5-9, 24-25, 118-123, 281
castigo, 25, 73-80
dúvida e vergonha e, 121-122
efeitos negativos da, 21-25
palmada, 24-25, 56-57, 117-119
Quatro "R" da, 25
versus disciplina, 20-21

"Push, The" (McNally), 98n

Puxar o cabelo, 235-236
enquanto amamenta, 208-209

Índice remissivo

Q
Qualidade do humor, 146-160
Quatro "R" de Punição, 25

R
Raising Cain: Protecting the Emotional Life of Boys (Kindlon e Thompson), 93n
Raiva
    gênero e, 92-93
    gerenciando, 95-96
    lidando com, 93-945
    nomeando os sentimentos, 94-95
    validando os sentimentos, 94-96
Raphael, Arlene, 289n
Reações, intensidade de, 146-160
Realidade e fantasia, linha entre, 58-59
Rebelião, 21-25, 122-123
Recompensas, 5-6, 69-70, 224-225
Redes de apoio, 11-15, 290-304
Redirecionamento, 72-74, 126-188, 235-236
Repetição, aprendendo por meio da, 41-42, 69-70, 133-134
Representação ativa, 258
Resiliência, 7-8, 28, 109-110, 186-187
    contar histórias e, 166-167
    definição, 166-167
Resistência, 21-22, 136-137
Respeito, 26, 138-180, 282, 306
    ensinando, 69-71
    mútuo, 22-23
Respiração, segurar, 88-89
Respirando, para se acalmar, 86-91
Responsabilidade, 7-8, 21-22, 306
Resposta inicial (aproximar ou afastar), 146-150, 159-160
Respostas que distanciam, 148-149
Ressentimento, 25
Restaurantes, 72-74, 137-141
Rimas para bebês, 98-101
Ritmicidade, 146-160
Rothbart, Mary, 146-147
Rotinas e rituais

estabelecimento de, 69-70, 111-112
hora de dormir, 194-199
quadro, 69-70, 289
Rótulos dos alimentos, 215-216

S
Satisfação conjugal, 9-11
Schorr, Bill, 76n
Scientist in the Crib, The: What Early Learning Tells Us About the Mind (Gopnik, Meltzoff, e Kuhl), 33n
Segurança, 39-40, 250-251
Senso de humor, 70-71
Sentidos, 33-34, 95-96, 247-249
Sentimentos (*ver* Emoções*)*
Sermão, 24-25, 126-127, 132-138
Siegel, Daniel, 32-34, 38n, 86-87
Sign with Your Baby (Garcia), 236n
Sinapses, 32-40
Singularidade da criança, aceitação da, 72-74
SMSI (Síndrome da morte súbita infantil), 96-97, 200-203
Soltz, Vicki, 20n
Sonecas, 298-299
SquareTrade, Estudo do, 257
Sucesso, proporcionando oportunidades para o, 174-175
Sufocamento, risco de, 200-201
Suicídio, gênero e, 92-93
Superproteção, 8-9, 167-168
Supervisão, 72-74, 123-160, 208-262

T
Tamanho das porções, 213-214
Tecnologia, 257-267
    alternativas, 264-266
    berçários e creches e, 259-260, 282-283
    conteúdo e, 260-262
    desenvolvimento do cérebro e, 257-262
    livros *versus*, 262-266
    localização da, 261-264
    tempo de tela, 26-36, 257-264
Televisão, 26-43, 102

na hora de dormir, 199-201 (*ver também* Tecnologia)
publicidade, 217, 263-265
Temperamento, 72-74, 122-175
adaptabilidade, 146-160
ativo e passivo, 146-147
bom ajuste, 156-157
compreensão, 146-159
distração, 146-160
influência de genes em, 34-35
intensidade das reações, 146-153, 159-160
investigação científica da, 146-148
limiar sensorial, 146-160
mito da criança perfeita, 145-159
nível de atividade, 146-160
persistência e capacidade de atenção, 146-160
qualidade de humor, 146-160
resposta inicial (aproximar-se ou afastar-se), 146-150, 159-160
ritmo, 146-160
Tempo sozinho, 44-46
Teor de açúcar e de gordura, 213-216
Thomas, Alexander, 146-158
Thompson, Michael, 93n
Thompson, Ross A., 36-38

Transtorno de déficit de atenção (TDA/TDAH), 155
Transtorno de processamento sensorial (disfunção de integração sensorial), 151-152, 288
Trauma, impacto do, 39-40
Três "A" da autonomia, 126-127
Troninho, 42-45 (*ver* Desfralde)

V
Valores culturais, compartilhando e, 234-235
Vergonha (*ver* Dúvida *e* vergonha)
Vídeos, hora de dormir, 199-200
Vingança, 25
Visão
desenvolvimento da, 33-34
problemas de, 287-290

W
Wilkinson, Ashlee, 75n

Z
Zero to Three National Center for Infants, Toddlers, and Families, 231-232